NORBERT BLÜM

Ehrliche Arbeit

GOLDMANN
Lesen erleben

Buch

Der redlich arbeitende Mensch, nicht das kalte Kapital sollte im Mittelpunkt allen Wirtschaftens stehen. Dieser Grundsatz zieht sich wie ein roter Faden durch das Buch.
Was Norbert Blüm als »Angriff auf den Finanzkapitalismus und seine Raffgier« beschreibt, hat man selten von einem Unionspolitiker in dieser Deutlichkeit gelesen. Hier wird aber nicht nur abgerechnet, sondern um plausible Antworten auf brennende Fragen unserer Zeit gerungen. Ein leidenschaftliches Plädoyer für die notwendige Rückbesinnung auf die Kultur der ehrlichen Arbeit und damit auf die eigentliche Quelle der Wertschöpfung.

Autor

Norbert Blüm, geboren 1935, Dr. phil., war von 1972–1981 und 1983–2002 Mitglied des Deutschen Bundestages und langjähriger Bundesvorsitzender der Sozialausschüsse der Christlich-Demokratischen Arbeitnehmerschaft; seit 1981 Mitglied des Präsidiums der CDU, 1982–1998 Bundesminister für Arbeit und Sozialordnung, 1987–1999 Landesvorsitzender der CDU Nordrhein-Westfalen. Nach Beendigung seiner Politikerlaufbahn ist er in einen sehr aktiven Unruhestand getreten.

Norbert Blüm

Ehrliche Arbeit

Ein Angriff
auf den Finanzkapitalismus
und seine Raffgier

Mit einem Vorwort
zur Taschenbuchausgabe

GOLDMANN

MIX
Papier aus verantwor-
tungsvollen Quellen
FSC® C014496

Verlagsgruppe Random House FSC-DEU-0100
Das FSC®-zertifizierte Papier *München Super* für dieses Buch
liefert Arctic Paper Mochenwangen GmbH.

1. Auflage
Taschenbuchausgabe Februar 2013
Wilhelm Goldmann Verlag, München,
in der Verlagsgruppe Random House GmbH
Copyright © 2011 der Originalausgabe
by Gütersloher Verlagshaus, Gütersloh,
in der Verlagsgruppe Random House GmbH
Umschlaggestaltung: UNO Werbeagentur, München,
in Anlehnung an die Gestaltung der Originalausgabe
Umschlagfoto: Robert Tönshoff, Foto-Studio-Südstadt, Bonn
KF · Herstellung: Str.
Druck und Einband: GGP Media GmbH, Pößneck
Printed in Germany
ISBN: 978-3-442-15736-5

www.goldmann-verlag.de

Für Brigitte Schreiber

†

Inhalt

Der globale Finanzkapitalismus hat sich seit dem Ausbruch der Krise 2008 zur Unkenntlichkeit verdeutlicht. In tausend Masken erscheint das Geld. Wobei der alte Geldschein der längst überlebte Ausdruck des Geldwertes ist. Derivate und Konsorten sind die neuen Geldmacher. Sie treiben ihr Versteckspiel auf den globalen Finanzmärkten, die selber ein virtuelles Gebilde sind.

Ein Gespenst geht um: die Märkte. Niemand weiß, wo sie wohnen und wie sie sind. Europa fällt in dunkle voraufklärerische Zeiten zurück. Die Märkte sind gefürchtet wie Gespenster. Sie sind anonym, wie der Kommunismus, den Karl Marx in seinem »Kommunistischen Manifest« 1848 als Gespenst an die Wand malte.

»Alle Mächte des alten Europa« zittern heute vor den Märkten wie einst vor dem Kommunismus. Werden die Märkte sich anschicken, die Welt zu erobern wie einst der Kommunismus? Und werden sie scheitern wie dieser: Vielleicht auch erst nach langer Zeit und schrecklichen Turbulenzen, oder geht es mit dem Kapitalismus schneller zu Ende als vormals mit dem Kommunismus. Manche Systeme brechen abrupt zusammen, andere verenden langsam und elend.

Kann man aus der Geschichte lernen und aus Erfahrung klüger werden? Noch sind die Märkte mächtig. Staaten liegen vor den Märkten auf den Knien und flehen um die Gnade der Marktgunst. Die 27 Regierungschefs verlassen ihre Brüsseler Sitzungen nicht mit der Frage, »War es richtig, was wir beschlossen haben?«, sondern »Wie kommen unsere Beschlüsse bei den Märkten an?«.

Es ist für Europa scheinbar weniger wichtig, was politisch entschieden wird, als vielmehr, wie die Märkte darauf reagieren. 27 Regierungschefs der Staaten der Europäischen Union sind nicht so mächtig wie die drei großen Ratingagenturen, welche die globalen Marktsignale setzen und über wirtschaftlichen Tod oder Leben entscheiden.

Drei Ratingagenturen bestimmen, was alle spielen sollen. Verantwortlich sind die Ratingagenturen ihren Geldgebern, die Regierungen dagegen dem Volk, das sie gewählt hat. Globalisierung erzeugt einen Sog zur Rückentwicklung der Demokratie. Nicht eine »unsichtbare Hand« lenkt die Märkte, wie Adam Smith glaubte, sondern die harte Faust des Geldes dirigiert den Weltmarkt. Und der Geldhunger der Märkte scheint unersättlich. Dabei laben sich die Märkte vor allem an Kürzungen der Sozialleistungen. Das beflügelt ihr Gemüt und bringt es in wohlwollende Stimmung.

»Sparen« ist das Pseudonym für den Angriff auf den Geldbeutel der kleinen Leute. Griechenland ist nicht das Opfer von Rentnern, sondern die Beute derjenigen, die den Staat ruinierten, indem sie keine Steuern zahlten oder das Geld ins Ausland schafften.

So viele Rettungsschirme gibt es gar nicht, wie die Märkte Geld verschlingen. Der Geldmoloch hat sich überfressen. Er kann die Geldmenge gar nicht mehr verdauen. Nun vagabundiert das Geld um den Erdball und sucht Anlageplätze, auf denen sie sich niederlassen können. Wasser, Agrarland, Sozialstaat, alles wird Spekulationsobjekt.

Es geht aber um die Rehabilitation der realen Arbeit, nicht um die Rendite von Geldanlagen. Mit Arbeit muss das Geld verdient werden, nicht mit Geld. Geld »arbeitet« nicht. Anstrengung muss sich lohnen. Das gilt für die Arbeit der fleißigen Arbeiter wie für die Arbeit der anständigen Unternehmer. Unternehmen degenerieren mit Mann und Maus, mit Arbeit und Kapital, zu Filialen der Börse. »Cash« bestimmt den Wert des Unternehmens. Der Schein des Geldes muss wieder der Wirklichkeit der Arbeit weichen. Alles andere führt in den Ruin. Das Geld ruiniert sonst Arbeit und Eigentum.

Von der Achtung der Arbeit und der Anerkennung der Anstrengung handelt dieses Buch. Denn die Ursache der Krise ist keine wirtschaftliche, sondern eine kulturelle. Der Homo oeconomicus, der Heilige des Neoliberalismus, ist eine Kunstfigur. Und zudem ein egoistisches Ekel. Wo der Mensch Gehirnwindungen besitzt, befinden sich im Homo oeconomicus Geldrollen und an der Stelle der Herzkammer ein Tresor.

Gott sei Dank ist der Mensch nicht nur ein Vorteilsmaximierer. Der Homo sapiens erschöpft seinen Lebenssinn nicht im Geldzählen. Mit der Rehabilitation der Arbeit rettet der Mensch seine Überlegenheit über die Sachen.

Biografisches:
Mein Opel. Mein erster Arbeitsplatz

Mit 14 Jahren kam ich zu Opel. 1949. Das war wie ein Lottoge-
winn. Von 1.000 Bewerbern wurden 21 genommen. Ich war einer
der Glücklichen. Es war ein kalter, nasser, trüber Oktobermorgen,
als ich mit den 20 neuen Stiften um 6.30 Uhr am Opel-Haupt-
portal abgeholt und in die Lehrwerkstatt verfrachtet wurde. Mir
kam es vor wie ein Gefangenentransport. Schnell wurde jedem
von uns ein Spind im Waschraum zugeteilt. Nur eine kurze Zeit
wurde uns eingeräumt zum Wechsel von der Bubenkleidung
zum Blaumann, einer von meiner Mutter zusammengeflickten
Arbeitsuniform. Dann stand ich vor einem Schraubstock, der
viel zu hoch für mich war. Eine kleine Kiste schaffte Abhilfe und
war fortan mein Standplatz in des Wortes wahrster Bedeutung.
Auslauf: 60 cm nach links, 60 cm nach rechts, 60 cm nach hinten, 10 cm nach vorne. So stand ich mit einer großen Feile in
beiden Händen vor einem U-Eisen, das zwischen den Backen des
Schraubstocks eingeklemmt war. Es ist mir schwer gefallen. Feilen, wie die Väter feilten. 9 Stunden am Tag, 5 Tage in der Woche
und jeden zweiten Samstag noch einmal 6 Stunden obendrauf. So
war das mit der 48-Stunden-Woche damals. Blasen bildeten sich
bald in meiner rechten Hand, die den Feilgriff umklammerte. Die
Linke drückte auf das Feilblatt, welches ich schier unendlich und
gleichmäßig stur gerade vorwärtsschieben und rückwärtsziehen
musste. Von Sisyphos wusste ich noch nichts, aber seine Gefühle
habe ich damals allesamt durchgemacht. Ein »verhaltensauffäl-
liges Kind« mit großem Bewegungsdrang, das ich war – meine

Mutter nannte das »Flegel« –, in die Disziplin des Schraubstocks zu bringen, gleicht dem Zwang, den einstmals die Ruderer auf der Galeere erdulden mussten.

Kilian Lauck, der Gute

Kilian Lauck, mein guter alter Lehrgeselle, immer einen großen Hut auf dem Kopf und mit einem kalten Zigarrenstummel im Mund bewaffnet, brachte mir den fachgerechten Umgang mit Feile, Hammer, Meißel, Bohrer etc. bei. Es war auch für ihn mühsam. »Herrgott«, höre ich ihn heute noch neben mir flüstern, »gib mir doch einen Fingerhut Geduld, bis der Bub endlich kapiert, was er kapieren muss.« Und so machte er mir zum zehnten Mal vor, was ich schon neunmal nicht nachzumachen gekonnt hatte. Und wenn es dann beim elften Mal immer noch nicht klappte, gerieten seine Ratschläge immer mehr in die Nähe von Flüchen. Kilian Lauck bleibt mir in Erinnerung als ein herzensguter Mensch, von dem ich viel, viel gelernt habe, was ich im Leben gut gebrauchen konnte, auch wenn es später nicht mehr um's Feilen ging. Ich habe nämlich bei Lauck Ausdauer trainiert und Hartnäckigkeit gelernt: »Nur nicht aufgeben.« Dieses Studium hat mir im Leben mehr genutzt als die Universität. Ich hätte die Politik als Beruf nie überlebt, hätte ich nicht bei Opel in der Lehrwerkstatt Ausdauer geübt. Die freilich ist eine politische Tugend, die vom Aussterben bedroht ist. Denn wer nicht jeden Tag in Deutschland eine neue Idee verkündet, auch wenn er die von gestern noch nicht einmal versucht hat umzusetzen, gilt als einfallslos und verkalkt.

Karl Kirsch, der Unerschrockene

Ich hatte Glück. Ich habe nicht nur zu meinem Lehrgesellen Kilian »hochgeguckt«, sondern später nach der Lehrzeit im Werkzeugbau auch zu meinem »Kolonnenführer« Karl Kirsch. Der »Kirsche Karl« war mein erster Vorarbeiter: Ein »Schwarzer«, also in der CDU wie ich, nebenbei noch Kirchenvorstandsmitglied in Heidesheim, seinem Heimatort, aus dem er jeden Morgen mit der Eisenbahn angereist kam. Ein »Schwarzer« im »roten« Werkzeugbau. Das war wie ein Eskimo in der Sahara. Ganz so war es dann doch nicht. Die roten Genossen wählten nämlich den schwarzen Karl in den Betriebsrat, in dem seinerzeit noch zehn Kommunisten saßen. Der Betriebsrat war kein Gesangverein, aber Karl hatte auch dort Autorität. Denn er war unbeirrbar gradlinig.

Eines frühen Morgens war Hallodria im Werkzeugbau. Die Nachtschicht hatte eine Ratte gefangen und in einen Kugelkäfig gesperrt. Mit dem Schweißbrenner jagten die Brutalinskis das arme schreiende Tier durch den Käfig. Zirkuslaune ringsum. Da erschien mein »Karl Kirsch« an der Hallentür des Werkzeugbaus. Ein Blick genügte ihm. Wie Zorro aus dem Nichts stand er plötzlich in der Mitte der Meute, schlug dem nächststehenden Tierquäler seine mit Butterbroten und Henkelmann gefüllte Aktentasche um die Ohren, drehte den Schweißbrenner ab, sprach kein Wort, drehte sich um und sah allen wutentbrannt in die Augen. Es wurde mucksmäuschenstill. Sie schämten sich und trottelten von dannen. Ich war stolz auf meinen »schwarzen Kirsche Karl«. Sein Mut vor geiler Meute ist tief in meine Erinnerung eingebrannt.

Die »Opel-Familie«

Wir Opelianer schimpften auf die Bosse an der Spitze der Firma. Das gehörte sich so. Ich habe dieses Spiel schon früh geübt, nämlich als Jugendvertreter. Aber wenn jemand draußen auf Opel und seine Chefs schimpfte, dann schlossen wir die Reihen und verteidigten alles, was mit Opel zu tun hatte. Wir waren Opelianer und wollten dazu gehören. Und selbst die, die als alte, aufmüpfige Rädelsführer im ganzen Werkzeugbau bekannt waren, überkam der Stolz, wenn ihnen zu ihrem Arbeitsjubiläum ein Fresskorb geschenkt wurde und eine Urkunde dazu, auf der ihre Betriebstreue gelobt wurde. Die Urkunde hing fortan über der Kommode im Wohnzimmer und neben der Urkunde das Bild, auf dem der Chef dem Jubiliar die Hand schüttelt.

Ja, wir Opelianer waren stolz auf unsere Firma. Ein Opel als Auto, das war das Ziel aller Kinder des Wirtschaftswunders in Rüsselsheim. Denn das Auto, das war die Erfüllung aller Wünsche, in der Nachkriegszeit nach der Fresswelle hatte es die Reisewelle ausgelöst. Wir jedenfalls, die Familie Blüm, reisten in jedem Sommer stolz über die wildesten Alpenpässe – vollgeladen mit Utensilien, vor allen Dingen Fressalien, denn meine arme, zarte Mutter Gretel glaubte anscheinend noch immer, es könnte unverhofft – vielleicht sogar im Urlaub – eine Hungersnot ausbrechen. Das Auto war der Nachkriegskinder liebstes Spielzeug, und für die Rüsselsheimer hieß dieses Transportmittel »Opel«. Selbst mein Onkel Adolf, Kommunist von Kindesbeinen bis an sein seliges Ende, aktiver Genosse in der Kommunistischen Betriebsgruppe der Firma Adam Opel AG, deren härtester Konkurrent die Christliche Betriebsgruppe war, der ich angehörte, selbst dieser antikapitalistische Kämpfer verehrte sein Auto mehr, als wir Katholiken die Knochen von Heiligen anbeten. Er pflegte sein Schmuckstück nahezu zärtlich. Samstags badete er sein Auto in

Schaum wie eine Mutter ihr Kind, massierte und polierte es sanft mit einem weichen Lederlappen. Im Winter bockte er es sogar auf, damit es sich nicht auf seinen Reifen müde stehen musste. Nach dem Zentralkomitee der Kommunistischen Partei, kurz vor oder nach seiner Frau – ich weiß es nicht genau –, war der Opel für Onkel Adolf das Schönste, was er im Leben besaß.

Als der erste »Olympia« vom Band lief, war an diesem Tag ganz Rüsselsheim gleichsam in einem großen Festzelt seliger Seelen vereint. Der Männergesangverein sang »Die Himmel rühmen«, der Bürgermeister sprach, der Opel-Chef auch, und wir Opelianer, Erbauer des Olympia Rekord, fühlten uns wie Olympia-Sieger.

Es war einmal ... Die Zeiten sind vorbei.

I. Geld regiert die Welt

1. Des Kaisers neue Kleider.
Oder: Die Heuchelei der Finanzwelt

Von allen Märchen, die meine Mutter mir erzählte, hat mir das Märchen von des Kaisers neuen Kleidern immer am meisten Spaß gemacht. Andere Geschichten beeindruckten mich zwar stärker. So hatte ich bei »Hänsel und Gretel« große Angst. Beim wechselvollen Schicksal des »Aschenputtel« zitterte ich buchstäblich mit. Und »Tischlein deck dich« befriedigte meine frühkindlichen Rachegelüste. Über die Blamage des eitlen Kaisers jedoch, der für schöne Kleider sein ganzes Geld ausgab und schließlich von zwei Betrügern reingelegt wurde, habe ich so laut gelacht wie bei keinem anderen Märchen. Schadenfreude über die Dummheit der Obrigkeit und Bewunderung für kecke Kinder, die unverhohlen die Wahrheit sagen, sind für mich bis heute die Quintessenz meines Lieblingsmärchens geblieben. Die Heuchelei der Diener, so lehrt es uns, ist das missratene Pendant einer bürgerlichen Selbstgefälligkeit, von der wir ab und zu in die Irre geführt werden. Auch die leichte Verführbarkeit des Volkes ist eine zeitlose Erfahrung – nicht nur im Märchen.

Schwankend zwischen Schein und Sein, entscheiden sich der Kaiser und sein Hofstaat für den Schein. Weil alle ihn für wirklich halten. Dabei ist der Trick der Betrüger im Grunde leicht zu durchschauen: Sie behaupten, ihre Kleider seien aus einem Stoff gefertigt, der »die wunderbare Eigenschaft besitzt, dass sie für jeden Menschen unsichtbar sind, der nicht für sein Amt taugt oder der unverzeihlich dumm« ist. Heute nennen sich diese Betrüger »Experten« oder »Lobbyisten«. Und wer ihrem Rat nicht folgen will, den erklären sie ohne Umstände für unfähig oder nicht hinreichend sachkundig. Nur dass sie das meist vornehm »Beratungsresistenz« nennen.

Auch im Märchen fällt das Volk auf derlei Propaganda herein und bejubelt die Pracht der nicht vorhandenen Gewänder. Mehr noch: Es ist sozusagen das demokratische Plebiszit, das die Täuschung erst in eine vermeintliche Realität verwandelt. Wenn alle der Unwahrheit huldigen, verwandelt sie sich scheinbar in Wahrheit. Das ist das Betriebsgeheimnis der Meinungsforschung.

Die Betrüger hatten Kaiser und Volk richtig eingeschätzt. Keiner wollte als dumm, niemand als untauglich gelten. Vor die Wahl gestellt zu lügen oder sich eine derartige Blöße zu geben, entschieden sich fast alle für das Erstere. Auch das Volk, dem die Betrüger selbst ihren Bären gar nicht aufgebunden hatten, will nicht glauben, dass die Obrigkeit derart töricht sein kann. Obwohl der Kaiser unzweifelhaft im Adamskostüm über die Straße schreitet, murmeln die Leute am Straßenrand: »Wie unvergleichlich sind des Kaisers neue Kleider! Welche Schleppe er am Kleide hat! Wie schön sie sitzt!« Ja, ihre untertänige Bewunderung scheint mit der Dreistigkeit des Betrugs sogar noch zu wachsen. Und wäre »BILD« dabei gewesen, das Blatt hätte wahrscheinlich am lautesten die Kunst der Weber gefeiert – und dazu noch ein Exklusivinterview mit dem begeisterten Meister der Weberinnung veröffentlicht.

Alles klappt wie am Schnürchen und wie von den Betrügern geplant. Bis, ja bis zu dem Augenblick, in dem ein kleines Kind, das einfach seinen Augen traut, laut ausruft: »Aber er hat ja gar nichts an!«. Und also bald gehen auch dem Volk buchstäblich die Augen auf, und es erkennt, dass der Kaiser nackt ist. »BILD« würde nunmehr mit einer neuen Schlagzeile aufmachen: »Unfähiger Kaiser reingelegt!« Das Exklusivinterview würde der Reporter mit den Eltern des klugen Kindes führen.

Und der arme Kaiser und sein Hofstaat? Sie wissen natürlich sofort, dass das Kind recht hat. Aber was sollen sie machen? Sie müssen ihre seltsame Parade bis zum bitteren Ende durchstehen ...

Die große Blamage

»Des Kaisers neue Kleider« ist die märchenhafte Antizipation der Finanzkrise 2008. Stellen wir uns vor, der Kaiser hätte Börsenanalysten, Bankexperten, Vertreter der Rating-Agenturen und seine klügsten Wirtschaftsprofessoren an die Börsen der Welt geschickt, um die allgemeine Wirtschaftslage und die globalen Konjunkturaussichten einzuschätzen. »Die Aussichten sind prima«, hätten sie allesamt gemeldet, »die Wirtschaft prosperiert.« Professor Hans-Werner Sinn, Krone der deutschen Nationalökonomie, hätte vermutlich sogar vor einer »Überhitzung der Konjunktur« gewarnt. Zu einem Zeitpunkt, als gar kein Feuer mehr im Ofen war.

Die globalen Wirtschaftshelden, die »Masters of the Universe«, sie haben die Weltöffentlichkeit, ihre Kunden und die Politik an der Nase herumgeführt: Noch am 12. März 2008 erklärte der Chef der Investmentbank Bear Stearns, Alan D. Schwartz, das Institut habe genügend Liquidität und man sei mit den Gewinnschätzungen der Analysten für das erste Quartal zufrieden. Gerüchte über Zahlungsschwierigkeiten seien »absolut lächerlich«. Acht Tage später musste die Bank mit Hilfe von Staatsgeldern gerettet und an den Konkurrenten JP Morgan verkauft werden.

Selbst Kanzlerinnen-Berater Josef Ackermann von der Deutschen Bank, der Mann mit den Super-Renditen, wusste es nicht besser. Er behauptete noch kurz vor der Pleite der Investment-Bank Lehman Brothers, es gäbe keine systemischen Risiken in der Weltfinanzordnung. Inzwischen haben die angeblich gar nicht vorhandenen Risiken einen weltweiten Wohlstandsverlust von mindestens 15 Billionen Dollar verursacht. Das ist ungefähr das 35-fache des deutschen Bundeshaushaltes. Island, Irland, Griechenland standen am Abgrund. In Portugal, Spanien, Italien proben die Spekulanten die Macht.

Die Staatenlenker der G7-Gruppe lobten noch zu Beginn des Jahres 2008 die robuste Weltkonjunktur. Mitte Juli 2008 erklärte das Deutsche Institut für Wirtschaftsforschung: »Der Aufschwung geht in die Verlängerung.« Das Hamburgische Weltwirtschaftsinstitut gab noch nach dem Zusammenbruch von Lehmann Brothers Entwarnung. Führende Mitarbeiter der IKB Deutsche Industriebank AG, in deren Aufsichtsrat Spitzenleute aus Politik und Wirtschaft saßen, überwiesen noch Geld an Lehman Brothers, als die Bank schon dichtgemacht hatte. Die internationale Finanzelite war derart unvorbereitet auf eine drohende »Kernschmelze« der Geld- und Kreditmärkte, dass sie sie nicht einmal bemerkte, als diese in vollem Gange war. Was aber soll man von Leuten halten, die in hohepriesterlichem Ton blumige »Prognosen« verkünden – und nicht einmal gegenwärtige und zurückliegende Entwicklungen richtig einschätzen können? Niemand von diesen gescheiten Leuten hat das Desaster kommen sehen. Alle verließen sich darauf, was die anderen gesagt hatten, um selber nicht als dumm zu gelten – ganz so wie am Hofe des Kaisers.

Nie hat sich eine Zunft, die beansprucht, eine strenge Wissenschaft zu vertreten, mehr blamiert als die Ökonomen. Ihre Auskünfte entpuppten sich als ähnlich seriös wie die von Astrologen. Eine alte Spekulantenweisheit besagt, dass man dann besser ist als die anderen, wenn sich 51 Prozent der eigenen Entscheidungen als richtig erweisen. Was diese Weisheit unterschlägt: Auf dieselbe Quote kann man auch kommen, wenn man einen Gorilla mit Pfeilen auf eine Zielscheibe werfen lässt. Oder wenn man seine

»Prognosen« mit Hilfe einer Glaskugel ermittelt. Es gibt auch sonst viel Ähnlichkeit zwischen modernen Wirtschaftsexperten und mittelalterlichen Hofschranzen. So erfüllen sie weitgehend jene Funktion, welche einst die Hofastrologen für einen Fürsten hatten. Deren Platz in der höfischen Hierarchie befand sich allerdings üblicherweise in der Nähe der Hofnarren.

Die Koryphäen der Wirtschaftswissenschaft und die journalistischen Deuter der Weltwirtschaft hatten vor dem Sommer 2007 keinen blassen Dunst von dem, was sich zum größten finanzwirtschaftlichen GAU aller Zeiten entwickeln sollte. Als der GAU dann eintrat, waren die Marktideologen am Ende ihres Lateins und riefen entgegen all ihren Glaubenssätzen nach dem Staat. Nicht die Selbstheilungskräfte des Marktes, sondern »eine ganze Reihe von hoheitlichen Gewaltakten«, so der SZ-Journalist Thomas Steinfeld, verhinderte das Schlimmste.

Was tun mit diesen Wirtschaftswissenschaftlern? Dass sie »nicht wissen, was sie nicht wissen können«, wie der Ökonom John Gray (1724–1811) einmal über seine Zunft bemerkte, kann man ihnen nicht vorwerfen. Dass sie aber nicht wissen, dass sie nicht alles wissen können, ist schuldhafte Arroganz. Es war die Anmaßung der Volkswirtschaftslehre, sich als exakte Wissenschaft zu gebärden, welche das Desaster der Wissenschaft von der Wirtschaft auslöste. Wirtschaft ist Menschengeschäft. Und Menschen bleiben nun einmal ihrem Wesen nach weitgehend unberechenbar.

Der Grundirrtum der neoliberalen Wortführer vom Typ des Nobelpreisträgers Gary Stanley Becker ist, dass sie einem imperialistischen Rationalismus frönen, »der alles menschliche Handeln nach Maßstäben bewusster Entscheidungen zu beschreiben versucht – Kategorien, die nicht einmal dann gelten, wenn man sie nur auf das Verhalten am Markt bezieht« (John Gray). Der Mensch, so diese Denkweise, ist immer ein rationaler

Nutzenmaximierer. Dass er sich meist aufgrund eher dünner Informationen oder gar aufgrund rein emotionaler Antriebe für oder gegen etwas entscheidet, wird weitgehend ausgeblendet. Eine solche Wirtschaftswissenschaft bleibt deshalb auf Distanz zu gesellschaftlichem und politischem Denken. Beides könnte ja die Reinheit des Rechnens beschmutzen. »Vernunft ist Rechnen«, hatte der Philosoph Thomas Hobbes behauptet. Gleichzeitig hatte er die Behauptung aufgestellt, der Mensch sei des Menschen Wolf (Homo homini lupus). So gesehen wäre der Mensch das Tier, das ständig kalkuliert, wie es seinem Nächsten so schaden kann, dass für ihn das Meiste dabei herausspringt. Ein trostloses, zudem auch noch wissenschaftlich völlig überholtes Menschenbild.

Nicht minder versagt haben die Orakel der Hochfinanz: Die drei großen Rating-Agenturen Moody's, Standard & Poor und Fitch sind so etwas wie globale Platzanweiser der Finanzmärkte. Sie entscheiden über die Kreditwürdigkeit von Banken, Unternehmen und Staaten. Und sie bewerten achtzig Prozent der weltweiten Kapitalflüsse. Dabei versahen sie faule Kredite noch mit Auszeichnungen, als der erste Gestank bereits aus den Luftblasen der Börsenspekulation entwichen war.

Der kalifornische Pensionsfonds Calpers zum Beispiel verlor mit Papieren, denen die Rating-Agenturen höchste Bonität attestiert hatten, eine Milliarde Dollar. Jochen Sanio, Präsident der Bundesanstalt für Finanzdienstleistungsaufsicht (BaFin), nannte die privaten Rating-Agenturen zu Recht »eine der größten unkontrollierten Machtstrukturen im Weltfinanzsystem«.

Ludwig Erhard besaß – Gott sei Dank – eine ausgeprägte Abneigung gegen die mathematisierte Volkswirtschaftslehre. Mit ihrer Hilfe hätte er weder die Währungsreform zum Erfolg geführt noch soziale Marktwirtschaft in der Bundesrepublik durchgesetzt. Erhard stützte sich stattdessen lieber auf Alfred Müller-Armack, der den Begriff »soziale Marktwirtschaft« als

Erster geprägt hat. Der Nationalökonom war von Haus aus Religionssoziologe.

Die Liturgie der Globalisierung

Wie einstmals am Hofe des eitlen, modesüchtigen Kaisers redeten auf dem internationalen Parkett der wirtschaftlichen und politischen Eliten alle lange einander nach dem Munde. Wer als gescheit gelten wollte, malte die Globalisierung in goldenen Farben. Die heilige Trinität der Weltreligion des Finanzkapitalismus hieß Deregulierung, Privatisierung und Kostensenkung. Dieser dreieinige Fetisch wurde verehrt wie einst in der Französischen Revolution die Göttin der Vernunft. In deren Namen hatte sich zunächst das Bürgertum von den Fesseln einer überkommenen Feudalwirtschaft befreit. Dann köpften Robespierre und seine Gefolgsleute in ihrem Namen erst die Vertreter der alten Ordnung, anschließend alle anderen, die nicht bis aufs i-Tüpfelchen nach dem jakobinischen Katechismus beten wollten. Am Ende verwüstete Napoleon in ihrem Namen halb Europa.

Gewiss, die Kardinalskollegien des Kapitalismus verzichten auf Scheiterhaufen, Schafott und militärische Schlachten. Sie exkommunizieren ihre Widersacher vielmehr, indem sie die von Menschen gemachten Regeln und Strukturen unserer Weltwirtschaft zu höheren Mächten oder gar zu einer Art von Naturgesetzen erklären. Gegen diese sich widersetzen zu können, das glauben natürlich nur Dummköpfe oder Demagogen.

Also zelebrierten die neoliberalen Ökonomen die Liturgie der Liberalisierung, bis auch die letzten Entscheidungsträger in Politik und Wirtschaft die Regeln der Finanzmärkte für den einzig wahren Glauben hielten. Ganze Regierungen fühlten sich geschmeichelt, wenn sie von Experten und Kommissionen gelobt wurden, die sie zuvor selbst eingesetzt hatten. Immer mehr Regeln wurden immer schneller aufgehoben, auf dass sich die Spekulanten ungehemmt Bahn brechen konnten. Jedes halbwegs entwickelte Industrieland kannte irgendwann keine Parteien mehr, sondern nur noch Propheten des unregulierten Geldflusses. Ein sozialdemokratischer Bundeskanzler wie Gerhard Schröder oder ein Labour-Premier wie Tony Blair entpuppten sich als neoliberale Musterschüler. Schröder ließ sich etwa von der Finanzlobby die Börsenumsatzsteuern ausreden. Das sollte den Finanzplatz Deutschland, Hauptstadt Frankfurt, stärken. Der Finanzplatz London floriert trotz Börsenumsatzsteuer. Babynahrung, Hundefutter, Medikamente, Bücher: Für alles erheben wir Umsatzsteuer, aber wir weigern uns, diese für Finanztransaktionen zu erheben, selbst wenn diese giftig sind.

Nicht einmal die traditionell wirtschaftskritischen Grünen wagten noch zu widersprechen, als in Deutschland ausgerechnet eine rot-grüne Koalition den Verkauf von Unternehmensanteilen von der Steuer befreite, und damit dem Getriebe des Aktienhandels ein bis dato ungeahntes Schmiermittel verschaffte. Banken, die über Jahrzehnte als Anteilseigner wie als Kreditgeber die inländische Wirtschaft mit produktivem Kapital versorgt hatten, trennten sich binnen Wochen von ihren Beteiligungen, als handle es sich um faules Obst. Damit bekamen sie die Hände frei für das scheinbar lukrativere globale Investment-Banking. Zusammen mit ihrer traditionellen Stellung in der »Deutschland-AG« verloren sie dabei allerdings ihre unternehmerische Bodenhaftung und ihren praktischen Sachverstand. Irgendwie konnte man es den Bankvorständen zunächst nicht mal verübeln, dass ihnen Eigenkapitalrenditen von 25 Prozent und mehr seliger waren als solide, realwirtschaftliche Investitionen, die sich mit 5 Prozent per annum verzinsen.

Doch dass phantastische Gewinnaussichten stets mit ebenso phantastischen Risiken behaftet sind, wurde munter verdrängt. Je höher die Coupons undurchsichtiger Finanzprodukte und windiger Wettscheine notierten, umso lauter pfiff die Internationale der Investment- und Hedgefonds-Manager, der Bankvorstände und Börsengurus das Lied der freien Finanzmärkte. Am Ende stimmten selbst solche Manager und Unternehmer in den Chor ein, die im Grunde wussten, dass sie mit ihrem Stammgeschäft bei der Rendite-Rallye kaum würden mithalten können. Kein Wunder, dass sich am Ende auch viele konservative Finanzvorstände an den Börsen verzockten, um ihren von Gier geblendeten Aktionären zum Jahresende möglichst aufgeblähte Bilanzen präsentieren zu können. Ja sogar biedere Stadtkämmerer schlitterten plötzlich über die Parketts, weil sie hofften, durch Privatisierung von Tafelsilber oder mithilfe waghalsiger Kreditpapiere ihre drückenden Schulden im Schnellverfahren loszuwerden.

Befeuert wurde die Blasenwirtschaft von einer pseudoökonomischen Geschwätzigkeit ohne Maß und tieferen Sinn. Das atemlose Börsenfernsehen der privaten Nachrichtensender wurde zum Muster fast der gesamten Wirtschaftsberichterstattung. Statt Zusammenhänge zu erläutern, setzt dieser Ad-hoc-Journalismus auf eine Häppchenkost, deren Verfallsdatum immer mehr dem gleicht, was auch »die Märkte treibt«: PR-Luftballons von Unternehmen, Parkettgerüchte und halbgare Einschätzungen von »Analysten«, deren Brötchengeber ihr Geld mit exakt den Papieren verdienen, die sie gerade vor laufender Kamera anpreisen. Am unteren Bildrand laufen derweil Kurse und Katastrophennachrichten nebeneinander her, als sei das alles ein und dasselbe. Zeitweise lagen an den Kiosken mehr Zeitschriften mit Wörtern wie »Money« und »Investor« im Titel aus als Klatschblätter oder Sportzeitschriften. Studienräte drängelten sich zu Hunderten in »Anlegerseminaren«. Und vom ursprünglich verschwiegenen, exklusiven »Weltwirtschaftsforum« im Schweizer Nobelkurort Davos wurde berichtet wie von einem Gipfeltreffen bedeutender Staatsmänner – nicht zuletzt, weil immer mehr Politiker die Gelegenheit beim Schopfe ergriffen, sich im Licht der internationalen Managementelite zu sonnen. Wirtschaft – von Weltmarktfans meist »Business« genannt – als globales Event.

Finanzkapitalismus als Hochstapelei

Die hektische Partylaune, die da verbreitet wurde, hätte man zur Not noch ertragen. Immerhin wurden von der Regierung ja nicht vier Stunden n-tv pro Tag oder das Abonnement eines Börsenbriefes zur Bürgerpflicht erklärt. Doch leider fielen auch die meisten Hemmungen, die die eigentliche Wirtschaft vor Exzessen schützen sollen. Zum Beispiel die einfache Regel, dass man eigentlich nur so viel ausgeben darf, wie man eingenommen hat; jedenfalls nicht mehr, als man einigermaßen überschauen kann. Der Kredithunger entfernte sich stattdessen völlig aus der Reichweite der Rückzahlungsmöglichkeiten. Vor allem das Leistungsbilanz- und das Haushaltsdefizit der USA saugten Geld aus aller Welt an. Neue Finanzinstrumente, Derivate genannt, die niemand mehr durchschaute, dazu Institute wie Hedge-Fonds und Private Equity-Fonds verstärkten den Finanz-Tsunami.

Der Finanzkapitalismus verwandelte sich mehr und mehr in eine Illusionswelt, in der die Herstellung nützlicher Güter und die Erbringung von Dienstleistungen mit dem verwechselt wurden, was doch eigentlich nur Mittel zum realwirtschaftlichen Zweck ist: Geld. Keine Frage, dass jede wirtschaftliche Transaktion Geldflüsse erzeugt. Keine Frage auch, dass in einer hochgradig arbeitsteiligen Weltwirtschaft viele Schritte zwischen Hersteller und Kunde mit Krediten zwischenfinanziert werden müssen. Doch die Finanzmärkte erlaubten dem Kredit ein derart unkontrolliertes Eigenleben, dass er schließlich in ein reines Credo zurückverwandelt wurde. Irgendwann überstieg die Summe der weltweiten Finanztransaktionen die des Welthandels um mehr als das Hundertfache. Erwartungen wurden für Wirklichkeit gehalten. Illusion, Hoffnung und Erwartung stapelten sich wechselseitig hoch.

Kredite sind Erwartungen an die Zukunft. Eine Bank leiht einem Unternehmen Geld, weil sie von seiner Geschäftsidee überzeugt ist. Sie rechnet mit künftigen Erlösen, aus denen die Schulden bedient werden, und mit Gewinnen, von denen sich ein vernünftiger Zins abzwacken lässt. Eine Bank leiht Ihnen oder mir Geld, weil sie immerhin darauf hoffen kann, dass wir mit ehrlicher Arbeit absehbar genug verdienen werden, um den Kredit zu tilgen – selbst wenn wir ihn für ein Sofa oder eine schöne Reise aufnehmen – sprich: zur Finanzierung von Konsum statt von Investitionen.

Doch Erwartungen, die an keine realen Wahrscheinlichkeiten mehr gebunden sind, gleichen dem Geld, hinter dem keine Arbeit steht. Sie sind im Grunde Träume. Hohlräume, die sich mit Luft füllen. Zirkusclowns produzieren mit einer speziellen Lauge riesige, bunt glitzernde Seifenblasen. Banken, Fonds und Investment-Gesellschaften produzierten mit viel spezielleren Tricks riesige Finanzblasen. Beiden Arten von Blasen ist freilich eines gemeinsam: Sie steigen in die Luft, das erstaunte Publikum ruft laut »Ah!« und »Oh!« – bis die Blase platzt.

Im Zirkus geben wir uns allzu gerne dem schönen Schein hin. Doch leider tat auch in der Finanzblasenwelt jeder so, als hätte er das Schauspiel zum ersten Mal erlebt. Dabei platzen Finanzblasen in regelmäßigen Abständen und mit der gleichen Zuverlässigkeit wie die Seifenblasen im Zirkus. John Kenneth Galbraith, verstorbener Altmeister der amerikanischen Wirtschaftswissenschaften, meinte einst, das Gedächtnis reiche in der Finanzwelt lediglich zwanzig Jahre zurück. Galbraith hat das Erinnerungsvermögen der Ökonomen wohl überschätzt. Der Abstand zwischen der Internet- und der Hypothekenblase war nicht einmal halb so groß.

Alan Greenspan, einst verklärter, heute zu recht hart kritisierter Exchef der amerikanischen Notenbank, löste vor nicht einmal zehn Jahren die Internet-Krise durch die Vorbereitung der Hypotheken-Krise auf. Der Realzins, der Preis des Geldes, sank gegen Null. Pump wurde auf Pump finanziert. Die Nachfolgeblase sog die Vorgängerblase auf. Seine an sich erschreckend simple Politik des billigen Geldes umgab Greenspan allerdings mit dem Glanz eines magischen Spektakels. Ein Wimpernschlag von ihm – und die Börsenkurse wackelten. Ein Murmeln, und Finanzgurus wie Finanzminister erstarrten. Seine ganz bewusst rätselhaften Verlautbarungen verhalfen ihm zum zweifelhaften Ruhm eines »Kryptomanen«.

Was aber taten die in der staatlich verordneten Geldschwemme badenden US-Banken? Sie schraubten die Bedingungen für die Gewährung von Krediten immer weiter nach unten und reduzierten damit die Sicherheit ihrer Rückzahlung. Das Geld wurde wie Kamelle im Kölner Karneval unters Volk geworfen. Wer ein Formular ausfüllen und seinen Namen schreiben konnte, erhielt Geld von der Bank. Die Sparquote in Amerika sank zeitweise unter Null, und die Eigenheimpreise stiegen und stiegen – zunächst. Weil die Amerikaner sich daher auf dem Papier reich fühlten, beliehen sie ihre auf Pump gekauften Häuser gleich noch einmal, um sich von diesem Geld die Möbel, das Auto in der Garage und die Kleider im Schrank zu kaufen. Den vielen regionalen Hypothekenbanken wurde bei der Sache natürlich bald mulmig, weshalb sie ihre Kredite möglichst schnell an größere Institute weiterreichten. Diese bündelten sie zu raffiniert verschleierten Kreditbriefen, die man sodann in alle Welt verscherbelte. Die Rating-Agenturen segneten den Prozess ab und verdienten dabei gut.

Zum Schluss konnten selbst US-Bürger ohne festes Einkommen und ohne jedes Eigenkapital ein Eigenheim erwerben. Diese Nachfrage-Explosion wiederum reizte die Immobilienspekulanten: Bald wurden ahnungslosen Käufern auch die letzten windschiefen Bruchbuden in heruntergekommenen Provinznestern als Traumhäuser in Bestlage aufgeschwatzt. Damit war der baldige Preisverfall auf dem Wohnungsmarkt endgültig programmiert.

Der Werbespruch »Kaufe jetzt, zahle später!« wurde auf die Spitze getrieben. Das wahre Geschäftsgeheimnis lautete nun: »Zahle nie!«. Damit verhielt sich die Finanzwelt wie jener Mann, der aus dem Fenster eines zwanzigstöckigen Hauses stürzt. Als er am 5. Stock vorbeifliegt, denkt er: »Ist es bis jetzt gut gegangen, wird es auch weiter gut gehen.« Andere ahnten zwar Schlimmes, tanzten aber weiter. Der Chef der Citibank, Charles Prince, soll gesagt haben: »Wenn die Musik aufhört, wird es in Bezug auf die Liquidität schwierig werden. Aber solange die Musik spielt, muss man aufstehen und mittanzen. Wir tanzen immer noch.« So hatte es mehr als zwei Dekaden lang funktioniert. Doch diesmal war die Blase zu groß, um sie durch eine nachfolgende, noch größere Blase aus der Welt zu schaffen. Als die Eigenheimpreise fieler, war das Blaskonzert über Nacht zu Ende.

Was allenthalben »Globalisierung« genannt wird, das ist zu weiten Teilen eine rein virtuelle Finanzakrobatik, die nur am Laufen gehalten werden kann, solange alle der Geldillusion erliegen. Die größten Gaukler sind die bewunderten Gurus der Finanzwelt. Sie sind allerdings Überlebenskünstler, und außer ein paar spektakulären Fällen, in denen Strafen als Alibi für die scheinbar unveränderte Seriosität der Geldwechsler herhalten müssen, fallen die meisten der großen Betrüger bis heute selbst nach dem größten Desaster wieder auf die Füße.

Nick Leeson hatte 1995 als kleiner Devisenhändler in Singapur die Barings Bank, die älteste Investmentbank Großbritanniens, in den Ruin getrieben. Nach sechs Jahren Haft kehrte er nach London zurück – und war nach eigener Aussage innerhalb einer Woche schon wieder Besitzer von fünf neuen Kreditkarten. Er verdient inzwischen gutes Geld, indem er auf Finanzkongressen amüsierten Zuhörern seine Tricks verrät.

George Soros wirbelte Anfang der Neunzigerjahre die internationale Finanzwelt durcheinander. Er zwang das britische Pfund in die Knie, verdiente dabei viel, viel Geld und missioniert heute mit diesem Geld die Welt, um sie vor den Häresien zu bewahren, mit denen er einst reich geworden ist.

Jérôme Kerviel war eher ein kleiner Mitläufer im großen Bankapparat der französischen Société Général. Sein Jahressalär betrug weniger als 100.000 Euro. Doch in drei Jahren baute er ein Kartenhaus aus 143.904 Terminkontrakten mit einem Volumen von 50 Milliarden Euro auf. Dabei bediente er sich zahlreicher Scheingeschäfte, bei denen in Wahrheit kein einziger Cent floss. Erstaunlicher Weise wirtschaftete der tüchtige Mann allerdings nie in die eigene Tasche. Es war offenbar nicht private Gier, sondern pure Freude am Spiel, die ihn zu seinen Höchstleistungen trieb. Am Ende hatte Kerviel 4,82 Milliarden Euro verzockt. Das ist kein Kleingeld. Davon hätte man 112.000 französische Lehrer ein Jahr lang bezahlen können. Wie aber konnte ein »kleines Licht« wie Kerviel, der seine Prüfungen mit Ach und Krach bestanden hatte, die Revisoren und erleuchteten Finanzgenies seines angesehenen Bankhauses drei Jahre lang hinters Licht führen? Kerviel hatte 2007 einen Profit von 1,4 Milliarden Euro erzielt. Das reichte offenbar als Deckungssumme für das blinde Vertrauen seiner Vorgesetzten. Dabei lag das Volumen seiner Wettscheine beim 1,7-fachen des Eigenkapitals der Bank. »Gier frisst Hirn«, sagen sogar die Börsianer. Kerviel soll den von ihm angerichteten Schaden laut Gerichtsurteil übrigens ersetzen. 4,9 Milliarden Euro! Um diesen Traum der blinden Justitia wahr zu machen, müsste der junge Mann, der heute für eine EDV-Beratungsfirma tätig ist, selbst bei einem sechsstelligen Jahresgehalt gut viertausend Jahre arbeiten. Man sieht: Arbeit ist dem Geld nicht gewachsen. So viel, wie man mit Geldgeschäften gewinnen (oder eben verlieren) kann, kann mit ehrlicher Arbeit kein Mensch verdienen. Dabei ist Jérôme Kerviel kein Krimineller, sondern nur der Prototyp eines hemmungslosen Zockers. Er handelte nicht *gegen* das System, sondern *im* System.

Mancher Systemspieler im Börsenroulettesaal trieb es noch dreister als Kerviel mit seinen Luftbuchungen. Eines der lange Zeit angesehensten Finanzgenies der Welt, Bernard Madoff, betrog seine Kundschaft um 50 Milliarden, in diesem Fall »nur« Dollar. Mit Charme, Cleverness und krimineller Abgebrühtheit griff er zu einem der simpelsten und ältesten Betrügertricks der Welt: dem Prinzip des Kettenbriefs. Er versprach jedem Kunden phantastische Renditen – die er freilich niemals durch Anlage des eingesammelten Kapitals erzielte, sondern dadurch, dass er einfach das Geld seiner früheren Kunden an die nächstfolgenden weiterreichte. Über ein Jahrzehnt lang funktionierte der Betrug – schlicht weil der Betrüger beliebt war. So gehörte Madoff etwa zu den bedeutenden Spendern beider politischen Parteien in den USA sowie zahlreicher karitativer Organisationen. Unter seinen Gläubigern fanden sich viele große Namen der amerikanischen High Society ebenso wie andere Profi-Zocker des Finanzsystems, aber natürlich auch zahllose unschuldige, kleine Mitläufer. Madoff wurde 2009 zu 150 Jahren Gefängnis und 120 Milliarden Euro Schadensersatz verurteilt. Eine Summe, die nicht einmal ein unsterblicher Neandertaler hätte abarbeiten können, wenn er bis auf den heutigen Tag gegen ehrlichen Lohn schuften würde.

Im Rückblick erscheinen die Wettspiele der großen und kleinen Zocker, der Profis und der Amateure, der großen Banken und der kleine Leute sehr oft als verblüffend einfach: Ein Anleger kann sich zum Beispiel mit dem Kauf eines so genannten »Futures« das Recht sichern, eine bestimmte Menge von Aktien – einzelne Papiere oder Indexmischungen wie den DAX oder Dow Jones – zu einem bestimmten Zeitpunkt zu einem heute vereinbarten Preis zu kaufen. Liegen die künftigen Kurse über diesem Preis, macht er ein gutes Geschäft. Liegen sie darunter, zahlt er drauf. Das Schöne an diesen Wetten ist, dass die Bank immer gewinnt. Denn für jede »Call«-Position gibt sie eine exakt gleiche Zahl von »Puts« aus. Das ist eigentlich ein Nullsummenspiel. Aber die ausgebende Bank kassiert natürlich von beiden Wettpartnern Gebühren. Die sorgen dafür, dass von 102 Dollar der 101. und 102. *immer* an die Bank gehen. Im Casino sorgt dafür die Null, ohne die Roulette ebenfalls ein reines Nullsummenspiel wäre.

Die Krise der internationalen Währungs- und Finanzordnung sollte eigentlich dafür sorgen, das globale Illusionstheater zu entlarven. Falls die Welt nicht erkennt, dass der Kaiser nackt ist, ist ihr nicht mehr zu helfen. Doch leider ziehen die Kurse schon wieder an, wenn auch oft nur bis zur nächsten Horrormeldung. Bankmanager, die 2008 oft nur knapp dem Kittchen entrinnen konnten, streichen schon wieder fette Bonuszahlungen ein. Institute, die damals am Abgrund standen, verdienen wieder prächtig, das Renditeziel der Deutschen Bank etwa liegt unverändert bei 25 Prozent. In der Realwirtschaft wäre das ein Traumergebnis, gelten doch in der Industrie Renditen von mageren 5 oder 6 Prozent als Spitzenleistung. Wie aber soll Geld in das Geschäft mit Arbeit und Gütern fließen, wenn mit Geld allein so viel mehr Geld verdient werden kann?

Geld regiert die Welt

Geld ist der Stoff, aus dem die Träume des Finanzkapitalismus geschneidert sind. Wie weit die Täuschung getrieben wurde, zeigt sich schon an dem unwidersprochenen Versprechen, dass »Geld arbeitet«. Dabei macht es doch keinen Finger krumm. »Mit eigenen Augen gesehen habe ich es nie, wie Geld arbeitet. Entweder habe ich Geld gesehen oder Arbeiter«, stellt der Bankkassierer in Max Frischs Stück »Graf Öderland« fest. Und er hat recht. Geld schafft keine Werte. Geld ist seiner Natur nach nur ein wirtschaftliches Mittel. Ein nützliches Vehikel, wenn es als Tauschmittel, als Recheneinheit oder zur Aufbewahrung von Werten eingesetzt wird – mehr nicht!

Die großen Finanzkapitalisten und ihre intellektuellen Hehler haben das Geld jedoch mit einer Wertschöpfungsillusion ausgestattet. Dem Geld wurde mit dem gleichen Trick, mit dem die vermeintlichen Stoffweber und Hofschneider des Kaisers arbeiteten, eine Rolle zugeschanzt, die ihm nicht zukommt. Das Geld hat sich von seinem instrumentellen Charakter emanzipiert und ist vom Mittel zum Zweck geworden. Geld maßt sich Eigenschaften an, die herkömmlicher Weise Substanzen und Subjekten eigen sind. Geld ist jedoch nichts Selbstständiges.

Das Geld und seine Geschwister Aktie, Anleihe, Zertifikat oder Derivat generieren jedoch inzwischen mehr Geld, als jede Produktion Güter hervorbringen kann. Das Geld läuft den Waren davon. Es ist gleichsam auf der Flucht vor der Realität und verursacht als Phantom eine gigantische ökonomische Konfusion. Während 1980 die »Finanzprodukte« noch der Weltgütermenge entsprachen und beide ungefähr ein Volumen von 12 Billionen Dollar umfassten, sind 25 Jahre später aus diesen 12 Billionen Dollar in Form von Aktien, Anleihen, Schuldtiteln aller Art oder Bankeinlagen 150 Billionen Dollar geworden. Der Wert von Gütern und Dienstleistungen erhöhte sich dagegen im gleichen Zeitraum weltweit nur auf rund 60 Billionen Dollar. Allein das Handelsvolumen der Terminbörse Eurex war 2006 beispielsweise 46-mal größer als das deutsche Bruttoinlandsprodukt.

Tatsache ist, dass die reale Wirtschaft gegenüber dem Finanzkapitalismus zur Restgröße schrumpft. Die Welt der Arbeit und die Welt des Geldes trennen sich voneinander. Aus der Zweiklassengesellschaft wurde die Zweiweltenwirtschaft. Arbeit und Geld haben nur noch wenig miteinander zu tun.

Die amerikanische Notenbank wies zur Jahresmitte 2008 58,8 Billionen Dollar an öffentlichen und privaten Krediten aus. Dem stand eine Wirtschaftsleistung von nur 14,2 Billionen Dollar gegenüber. Die USA erreichten so eine nie da gewesene Schuldenquote von 370 Prozent. Folge: Es ist mehr Geld in der Welt unterwegs, als sich überhaupt Anlagemöglichkeiten dafür finden lassen. Und nur ein Bruchteil des Geldes wird noch für Konsum oder Investitionen ausgegeben. Weltweit betrug der Anteil der Realwirtschaft am gesamten Geldverkehr 2008 gerade einmal 0,4 Prozent. Umgekehrt bedeutet dies: 99,6 Prozent aller getätigten Investments haben nichts mehr mit der realen Wirtschaft zu tun. Etwas anschaulicher formuliert: Von jedem Dollar, Euro oder Yen, der irgendwo auf der Welt zu Buche steht, wird heute nicht einmal mehr ein halber Cent für Brot, Bücher, Kleidung und Autos, für Löhne und Gehälter, für Maschinen und Rohstoffe, für Champagner und Villen im Tessin oder für Flugzeugträger ausgegeben!

Das durchschnittliche Nettoeinkommen eines deutschen Haushaltes liegt derzeit bei knapp 2700 Euro. Verhielte sich eine Familie nach den Spielregeln der Weltwirtschaft, dann dürfte sie monatlich, man kann es kaum glauben, nur 10,80 Euro für ihren *gesamten* Lebensunterhalt ausgeben. Den »Rest« müsste sie in Devisenspekulationen oder DAX-Futures stecken.

Kürzlich kam deshalb eine der großen Wirtschaftskoryphäen, der Nobelpreisträger Edmund Phelps, auf eine scheinbar überraschende Idee: »Wir müssen zurückkehren zu altmodischen Banken, die Investitionen für reale Dinge finanzieren.« Ein origineller Vorschlag! Ungefähr so originell, als hätte man nach dem Untergang der Titanic den Reedern empfohlen, dass sie Schiffe bauen, die schwimmen.

»Nur Trottel tanzen, die noch größeren Trottel aber sehen zu«, fasste der amerikanische Investor Barton Biggs den Zynismus einer Finanzwelt zusammen, die ums Geld tanzt wie einst das auserwählte Volk ums Goldene Kalb. Die Israeliten machten sich entgegen dem Zweiten Gebot ein Bildnis von Gott, womit sie ihn lästerten und letztlich leugneten. Unsere Welt setzt die Vergötzung des Geldes an die Stelle ehrlicher Arbeit und unternehmerischen Einsatzes. Damit wird das Geld zu einem Symbol der Realitätsvergessenheit und -verleugnung. Es maskiert sich als Produkt, erschleicht sich im Unwort »Finanzprodukte« sogar den Namen dafür. Wo ist das Kind, das endlich sagt, dass die Kaiser und Könige der Geldwirtschaft nackt sind? Oder wird es uns gehen wie Midas, dem mythischen König von Phrygien? Er erbat sich einst von Dionysos die Gnade, dass alles, was er berühre, zu Gold werde. Der Gott tat ihm den Gefallen. Alles, was Midas anfasste, verwandelte sich in das Ziel seiner Gier, auch jeder Schluck Wasser und jeder Bissen Brot. Midas konnte nichts mehr essen und nichts mehr trinken. Und hätte Dionysos sein Jammern und Klagen nicht erhört und den Fluch von ihm genommen, Midas wäre jämmerlich verhungert und verdurstet.

Tatsächlich verwandelt sich zwar nicht alles in der Welt in Geld, aber mithilfe des Geldes lässt sich in unserer Welt fast alles in alles verwandeln. Damit spielt das Geld in einer monetaristischen Gesellschaft die gleiche Rolle, die der Hostie im Geheimnis des Glaubens an die Transsubstantiation zukommt, der Wandlung von Brot und Wein in das Fleisch und Blut Christi. Seine Funktion als Allesverwandler verleiht dem Geld einen pseudoreligiösen Nimbus. Nur dass wir hier nicht das Geheimnis der Erlösung unseres Daseins erleben, sondern seiner Verdrängung. Die virtuelle Welt der Finanzen erdrückt die reale Welt der Güter, der Leistungen, der Arbeit. Der Schein besiegt das Sein.

Diese völlige Verkehrung unserer Wahrnehmung führt, wie der amerikanische Soziologe Benjamin R. Barber gezeigt hat, zugleich zu einer ungeheuerlichen Infantilisierung der Gesellschaft. Der Prozess des Erwachsenwerdens ist herkömmlicherweise ein Abschiednehmen von kindlichen Allmachtsphantasien und utopischen Träumen. Die Hörner der infantilen Illusionen stoßen sich an den Widerständen des Lebens ab. Im Widerstreit zwischen Ideal und Realität vollzieht sich Erziehung. Was aber geschieht, wenn die Realität schwindet? Wenn wir ewig in dem Glauben leben, alle unsere Wünsche ließen sich sofort erfüllen, weil man doch alles kaufen kann? Wenn wir sogar glauben, das Wünschen selbst kenne keine Grenzen, so wie die Geldgier offensichtlich unstillbar ist? Dann bleiben wir ewig Kinder.

Unbemerkt haben wir es heutzutage mit einer schleichenden Regression der Gesellschaft zu tun. Jeder will zwar länger leben, aber niemand will alt werden. Achtzigjährige kostümieren sich wie Disco-Besucher, Dreißigjährige spielen noch im Sandkasten der Universität und drücken sich vor dem Ernstfall des Lebens. Die Gesellschaft flüchtet in eine kindliche Idylle, um sich die Zumutungen der Wirklichkeit vom Hals zu halten. Es ist eine permanent-pubertäre Wohlfühlphase, welche die Kindheit golden und endlos erscheinen lassen soll. Anstelle des Kant'schen kategorischen Imperativs tritt ein katalogischer Infantilismus: »Kauf' alles, was du haben kannst!«. Aber auch Karl Marx hat sich geirrt. Nicht die produktiven Kräfte sprengen die Produktionsverhältnisse, sondern die ständig unbefriedigten konsumtiven Gelüste sprengen die Gesellschaftsverhältnisse.

Vom Hochmut der Bankiers

Hochmut kommt vor dem Fall. Die meisten Finanzgenies hielten sich für die neuen Götter der Globalisierung, für die »Masters of the Universe«. Der ehemalige Bundesbankpräsident Hans Tietmeyer verkündigte 1994 in Davos mit leisem Tremolo in der Stimme den Mächtigen der Erde: »Die Geldmärkte werden zunehmend die Rolle von Polizisten spielen (...) Die Politiker müssen begreifen, dass sie in Zukunft der Kontrolle der Finanzmärkte und nicht nur den nationalen Debatten unterworfen sein werden.« Die so gescholtenen Politiker spendeten damals zu ihrer öffentlichen Entmachtung devot Beifall.

15 Jahre danach entpuppt sich die globale Geldpolizei als eine Art von Geldmafia, und die Politiker, die sich nach Tietmeyers Empfehlung der Disziplin der Geldmärkte unterwerfen sollten, sind jetzt die Rettungssanitäter, die von den schwer angeschlagenen Finanzinstituten zu Hilfe gerufen werden. Die einst als Totalderegulierer und Privatisierer auszogen, sind mit zerrissenen Hosenbeinen und aufgehaltenen Händen in die Arme des einst verteufelten Staates, des »einzig wirklich imponierenden Kapitalisten« (Peter Sloterdijk), zurückgekehrt.

Rolf-Ernst Breuer, der ehemalige Vorstandssprecher der Deutschen Bank, hatte seinerzeit noch einen draufgesetzt und die Börsendemokratie über die politische gestellt. Schließlich werde bei allgemeinen Wahlen nur alle vier Jahre abgestimmt, während an der Börse eine tägliche Abstimmung stattfinde.

Später fügte Breuer hinzu: »Wenn die Politik im 21. Jahrhundert in diesem Sinne im Schlepptau der Finanzmärkte stünde, wäre das vielleicht gar nicht so schlecht.« (DIE ZEIT vom 27.04.2000) Jetzt sitzen die Schlepperkapitäne im Rettungsboot.

Herr Breuer wurde inzwischen von seinen Großaktionären aus dem Aufsichtsrat der Frankfurter Börse vertrieben. Auch Herr Tietmeyer sitzt nicht mehr im Aufsichtsrat der inzwischen verstaatlichten Hypo Real Estate. Er hatte die Tricks nicht durchschaut, mit denen sich diese Bank der Disziplin des einfachen, anständigen Steuerzahlers entzog, der bekanntlich seine Steuern in dem Land zahlt, in dem er es verdient. Wie viele andere Banken, gründete die HRE »Zweckgesellschaften« im Ausland, die keinem anderen Zweck dienten als dem, Steuern im Inland zu vermeiden. »Irland statt Inland!«, so hieß die Strategie, die von ebenso zahn- wie ahnungslosen Grüßaugusts in den Aufsichtsräten abgenickt wurde. Gegenwärtig kämpft die von den internationalen Großbanken künstlich aufgepumpte Volkswirtschaft der Grünen Insel gegen die Staatspleite. Die neoliberale Revolution frisst ihre Kinder.

Hilmar Kopper, einer der Vorgänger von Ackermann bei der Deutschen Bank, antwortete auf die Frage, ob es möglich sei, mit den Konsequenzen der heutigen Krise zukünftige zu vermeiden, mit einem schlichten »Nein«. Es sei zu viel Geld zu schnell bei zu wenig Leuten unterwegs (Süddeutsche Zeitung 22./23. Januar 2010). Ist die Geldergebenheit der Finanzbosse das letzte Wort der Gesellschaft? Nein!

P.S.: Die Obszönität der Finanzwelt entlarvt sich manchmal mit beiläufiger Symbolik. Auf dem Höhepunkt des Bankencrashs surften etliche Top-Leute der US-Börsenaufsicht SEC auf ihren Dienstcomputern täglich durch die Welt der Sex-Webseiten. Und das nicht etwa als kleiner Zeitvertreib zwischendurch, sondern gleichsam hauptberuflich. Ein Jurist der SEC-Zentrale hatte bis zu acht Stunden am Tag Pornos konsumiert. Andere klickten 16.000-mal im Monat entsprechende Webseiten an. 17 der Ertappten gehörten mit einem Jahresgehalt von über 200.000 Dollar zu den Spitzenverdienern der Börsenaufsicht. Auch wenn das meist empört geleugnet wird: So eng sind die Varianten männlicher Gier miteinander verwandt.

2. Die Preisfrage: »Geld – warum?«

»Warum brauchen wir eigentlich Geld?«, fragte mich einmal Felize, eine meiner Enkelinnen, als sie acht Jahre alt war. Ich liebe diese kindlichen Warum-Fragen. Warum? Weil sie nach ihrer Beantwortung unausweichlich zu einem weiteren »Warum?« führen, und zwar ad infinitum. Vier Jahre ist das jetzt her, und noch immer quält mich Felizes Frage nach dem Warum des Geldes. Offiziell habe ich längst die weiße Fahne rausgehängt und die Frage auf sich beruhen lassen. Aber im Hinterkopf treibt mich das Problem seitdem immer wieder um. Ich habe einschlägige Lexika und Lehrbücher, dazu kluge Abhandlungen von Philosophen, Soziologen und Ökonomen über Geld gelesen. Vieles davon war so gescheit, dass es fast nicht wahr sein kann. Zum Glück bestehen Kinder auf der Wahrheit. Also habe ich versucht, die Früchte meiner Studien so einfach darzulegen, dass auch Felize verstehen kann, warum wir Geld brauchen. Nicht dass sie irgendwann aufgehört hätte, »Warum?« zu fragen. Aber vielleicht sind wir der Sache ja wenigstens etwas näher gekommen.

Meine erste Antwort an Felize lautete damals: »Geld ist ein Tauschmittel.« Diese Erkenntnis entspricht ungefähr dem Wissensstand der Geld-Grundschule. Die Antwort ist schön und einfach. Man kann sich ohne Ende tolle Geschichten ausdenken, mit denen man die Tauschmittel-Theorie illustrieren kann.

»Stell dir vor«, sagte ich zu meiner Enkelin, »wie in der Jungsteinzeit, also vor etwa 12.000 Jahren, lange nachdem sie von den Bäumen heruntergestiegen waren, ihr Fell verloren und den aufrechten Gang erlernt hatten, die Menschen sich in Jäger, Hirten und Ackerbauern aufteilten. Was war das ein großer Fortschritt! Denn nun machte nicht mehr jeder alles, sondern jeder das, was er am besten konnte, jedenfalls besser als die anderen.

Keine Frage, dass die Spezialisten mehr zuwege brachten als die, die nur aufs Geratewohl vor sich hingewurstelt hatten. Jeder nach seinen Fähigkeiten. Jeder nach seinen Bedürfnissen. Diese frühsozialistische Regel war der erste Schritt zur Arbeitsteilung und der Anfang des Wohlstands. Der eine konnte wilde Tiere erlegen, der andere Tiere zähmen und hüten. Wieder andere machten aus den Fellen der Tiere Kleider. Und andere beackerten den Boden, säten und ernteten. Irgendwann fingen Einzelne an, sich auf das Backen von Brot, das Brauen von Bier oder die Herstellung von Hacken, Pflügen und allerlei anderen Dingen zu spezialisieren. Ihre Erfahrungen gaben sie an die nächste Generation weiter, und so wurden alle diese Dinge langsam besser, praktischer, nützlicher – und ihr Einsatz damit produktiver. Neben den Handwerkern kümmerten sich weitere Spezialisten um die Verteidigung, den Kontakt zu den Göttern oder die Oberaufsicht über die vielen Spezialisten. Weil viele mehr Güter herstellen konnten, als sie selbst benötigten, konnte sich die Gesellschaft sogar Leute leisten, die gar nichts herstellten.

Das einzige Problem: Je mehr die Menschen sich spezialisierten, umso mehr Dinge des täglichen Bedarfs mussten ständig den Besitzer wechseln. Dazu kam noch, dass Menschen in manchen Gegenden Dinge fanden oder herstellen konnten, die es anderswo überhaupt nicht gab. Also fingen die Menschen an zu tauschen. Aber ohne Geld war das eine mühsame Sache. Nicht immer hatte der eine genau davon zu viel, was der andere gerade besonders dringend brauchte. Um ein Kochgeschirr gegen Felle einzuhandeln, waren manchmal weite Umwege nötig. Und wenn der Bauer kein Bärenfell wollte, sondern einen besseren Pflug, dann konnte ihm der Jäger nicht helfen.

So erfanden kluge Köpfe ein Tauschmittel, das alle akzeptierten – das Geld. Ein Zahlungsmittel, mit dessen Hilfe man kreuz und quer tauschen konnte. Man suchte sich dafür der Einfachheit halber etwas aus, mit dem sich leicht rechnen ließ und das zudem noch relativ haltbar war, also zum Beispiel nicht schimmelte oder leicht zerbrach. Noch bevor Geld zu Gold emporgestiegen und später zu Papiergeld abgesunken war, erklärte man Sachen zu Tauschmitteln, die man auch ge- oder verbrauchen konnte, selbst wenn man sie gerade nicht als Tauschmittel einsetzte. Man konnte das »Geld«, wenn alle Stricke rissen, auch als Schmuck am Hals tragen oder zum Beispiel als Nuss essen. Geld war also am Anfang noch nützlich.

Später streifte das Geld das Kleid des Nützlichen ab und begnügte sich damit, wertvoll zu sein; irgendwann genügte es sogar, dass die Leute es nur für wertvoll *hielten*. Die Indianer tauschten mit den Mannschaften des Kolumbus Gold gegen bunte Glasperlen. Noch viel später kam man von der subjektiven Wertschätzung ab und suchte eine objektive. Bei Licht betrachtet war der objektive Wert allerdings nur das, worauf sich alle geeinigt hatten, notfalls auf höhere Anordnung. So ist es bis heute geblieben.

Geld ist kein Naturprodukt, sondern ein soziales Kunstwerk. Billiges Papier, aus dem Geldscheine gemacht sind, wird erst durch eine staatliche Garantie zu einer ›Währung‹ und damit wertvoll. So wird aus Schein Sein.«

So ungefähr habe ich das meiner Enkelin Felize damals erklärt. Um eine Antwort drückte ich mich damit allerdings herum. Warum kann man mit Geld reich werden? Ohne jemals einen Bären zu erlegen, ein Brot zu backen oder ein Auto zu bauen? Praktischer gefragt: Wie kommt man an Geld, wenn man gerade keins hat?

»Durch Arbeit«, antwortete ich Felize etwas naiv.

»Arbeitet das Geld auch?«, fragte sie. »Wo? Wann? Und warum sieht man das nicht, wenn Geld arbeitet?«

»Weil es nicht wirklich arbeitet, so wie jemand, der in eine Fabrik geht, in ein Büro oder dir in einem Laden etwas verkauft. Man sagt das nur so. Eher ist es so, dass bestimmte Leute, man nennt sie Bankiers, *mit* Geld arbeiten, damit es mehr wird. Aber das ist ziemlich kompliziert … «

»Sind Bankiers so was wie Heinzelmännchen, die nachts, wenn die Bank zu ist, heimlich neues Geld machen?«

»Na ja, sie machen das schon tagsüber, aber nicht so, wie du denkst, dass sie vielleicht neue Münzen herstellen oder Papier bedrucken. Dafür gibt es zwar auch Firmen, aber die vermehren das Geld eigentlich nicht. Das meiste Geld kann man nämlich heute sowieso nicht mehr anfassen.«

»Warum?«

»Weil es nur in einer Art Büchern steht, so wie die Zahlen deiner Rechenaufgaben im Schulheft. Na ja, eigentlich nicht mal mehr das. Das meiste Geld ist heute irgendwie in großen Computern drin.«

»Wie in einem Sparschwein?!«

»Ja. Nein. Ach, es ist halt kompliziert.«

»Warum?«

»Felize, bitte hör auf mit deinem ›Warum?‹«

»Und wie wird man nun mit diesem Geld reich, von dem du nicht mal genau weißt, wo es ist?«

Jedenfalls würden die Reichen, so erklärte ich Felize, nicht durch normale Arbeit reich. Oder dadurch, dass sie besonders sparsam lebten. Schließlich könnten sie ja, weil der Tag nun mal für alle gleich lang sei, nicht genauso viel mehr arbeiten als die Armen, wie sie mehr Geld haben als diese. Und ein Fabrikbesitzer sei auch nicht deshalb reicher als seine Arbeiter, weil er weniger esse, abends ein Fläschchen Bier weniger trinke als sie, oder weil er eine billigere Wohnung habe. Eher sei ja meist das Gegenteil der Fall. Bei ganz normalen Leuten sei es zwar schon so, dass der, der fleißiger oder klüger als der andere sei, auch mehr verdiene. Und wer nicht so viel Geld ausgebe, behalte natürlich am Monatsende mehr übrig. Das könne er dann sozusagen ins Sparschwein tun. Aber bei wirklich reichen Leuten habe das alles weder mit Fleiß noch mit Sparsamkeit zu tun.

»Woher kommt denn dann das Geld, das die einen mehr haben als die anderen? Du hast doch gesagt, Geld sei dazu da, damit die Leute leichter Sachen tauschen können. Wird man also beim Tauschen reich?«

»An sich erst mal keine schlechte Idee. Außerdem hast du gut aufgepasst.«

Aber aus dem Tausch, musste ich Felize enttäuschen, könne der Reichtum nicht kommen. Denn beim Tausch von Geld gegen Ware oder Ware gegen Geld würde, jedenfalls wenn es anständig zugehe, keiner etwas gewinnen und keiner etwas verlieren. Weder der Käufer noch der Verkäufer. Vielmehr würde ja ziemlich schnell keiner mehr etwas eintauschen, kaufen oder verkaufen, wenn allen klar wäre, dass einer von beiden dabei grundsätzlich schlechter abschneidet. So käme es zwar immer wieder mal vor, dass Leuten schlechte Waren zu überhöhten Preisen angedreht würden. Oder dass jemand in einem Gasthaus esse und dann gehe, ohne die Rechnung zu bezahlen. So wie es auch immer wieder mal vorkäme, dass Leute im Büro faulenzten, und trotzdem am Monatsende ihr Gehalt bekämen. Aber das alles sei dann eben Betrug. Man könne den Reichen zwar vieles nachsagen. Aber dass sie alle ausgemachte Betrüger seien, gewiss nicht. Anständige Reiche, und das seien die meisten, hielten sich an die Grundregel des ehrbaren Kaufmanns: an das Gebot der Äquivalenz. Das heißt: Der Kaufmann verkauft die Ware zu einem fairen und ehrlichen

Preis. Die Waage von Geben und Nehmen muss im Gleichgewicht sein.

»Und woher weiß ich, dass der Kaufmann den richtigen Preis von mir verlangt? Eine Waage gibt es doch nur beim Metzger oder im Gemüseladen. Und da wird außerdem nur die Wurst oder das Gemüse draufgelegt, aber nicht das Geld.«

Felize ließ nicht locker. Also versuchte ich, ihr die Grundidee der Marktwirtschaft möglichst simpel zu erklären: Was eine Ware wert sei, entscheide der »Markt«. Den könne man sich der Einfachheit halber wirklich wie einen Wochenmarkt vorstellen: Alle Waren an den Ständen der Händler nenne man »Angebot«, alles das, was die Kunden kaufen wollen, nenne man »Nachfrage«. Das Verhältnis zwischen beidem regelt die Preise.

Wenn der Verkäufer viele Tomaten anbietet, aber wenige Käufer nach Tomaten fragen, muss er den Tomatenpreis senken, wenn er mehr Tomaten verkaufen will. Umgekehrt gilt, wenn er wenige Tomaten hat, aber viele Käufer, kann er den Preis erhöhen. Was knapp ist, ist teuer. Was überreichlich vorhanden ist, ist billig. Was man nicht verknappen kann, ist kostenlos. Vom Atemholen kann man – Gott sei Dank – niemanden ausschließen, deshalb ist Luft kostenlos, obwohl sie lebenswichtig ist. Brillanten sind dagegen rar und deshalb teuer, obwohl man auch ohne sie leben kann. Nachfrage ist also nicht gleich Bedarf. Den Unterschied macht das Geld. Es verwandelt Bedarf in Nachfrage. Der Hungrige hat zwar Bedarf nach Brot, aber keine Nachfrage, wenn er kein Geld hat. Das ist mehr als ein Schönheitsfehler. Die List der Marktwirtschaft tendiert dahin, dass Angebot und Nachfrage ins Gleichgewicht kommen, also die vorhandene Nachfrage befriedigt wird. So jedenfalls in der Theorie. In der Praxis hapert es bisweilen damit. Wenn die Anbieter ihr Angebot »künstlich« zurückhalten, sind die Preise höher, als sie nach der »natürlichen« Regel von Angebot und Nachfrage sein müssten. So ist der Benzinpreis an allen Tankstellen manchmal auf wundersame Weise gleich, und die Preise bewegen sich wie von »unsichtbarer Hand« gelenkt synchron. Doch die Marktwirtschaft hat gegen diesen Blockadetrick ein wirksames Mittel: Wenn einer nicht mitspielt und billiger anbietet, bricht die Kartell-Bastion zusammen. Notfalls muss es der Staat zum Einsturz bringen.

Es ist ein bisschen paradox. Jedem einzelnen Anbieter wäre es eigentlich am liebsten, die Sache, die er herstellt, bliebe knapp. Alle Hersteller zusammen wollen aber möglichst die gesamte Nachfrage der Menschen bedienen. Weniger freundlich ausgedrückt: ein Geschäft machen. Deshalb schaffen sie am Ende die Knappheit, die ihre Preise hoch halten würde, doch ab. Deshalb müssten in einer dynamischen, flexiblen Weltwirtschaft die Gewinne eigentlich immer schneller sinken und sich in einer vollendeten Marktwirtschaft sogar dem Nullpunkt nähern. Tun sie aber nicht. Warum?

Weil die Bedürfnisse der Menschen nichts Statisches, für immer und ewig Feststehendes sind. Weil wir nicht nur bestimmte Grundbedürfnisse wie Essen, Trinken, Kleidung oder Wohnung haben, die in unseren Breiten im Allgemeinen befriedigt sind. Sondern weil wir auch Wünsche, gar Träume haben. Wünsche, auf die wir von selber kommen. Und Wünsche, die erst geweckt werden, wenn jemandem etwas Neues eingefallen ist. Kurz: Weil in unserer Art von Wirtschaft immer »neue Fässer« aufgemacht, neue Produkte und Dienstleistungen erfunden werden. Dieses Spiel nennt man »Wirtschaftswachstum«. Wie gesagt: Knappheit treibt die Wirtschaft an. Wenn also die ursprünglich einmal knappen Dinge nicht mehr knapp sind, muss man neue Knappheiten »erfinden«. Der Homo oeconomicus ist so gesehen ein monströser Nimmersatt.

»Aber Opa, warum brauchen wir denn ›Wachstum‹?«, fragt mich da Felize. »Irgendwann müssten wir doch mal alles haben, was wir brauchen und was wir uns wünschen. Wenn ich satt bin, kann ich ja nicht wegen des komischen Wachstums trotzdem weiter essen. Und was nützt es mir, wenn ich irgendwann mehr Spielzeug habe als Zeit zum Spielen?«

Jetzt wird es wirklich kompliziert. Denn natürlich hat meine Enkeltochter recht: Die natürlichen Bedürfnisse des Menschen sind begrenzt. Und selbst viele unserer Wünsche kann man irgendwann erfüllen. Außerdem macht uns vieles von dem, wofür wir unser Geld ausgeben, auf Dauer nicht einmal glücklicher. Vielleicht ginge es uns ja wirklich besser, wenn wir uns mit dem bescheiden würden, was wir haben. Ist es also allein das ewige Wünschen, was die Wirtschaft antreibt? Es ist nur die halbe Wahrheit. Die andere Hälfte der Wahrheit verbirgt sich nicht in *unserer* Natur, sondern in der Natur unseres Wirtschaftssystems.

Wenn Unternehmen auf der Suche nach neuen Geschäften auf neue Ideen kommen, dann haben sie keineswegs immer das Geld dafür, diese Ideen auch sofort umzusetzen. Ihr Geld steckt schließlich größtenteils in den Maschinen, Anlagen, Rohstoffen und Mitarbeitergehältern, die sie brauchen, um ihr bisheriges Geschäft zu betreiben. Mehr noch: Unternehmen, die es schon besonders lange gibt und die deshalb besonders viel Geld haben, haben häufig besonders wenig neue Ideen. Und junge Unternehmer mit tollen neuen Ideen haben meist besonders wenig Geld. Die Lösung, die unser Wirtschaftssystem dafür gefunden hat, heißt Kredit.

Doch wer immer jemand anderem Geld leiht, der verzichtet in dieser Zeit auf die Möglichkeit, dieses Geld selbst für etwas mehr oder weniger Sinnvolles auszugeben. Er verzichtet außerdem auf die Sicherheit, die ihm Geld gibt. Zum Beispiel, wenn er plötzlich und unerwartet in Not gerät, weil er sehr krank wird oder weil ein Sturm das Dach seines Hauses abdeckt. Schon für diesen Verzicht auf eigenen Konsum, eigene Investitionen in gute Ideen oder eigene Sicherheit verlangt er einen Preis. Vor allem aber geht, wer anderen Geld leiht, ein ziemliches Risiko ein. Nämlich das Risiko, dass der Schuldner das Geld gar nicht zurückzahlen kann. Weil er schlecht damit wirtschaftet. Weil sich seine Geschäftsidee als Riesenflop entpuppt. Weil der Laster mit seiner Ware verunglückt. Weil seine Fabrik abbrennt. Und so weiter. Das heißt: Ein Gläubiger will nicht nur irgendwann das geliehene Geld zurück, sondern er verlangt einen Aufschlag für seine vielen Risiken. Dieser Aufschlag heißt Zins.

Egal wie hoch oder niedrig dieser Zins ist – wer sich für ein Geschäft Geld geliehen hat, der muss jetzt nicht nur alle seine Kosten wieder einspielen und dazu so viel an der Sache verdienen, dass er selbst davon leben kann. Er muss auch den Zins für seinen Gläubiger verdienen. Das ist letztlich der Grund, warum es hinterher immer mehr Geld geben muss als vorher. Grenzenloses Wachstum ist der Sand, auf dem jede moderne Geldwirtschaft gebaut ist. Ohne ständiges Wachstum wäre die wunderbare Geldvermehrung am Ende. Den Letzten, dem sein Kredit nicht zurückgezahlt werden könnte, würden immer die Hunde beißen. Denn er hätte niemanden mehr, an den er seine Rechnung weiterreichen könnte. Und da immer irgendwo ein nackter Mann lauert, dem keiner in die Taschen greifen kann, muss das Spiel von Zins und Zinseszins immer weitergehen. Ohne Wechsel auf die Zukunft, denn nichts anderes sind Kredite, funktioniert der Kapitalismus nicht. Grenzenloses Wachstum ist deshalb die notwendige Bedingung einer Wirtschaft, die auf Pump lebt.

Aber grenzenlos ist im Grunde nur das Reich der Träume und Illusionen. Die physische Welt ist begrenzt. Jedenfalls *unsere* Welt. Der Kosmos, sagen viele Astrophysiker, ist vielleicht grenzenlos. Unter Umständen gibt es sogar mehrere parallele Universen. Aber während wir die Erde umsegeln und auch den letzten Flecken Land entdecken konnten, werden wir das niemals wirklich erfahren. Vor allem aber: Nicht der Raum ist der eigentliche Lehrmeister der Begrenztheit unseres Seins, sondern die Zeit. Sie ist unser letzter Grenzwächter. »Grenzen sind die Lizenz der Existenz«, sagt der Philosoph Wolfram Hogrebe. Unsere Existenz ist von Grenzen umringt. Alles, was wir sind, und alles, was wir begreifen können, ist begrenzt. Weil wir sterblich sind. Der Tod ist eine brutale Zeitgrenze, die bis jetzt noch niemand überspringen konnte.

Die Wirtschaft und ihre Idee grenzenlosen Wachstums maßen sich dagegen an, den elementaren Existenzbedingungen, die für uns und alles um uns herum gelten, nicht unterworfen zu sein. Das ist eine grobe Selbstüberschätzung. Man könnte es auch »Einbildung« nennen.

Die wunderbare Geldvermehrung

»Die Phönizier haben das Geld erfunden«, spottete Ende des 19. Jahrhunderts der Wiener Lustspielautor Johann Nestroy, »aber warum so wenig?« Ihm wäre im Traum nicht eingefallen, was sich spätere Generationen alles haben einfallen lassen, um so unendlich viel mehr Geld zu erfinden. Und doch ist es seltsamerweise dabei geblieben, dass immer noch alle glauben, sie hätten zu wenig davon. Irgendwie scheint es zu den Geheimnissen des Geldes zu gehören, dass es immer die anderen sind, die es besitzen. Und dass die, die es haben, nicht selten genau das bestreiten.

»Wie viel Geld gibt es auf der Welt?«, fragt Felize.

»Letztlich weiß das keiner«, muss ich ihr antworten. »Denn in jeder Sekunde verschwindet Geld und in jeder Sekunde entsteht neues Geld.«

»Warum?«

Nun, Geld ist nicht nur das Zahlungsmittel, das sich in den Geldbeuteln der Menschen befindet oder das in Banktresoren gehortet wird. Dieses Geld kann man ziemlich genau zählen. Es gibt jedoch viel mehr wundersame Wege, auf denen Geld entsteht, ohne dass neue Münzen geprägt oder neue Geldscheine gedruckt werden müssten. Tatsächlich kommen heute in Deutschland auf jeden Euro in Form von Münzen oder Banknoten ungefähr 16 Euro, die nur auf dem Papier stehen. Das meiste Geld ist also völlig unsichtbar. Und das, obwohl die Deutschen im internationalen Vergleich noch ein besonders bargeldtreues Volk sind: In vier von fünf Fällen ziehen sie an der Ladenkasse oder im Restaurant immer noch Scheine und Münzen aus dem Portemonnaie, und nicht ihre Scheck- oder Kreditkarte. Aber allein schon der Löwenanteil der privaten Konsumausgaben, etwa Mieten oder Versicherungen, wird bargeldlos beglichen. Von Unternehmen, Verbänden oder vom Staat wird dagegen so gut wie nie Bargeld in die Hand genommen.

Immer wenn wir Geld leihen oder verleihen, pumpen wir neues in den Geldfluss. Leihen und Zurückzahlen, Kaufen und Bezahlen sind nämlich zweierlei. Je mehr Zeit zwischen Kaufen und Bezahlen vergeht, umso mehr Geld kommt ins Spiel. Ich kann eine gekaufte Ware schon wieder verkaufen, bevor ich sie überhaupt bezahlt habe. So wird Geld gemacht, ohne dass es jemand zählt. Wenn am Ende alles bezahlt ist, ist dieses Geld allerdings auch wieder verschwunden. Wenn, ja wenn alles, was gekauft wird, gleichzeitig bezahlt würde.

Zwischen Kaufen und Bezahlen klaffen aber immer größere zeitliche Lücken. Und aus diesen Lücken quillt das neue, ungezähmte Geld. Alle Formen von Kredit, auch die allerneuesten Finanztricks, sind Inkarnationen eines raffiniert gedehnten Abstandes zwischen Nehmen und Geben, Kaufen und Bezahlen. Die Dehnung der Zeit entpuppt sich so als die wahre Quelle aller Geldvermehrung. Man könnte dieses Spiel so perfektionieren, dass am Ende gar keine Waren mehr im Spiel sind, sondern nur noch Geld.

Und siehe da, wir stehen tatsächlich kurz vor der märchenhaften Erfüllung dieses Traums vom reinen, vom »Geld heckenden Geld« (Karl Marx). Über 99 Prozent der den Erdball umkreisenden Dollar-Billionen haben mit der Realität von Waren und Arbeit nichts zu tun. Es sind Geschäfte ohne Inhalt: Phantasiegeschäfte. Sie erst ermöglichen Börsenhysterie und Börsenpanik, gigantische Devisen- und Kreditspekulationen, die Dank modernster Computertechnik in Sekundenbruchteilen abgewickelt werden können. Eine durchgeknallte, im Grunde pathologische Geldwirtschaft.

Geld verkauft Geld und kauft es wieder zurück. Dieses koboldartige Geschäft trägt viele Namen: »Leerverkauf« ist einer der skurrilsten. Anhand dieses Begriffs könnte Sigmund Freud seinen Begriff der »Fehlleistung« erläutern, den er erfunden hat, um die kleinen Defekte unserer Sprache zu markieren, mit denen wir ungewollt unsere Absichten entlarven. So entschlüpfen uns peinliche Wahrheiten durch die Hintertür unbedacht hingeworfener Formulierungen. Denn tatsächlich wird bei Leerverkäufen nichts, also die Leere, verkauft. Man verkauft zum Beispiel eine Aktie, die man gar nicht besitzt, zum aktuellen Preis. Liefern muss man diese Aktie dem Käufer aber erst nach zwei oder drei Tagen. Ist der Kurs der Aktie bis dahin gestiegen, hat der Spekulant natürlich mit Zitronen gehandelt. Ist der Kurs aber gefallen, kann er die Differenz zwischen Kauf- und Verkaufskurs einstreichen. Das Ganze ist nicht mehr als eine kreditfinanzierte Wette, deren Ergebnis vom Kursverlauf an der Börse abhängt. Real ändert sich nichts. Nach dem Spiel ist vor dem Spiel.

Der Spekulant kann auch gleich ganz mit Netz und doppeltem Boden spielen. Eine der neuesten Nummern, laut Süddeutscher Zeitung vom 28. 12. 2009 unter anderem auch von der Deutschen Bank praktiziert: Man dreht Versicherungen hochriskante Papiere mit gebündelten Immobilienkrediten an. Gleichzeitig wettet man an einem anderen Schalter der Börse auf den Wertverfall eben dieser Papiere. Heißt: Investment-Haie verkaufen wissentlich Ramschpapiere und verdienen noch daran, wenn sich der Ramsch als Ramsch erweist. Das ist ungefähr so, als würde ein Arzt eine falsche Therapie verordnen und sich diese »Behandlung« vom Patienten mit dessen Lebensversicherung bezahlen lassen.

Ebenfalls sehr beliebt, unter anderem, weil sich die Beteiligten dafür gar nicht auf das öffentliche Parkett begeben müssen: der Aktientausch. Das Unternehmen, dessen Aktien gegen die eines anderen Unternehmens eingetauscht werden, bleibt dabei zunächst einmal dasselbe wie vor dem Tausch. Nur ist ganz plötzlich viel mehr Geld im Spiel. Das britische Mobilfunkunternehmen Vodafone, gerade einmal fünfzehn Jahre jung, übernahm im Februar 2000 das über 100 Jahre alte Traditionsunternehmen Mannesmann, ursprünglich ein Stahlkonzern, der mit dem D2-Netz seit 1990 aber auch im Mobilfunkgeschäft tätig war. Die Anteile der Mannesmann-Aktionäre wurden mit Vodafone-Aktien gekauft. Dafür waren nur eine Druckmaschine und der Glaube der Käufer an den höheren Wert der Vodafone-Aktie nötig. Schon drei Monate später standen 57 Milliarden Euro mehr in den Vodafone-Büchern als vorher. Nur dass Mannesmann inzwischen vollständig filetiert worden war! Jesu wunderbare Brotvermehrung, bei der mit fünf Broten fünftausend Hungrige gespeist wurden, erscheint dagegen wie eine dilettantische Stümperei.

Realwirtschaftlich war bei der Transaktion nichts passiert. Nichts, was die Wertschöpfung auch nur eines der beiden Unternehmen erhöht, nichts, was deren Arbeit verbessert oder deren Kundennutzen erweitert hätte. Dass sich dann ziemlich bald herausstellte, dass die Vodafone-Aktien doch nicht so viel wert waren, wie die Mannesmann-Aktionäre geglaubt hatten, war Pech für diese. Die notwendigen Wertberichtigungen wurden später selbstverständlich steuermindernd geltend gemacht.

Ganz nach dem ehernen Grundsatz aller Spekulanten: »Gewinne privatisieren, Verluste sozialisieren.«

Eigentlich ist die ganze Börse ein Kartenhaus aus derlei Illusionen. Steigt der Kurs einer Aktie um 10 Prozent, dann glauben alle Besitzer dieser Aktie, sie seien jetzt um 10 Prozent reicher. Aus einer Million würden so – Simsalabim – 1,1 Millionen. Denkt man. Stimmt auch, wenn *ich* meine Aktien verkaufe. Doch wenn alle Aktionäre zum gleichen Zeitpunkt dasselbe tun, um ihren eingebildeten Reichtum in echten, baren Reichtum zu verwandeln, dann stürzt der Kurs der Aktie ab. Die wunderliche Geldvermehrung beruht hier also auf der Illusion, das Ganze würde sich wie die Teile bewegen. Das Ganze ist aber bekanntlich mehr als die Summe seiner Teile.

In der Neuzeit durften allein die staatlichen oder öffentlich-rechtlichen Zentralbanken »Geld machen«. Das taten sie, indem sie regelmäßig nach strengen Kriterien bestimmte Zinssätze festlegten, zu denen sich die privaten Geschäftsbanken bei ihnen Geld leihen konnten. Nach diesen »Leitzinsen« richteten sich die Zinsen, die Unternehmen und Privatleute für ihre Kredite zahlen mussten. Waren diese Zinsen niedrig, dann liehen sich, vereinfacht gesagt, alle mehr Geld. Waren die Zinsen hoch, wurde vielen das Schuldenmachen zu teuer. Die Geldmenge sank.

Diese Leitzinsen gibt es (wenn auch in technisch teils veränderter Form) immer noch. Aber zur Geldschöpfung braucht es inzwischen keine Notenbanken mehr. Die Zentralbanken sind nur noch die Illusionswächter des alten Finanzsystems.

Beim ständigen Hin und Her von Krediten müssen ebenso ständig Zinsen gezahlt werden. Bei diesem Geschäft verdient, logisch, immer der, der die Zinsen bekommt. Aber woher nimmt der das Geld, der die Zinsen *zahlen* muss? Er kann es natürlich von seinen Kunden nehmen, für die er mithilfe des Kredits zum Beispiel neue Fernseher gebaut hat. Das nennt man dann vornehm »Kapitalkosten«, die man »einpreist«. Aber das wäre Realwirtschaft. Waren, Dienstleistungen, ehrliche Arbeit. Igitt, sagt der Spekulant. Viel zu mühsam, dauert viel zu lang. Also nimmt er zur Begleichung seiner Zinsen lieber die Zinsen aus einem Kredit, den er selbst vergeben hat. Dann zahlt der Zins den Zins. Noch besser: Man nimmt viele Kredite, am besten mit unterschiedlich hohem Risiko, und bündelt sie zu einer Art Wertpapier, das man an Dritte verkauft, die von den einzelnen Krediten in der Wundertüte überhaupt nichts wissen. So multipliziert man seine Soll- und Habenzinsen zu bisweilen phantastischen Gewinnspannen. Je undurchsichtiger solche Kreditderivate konstruiert sind, und manche sind so kompliziert, dass keine zehn Leute sie genau verstehen, desto umständlicher ist ihr Name. Aber im Prinzip funktioniert der Zaubertrick immer gleich: Keiner weiß mehr, welche Hand in welcher Tasche steckt. Und wer den Kopf hinhalten soll, wenn es schiefgeht.

Und wieso wird mit solchen Geschäften »mehr Geld gemacht«? Weil jedes dieser Derivate ein privater Vertrag ist, der aus Krediten neue Kredite macht, ohne dass die alten schon getilgt wären. Und ohne dass dahinter irgendwo ein Kredit stünde, den eine Bank bei der Zentralbank aufgenommen hätte.

Die ungeschminkte Brutalo-Form der unbegrenzten Geldschöpfung nennt sich »Carry-Trade«. Hier wird der herkömmliche Kreditmechanismus völlig auf den Kopf gestellt. Normalerweise muss ein Kreditnehmer mehr Zinsen zahlen, als er bekäme, wenn er die gleiche Summe anlegen würde. Hier ist es umgekehrt. Der Trick basiert darauf, dass die Zinsen überall auf der Welt unterschiedlich sind. Der »Trader« leiht sich also Geld in Währungen mit Niedrigzinsen. Dann legt er es sofort wieder in Hochzinswährungen an. Die Differenz sackt er als Gewinn ein. So emanzipiert sich der Kredit endgültig von seinem ursprünglichen Zweck, nämlich Konsum und Investitionen vorzufinanzieren. In den Jahren 2000 bis 2009 brachten Carry-Trades durchschnittliche Erträge von 16 Prozent. Das ist ein Buchgewinn, hinter dem keinerlei Leistung mehr steht, es sei denn, man erklärt Spekulation ohne jedwede Wertschöpfung zur Leistung.

Nach diesem Prinzip machten Hedgefonds auch gute Geschäfte mit den Krisen in Griechenland und Irland, die den Euro ordentlich unter Druck bringen. Die Fonds leihen sich Euro und tauschen diese gegen Dollars. Bei sinkendem Euro-Kurs holen sie sich das Geld wieder zurück. Sie erhalten dann mehr Euro für ihre Dollars, als sie zur Tilgung ihrer Kredite brauchen. Auch hier geht man zwischendurch zum Nachbarschalter und wettet mit anderen Papieren gegen den Euro. Man schürt die Panik, und setzt den Kursverfall selbst in Gang, von dem man bald darauf kräftig profitiert. Ein Verhalten, das dem des Feuerwehrmannes gleicht, der den Brand legt, den er anschließend löschen will.

Selbstredend versteht Felize das alles nicht wirklich. Aber ich verstehe auch nicht alles, was ich ihr (und mir) auf ihre vielen Warum-Fragen zu erklären versuche. Aber warum sollte es uns besser gehen als vielen Bankern, Investoren oder Finanzministern, die auch kaum verstehen, was sich abgebrühte Zahlendreher da so alles ausdenken. In einem Punkt kann ich meine Enkelin allerdings beruhigen: Wenn sie einmal so alt ist, wie ich jetzt bin, dann wird es das alles nicht mehr geben. Der ganze Schwindel wird bis dahin aufgeflogen sein.

Das janusköpfige Geld

Geld hat wie der alte römische Gott Janus zwei Gesichter. Mit dem einen Gesicht ist es der große Gleichmacher. Mit dem anderen der brutale Auseinandertreiber. Geld ist Identität und Differenz, eine *coincidentia oppositorum,* eine Einheit von Gegensätzen.

Geld macht alle Dinge und alle Leistungen als exakte Äquivalente vergleichbar. Und es macht alle Geldbesitzer gleich. Egal, ob sie schön oder hässlich sind, gescheit oder dumm, stark oder schwach. All das fällt auf dem Markt von ihnen ab, sie sind nur noch »Charaktermasken«, quasi Funktionsträger des Geldes. Alle qualitativen Unterschiede werden eingeebnet. Niemand interessiert sich dafür, welche Eigenschaften ein reicher Mensch hat. Er hat viel Geld, mehr braucht man von ihm nicht zu wissen. Alle Mängel werden durch Geld kompensiert.

»Wenn ich einmal reich wär'…«, singt der Milchmann Tevje im Musical »Anatevka«. Ja, da könnte er sich in der Synagoge die Schrift so lange erklären lassen, bis er sie versteht. Mit Geld ist der Langsame schnell. Er kauft sich ein Auto. Der Dumme wird gescheit. Er kauft sich einen Berater. Der Hässliche wird schön. Er kauft sich ein neues Gesicht. Der Schwache wird stark, der Alte jung – wenn sie erst einmal reich sind. Das wusste auch schon Karl Marx. Er beschreibt die magische Kraft des Geldes geradezu hymnisch:

»Meiner Individualität nach bin ich lahm, aber das Geld verschafft mir 24 Füße, also bin ich nicht lahm. Ich bin ein schlechter, unehrlicher, gewissenloser, geistloser Mensch, aber das Geld ist geehrt, also auch sein Besitzer! (…) Ich bin geistlos, aber das Geld ist der wirkliche Wert aller Dinge. Wie sollte sein Besitzer geistlos sein?«

Zudem kann er sich die geistreichen Leute kaufen. Und wer Macht über die Geistreichen hat, ist der nicht geistreicher als der Geistreiche? Geld ist das magische Simsalabim. Es verwandelt Wünsche in Wirklichkeit. Marx weiter:

»Wenn ich mich nach Speise sehne oder den Postwagen benutzen will, weil ich nicht stark genug bin, den Weg zu Fuß zu machen, so verschafft mir das Geld die Speise und den Postwagen, das heißt, es verwandelt meine Wünsche aus Wesen der

Vorstellung, es übersetzt sie aus ihrem gedachten, vorgestellten, gewollten Dasein in ihr sinnliches, wirkliches Dasein, aus der Vorstellung in das Leben, aus dem vorgestellten Sein in das wirkliche Sein.«

Das Geld ist also gottgleich, eine schöpferische Kraft. Es macht aus nichts etwas. Aber wehe dem, der kein Geld hat. Selbst höchste Tugenden helfen dem Mittellosen auf Erden nicht. Bestenfalls wird er heilig gesprochen. Aber da ist er bereits im Jenseits.

Geld als solches also macht alles gleich. Aber die höchst unterschiedliche Verteilung des Geldes macht die Menschen ungleich. Die individuellen Unterschiede beim materiellen Lebensstandard sind eine Funktion der Geldmenge. Alles lässt sich zwar kaufen, aber nur in dem Maße, wie dazu das Geld reicht.

Ebenso scheint das Geld zugleich göttlich und teuflisch zu sein. Wie Gott schafft es Tatsachen, und wie der Teufel verwirrt es die Geister. Den, der arbeitet, nennen wir »Arbeitnehmer«, und der, der Arbeiter beschäftigt, wird »Arbeitgeber« genannt. Dabei gibt der Arbeitgeber keine Arbeit, sondern Geld. So entlarvt die Allmacht des Geldes die Ohnmacht der Arbeit.

Die Doppelbödigkeit des Geldes offenbart sich auch in der Zwiespältigkeit seiner Bewertung. Einerseits dient das Geld der Emanzipation. Es machte die Menschen frei von Hörigkeit und obrigkeitlichen Abhängigkeiten. Andererseits trug es mit seiner Versachlichung der Sozialbeziehungen zur Entfremdung der personalen Verhältnisse bei.

Die Bundesgenossen Athens verloren Einfluss auf die attische Vormacht, als sie den Gefolgschaftszwang durch Geldabführung ersetzen konnten. Die römischen Patrizier gewannen Freiheit und verloren ihren Status, als das römische Recht es zuließ, die Naturalerfüllung von Ansprüchen durch Geld abzulösen. Der Frohnbauer, der seine Dienste durch Zahlungen ablöste, gewann größere Freiheiten für seinen Arbeitseinsatz. Der Proletarier, der für Lohn arbeitete, hatte weniger Pflichten gegenüber seinem Arbeitgeber als der Zunftgeselle gegenüber seinem Meister. Ob Frohnbauer oder Proletarier, sie gewannen Unabhängigkeit und verloren Schutz. Von vielen ihrer Fürsorgepflichten befreit, waren aber auch die Herren unabhängiger von ihren Knechten. Wer bezahlt hat, muss sich um das weitere Schicksal seiner Arbeiter, Kunden oder Lieferanten erst einmal nicht mehr kümmern. Die Ablösung rechtlicher, gewohnheitsrechtlicher oder persönlicher Bindungen durch Geldzahlungen ist der Weg aus der Verpflichtung. Die Proletarier wurden mit Lohn abgefunden, zu sagen hatten sie nichts mehr. Mehr Freiheit, aber weniger Schutz und Einfluss für den Abhängigen brachte das Geld.

Der Berufsstolz des Beamten beruht darauf, dass sein Einkommen mehr ein Honorar als ein Lohn ist. Deshalb sind die Besoldungsgrundsätze dieser Staatsbediensteten weniger leistungsbezogen und mehr an ihrer Treue orientiert, die an der Länge der Dienstzeit gemessen wird. Ansonsten reduzieren die neuzeitlichen Lohnverhältnisse alle Sozialbeziehungen eiskalt aufs Geld. Der Sozialstaat hat die Schmerzen dieser gesellschaftlichen Unterkühlung gemildert, aber nicht ihre Ursache ausgemerzt. Teilhaber seines Unternehmen wurde der Arbeiter nicht.

Vorboten einer Geld-Revolution

Einer der großen Ökonomen des vergangenen Jahrhunderts, John Maynard Lord Keynes, der mit seinem Hauptwerk »Allgemeine Theorie der Beschäftigung, des Zinses und des Geldes« 1936 eine neue Richtung der Volkswirtschaftslehre begründete, sagte am Ende seines Lebens voraus: »Die Liebe zum Geld als Besitz wird in Zukunft als das anerkannt, was es ist, als ekelhafte Krankheit.« Bisher trat diese Prophezeiung nicht ein, im Gegenteil. Die Liebe zum Geld als Selbstzweck hat sich zu einer globalen

Seuche gemausert. Niemand ist seither gekommen und hat die Geldwechsler aus ihren Tempeln der Spekulation vertrieben. Gleichwohl zeigen sich erste, noch unscheinbare Vorboten für die Abwendung von Vergötzung des Geldes.

Es ist wie ein erstes Frühlingserwachen. Die Bäche sind noch vereist. Der Morgen ist frostig, die Sonne trüb. Doch zarte Schneeglöckchen und kleine grüne Gräser sprießen versteckt und fast unbemerkt auf den großen grauen Geld-Wiesen. So mischen sich immer mehr so genannte Lokalwährungen ins große globale Geldgetriebe. Noch werden sie von den meisten Volkswirten als eine Art Finanz-Folklore belächelt. Doch sie unterminieren das »arbeitslose« Geldgeschäft. Regionale Zahlungsmittel wie der »Chiemgauer«, der Berchtesgadener »Sterntaler« oder die »Bürgerblüte« aus Kassel haben nur eine begrenzte Laufzeit. Dann muss das alternative Geld eingetauscht werden oder sein Wert verfällt allmählich. Mit diesem Trick haben die Erfinder des Lokalgeldes den Spekulanten-Trieb kastriert. Dieses Geld kann nicht mehr gehortet werden, um je nach Profitaussicht ein- oder auszusteigen. Der Taler muss wandern. Er arbeitet einzig und allein als Tauschmittel. Von dem Geld, das die Europäische Zentralbank in die Welt setzt, werden dagegen nur zehn Prozent als Tauschmittel eingesetzt.

Wenn man Lokalgeld in Euro zurückwechselt, verliert man ebenfalls ein paar Prozent. Dieser Verlust ist allerdings der Gewinn, den die ausgebende Lokalbank an Vereine, Kindergärten und Museen verteilt. Dieser Geldregen vernichtet nicht, er bringt Segen.

Solches Lokalgeld könnte zu einem allgemeinen Umlaufgeld weiterentwickelt werden. In dieser neuen Art von Geld dürfte kein Anreiz enthalten sein, es zu horten, um sich durch Spekulationen zu bereichern. Da der Kreditgeber länger auf seinem Geld sitzen bleibt, als der Kreditnehmer darauf warten kann, ist der Geldbesitzer dem Produzenten in der Regel überlegen. Waren horten ist kostspielig und kann im Extremfall, zum Beispiel bei verderblichen Waren, zu deren völligem Wertverlust führen. Es käme also darauf an, in den Geldverkehr wieder verstärkt Impulse zur produktiven Verwendung einzubauen.

Weit entfernt und weitgehend unbemerkt von der globalen Finanzwirtschaft findet also bereits heute eine lokale Abkopplung statt. Sie wird angetrieben vom Willen, wieder »den konkreten Grundbedürfnissen der konkret vor Ort lebenden Menschen in ihrer natürlichen Umwelt« (Hans Diefenbacher) Vorrang zu geben. Aus einem zinsorientierten Geldsystem wird umgestiegen in lokale Verrechnungswährungen und Tauschringe.

Ein anderer versteckter Pfad, auf dem sich die reale, ehrliche Arbeit vor ihrer Entwertung durch das virtuelle Geldkapital davonschleicht, sind Tauschringe und Arbeitszeitmärkte. An diesen sehr konkreten Börsen wird sinnvolle Arbeitszeit getauscht. Pflegedienstleistungen werden zum Beispiel gegen den Anspruch eingetauscht, im Bedarfsfall ebenso gepflegt zu werden. Gartenarbeitszeit wird gegen Reparaturarbeitszeit getauscht usw. Der Phantasie, sich der anonymen Geldwirtschaft zu entziehen, sind offenbar weniger Grenzen gesetzt als vermutet.

Solche Kooperationsringe sind vorerst kleine Versuche, den Tausch von Gütern und Leistungen wieder mit dem realen Leben in Kontakt zu bringen. Zurzeit sind es eher Mückenstiche, die erst dann zur Plage für die großen Tiere werden, wenn die Plagegeister massenhaft angreifen. Dass der Finanzelefant Ackermann noch keinen Juckreiz verspürt, heißt nicht, dass ihn solche Versuche niemals kratzen werden. Es müssen ja auch gar nicht die Elefanten sein, die als Erste in Panik geraten.

Das Konzept einer stärkeren Regionalisierung, die die Globalisierung nicht abwürgt, sondern nur auf ein vernünftiges Maß zurückfährt, ist aus der Einsicht entstanden, dass die Menschheit sich nicht auf Dauer den Irrsinn erlauben kann, dass Produkte im Fertigungsprozess mehrfach den Erdball umkreisen, bevor sie irgendwo den Ort ihrer »Endmontage« und schließlich den Kunden erreichen. Krabben in der Nordsee zu fischen, in Marokko zu pulen, in Polen verpacken zu lassen, um sie in Deutschland zu essen, gehört zu den Kuriositäten einer Weltwirtschaft, welche die regionale Bodenhaftung verloren hat. Die steigenden Transportkosten werden diese »Weltreisen« von Nahrungsmitteln, die zwischen Ernte, Verarbeitung und Vermarktung hin und her geschoben werden, beenden. Der steigende Ölpreis wird's richten.

Deregulierung, der Zauberspruch der Neoliberalen gegen alle Probleme in der Wirtschaft, hat sich nicht als Teil der Lösung, sondern als Teil des Problems erwiesen. Gewiss, Weltwirtschaft und Welthandel werden nicht zusammenbrechen. Doch statt des globalen Geld-Eintopfs wird es viele Töpfe geben. Globalität und Regionalität werden kulturell, politisch und wirtschaftlich friedlich nebeneinander existieren.

Bei vielen Vorreitern der wirtschaftlich-technischen Entwicklung, bei den Informatikern, dämmert eine Ahnung herauf, dass Geld in Zukunft eine zumindest weniger wichtige Rolle spielen könnte, als seine Propheten meinen. Internet-Pioniere wie Chris Anderson propagieren eine neue Geschenkökonomie. »Informationen«, so Andersons Credo, »werden kostenlos sein, so wie das Leben sich verbreiten und Wasser abwärts fließen will.« Damit entwirft er eine fast utopische, universelle Kostenlos-Kultur. Die Kostenwirtschaft und mit ihr das Geld haben im digitalen Raum möglicherweise abgewirtschaftet. Denn dort herrscht grenzenloser Überfluss. Preise machen aber nur unter Knappheitsbedingungen Sinn. Wenn allen alles zugänglich ist, verliert Geld seine Verteilungsfunktion. Bei digitalen Gütern gibt es fast keine Grenzkosten mehr. Es liegt nahe, sie zu verschenken. Der Gewinn, den diese neue Freigiebigkeit abwirft, ist Aufmerksamkeit, und die lässt sich an anderer Stelle wieder zu Geld machen.

Google bietet seine Suchmaschine umsonst an und verdient sein Geld mit Werbung. Andere verschenken das Handy – und lassen sich die Nutzung bezahlen. Den Rasierer gibt's umsonst, die zugehörigen Rasierklingen aber sind teuer. Vielleicht funktioniert das sehr bald auch in größeren Zusammenhängen. E-Books? Musik-Dateien? Alles kostenlos! Dafür bezahlt man Eintritt bei Lesungen und Konzerten. Und warum nicht Maschinen zum Selbstkostenpreis abgeben, wenn man vor, während und nach ihrer Einrichtung im Betrieb eine maßgeschneiderte Prozessberatung in Rechnung stellen kann? Warum Autos kaufen, wenn man Nutzungsrechte an ihnen erwerben kann?

Alles redet von einem vermeintlichen »Kampf der Kulturen«. Doch der Spott klassischer Banken westlichen Zuschnitts könnte deren Managern schon bald vergehen, wenn die islamischen Scharia-Banken ihren lautlosen globalen Siegeszug fortsetzen. Im Islam gilt nämlich unvermindert eine Regel, die im christlichen Mittelalter auch für uns Europäer eine Selbstverständlichkeit war: das Zinsverbot. Geld, so das Argument, ist ein Preis für die Nutzung (oder eben Gewährung) von Zeit. Die Zeit aber gehört nicht den Menschen, sondern Gott. Ihr ein Preisschild aufzukleben ist deshalb Gotteslästerung. Was tun also islamische Banken, wenn sie Geld verleihen? Sie nehmen keine Zinsen von ihren Gläubigern, sondern sie erwerben Anrechte an seinen künftigen Gewinnen. Sie verleihen im Grunde kein Geld, sondern sie beteiligen sich an realen Geschäften. Das Geldgeschäft wird so an die Realwirtschaft angekoppelt und anstelle von Zins mit Leistungsentgelten verknüpft. Solche Leistungsentgelte müssen sich im Unterschied zum Zins durch sinnvolle Arbeit rechtfertigen. Zusätzlich wird die Moral ein Vergabekriterium für das Geschäft. So sind etwa Investitionen in Alkoholproduktion, Pornografie oder Waffengeschäfte ausgeschlossen. Stell dir vor: Unsere Banken gäben keine Kredite für Waffengeschäfte …

Bei uns wiederum gewinnt fairer Handel an Boden. »Fair Trade« bei Lebensmitteln, »Good weave« bei Teppichen, »Xertifix« für Grabsteine – solche Gütesiegel kennzeichnen Produkte, deren Herstellung ohne Kinderarbeit und Ausbeutung von Mensch und Natur auskommt. Dafür, dass die Produzenten einen angemessenen Lohn für ihre Arbeit erhalten, sind immer mehr Konsumenten bereit, einen höheren Preis zu bezahlen. Wenn sie im Gegenzug eine Garantie erhalten, dass das Geld auch wirklich am Anfang der Wertschöpfungskette ankommt. Die lange Kette vom Produzenten zum Konsumenten, die das Geld in tausend Stücke zerrissen hatte, wird wieder aufgefädelt. Ausbeutung wird stigmatisiert – aber streng marktwirtschaftlich, nämlich über den Preis. Simpel gesagt: Zu billig ist böse. Wer T-Shirts für 3 Euro kauft, darf sich nicht wundern, wenn er oder sie irgendwann bei einer Billigkette für weniger als 5 Euro Stundenlohn schuften muss. Die Entwertung dessen, was wir kaufen, und die Entwertung der Arbeit, sie gehen Hand in Hand – und sie machen uns alle ärmer, nicht wohlhabender. Stell dir vor: Sie beuten aus und keiner kauft die Ausbeutungsprodukte ...

Am Ende könnte es passieren, dass die Kasinospieler des etablierten Finanzkapitalismus noch die Kugel laufen lassen, während die realen Geschäfte schon längst anderswo gemacht werden. Das wäre das marktwirtschaftliche Ende des Finanzkapitalismus. Stell dir vor, es ist Börse, und niemand geht hin ...

Ohne Nachfrage erübrigt sich das Angebot von »Finanzprodukten«. In der Marktwirtschaft kann der Spieß nämlich auch umgedreht werden. Der Kunde ist in einem sehr viel umfassenderen Sinne König, als die Redensart es eigentlich meint. Denn was die Kunden nicht wollen, das gibt es nicht. Die Marktwirtschaft ist von Natur aus antiautoritär. Sie kann stets die vielen Kunden gegen die wenigen Marktmächtigen mobilisieren.

»Geld wirft keine Jungen«, spottete schon Aristoteles. Es dient dem Tausch und der Wertaufbewahrung. Entgegen anders lautender Meldungen regiert Geld nicht die Welt, wenn es seiner eigentlichen Bestimmung nach Knecht und nicht Herr ist. Es ist auch hier wie im Märchen: Der Esel streckt sich nur und spuckt Golddukaten, weil es auch den »Knüppel aus dem Sack« gibt. Der »Knüppel«, das ist der Rechtsstaat, der die Bösen bestraft und die Guten schützt, und das ist eine Ordnungspolitik, die dem freien Markt einen Rahmen und klare Regeln setzt, an die sich alle halten müssen. Nur dann heißt es »Tischlein deck dich!«. Sprich: Nur dann funktioniert eine Realwirtschaft, die die Güter produziert und die Dienstleistungen bereitstellt, auf die Menschen angewiesen sind.

Ohne Arbeit ist alles nichts. Und Geld arbeitet nicht. Es ist, genau besehen, keine Wirklichkeit, nicht die Sache selbst, sondern nur ihr Schein. Arbeit ist »die Quelle des Wohlstandes der Völker«. Das wusste schon Adam Smith, und der war kein Märchenerzähler, sondern der Erfinder des Kapitalismus.

P.S.: Großväter haben es so an sich, nie zum Schluss kommen zu können. Also sage ich dir, liebe Felize, die Klinke in der Hand und den Fuß schon auf der Türschwelle: »Versuche erst gar nicht, mit Geld Geld zu verdienen. Das hat keine Zukunft. Probiere es lieber mit ehrlicher Arbeit.«

3. Wirtschaft für Idioten.
Was ist der Nutzen des Nutzens?

Gary Stanley Becker erhielt 1992 den Nobelpreis »für seine Verdienste um die Ausdehnung der mikroökonomischen Theorie auf einen breiten Bereich menschlichen Verhaltens«. Mit anderen Worten: Becker erklärt das wirtschaftliche Nutzenkalkül zum Schlüssel für die Erklärung *allen* menschlichen Verhaltens. Das ist sein nobelpreiswürdiger Verdienst. Der Chicagoer Professor erläutert seine Theorie so:

»Der Kern meines Argumentes ist, dass das menschliche Verhalten nicht schizophren ist, einmal auf Maximierung ausgerichtet, einmal nicht. Alles menschliche Verhältnis kann vielmehr so betrachtet werden, als hätte man es mit Akteuren zu tun, die ihren Nutzen bezogen auf ein stabiles Präferenzsystem maximieren und sich in verschiedenen Märkten eine stabile Ausstattung an Information und anderen Fakten schaffen.«

Die Anthropologie wird so zur Ökonomie und die Ökonomie zur alles erklärenden Weltformel.

Charles Darwin hatte die biologische Zuchtwahl zum Grundgesetz der Evolution erklärt. Gary S. Becker macht das Gleiche mit der ökonomischen Selektion. Bei Darwin gewinnt der Stärkste, bei Becker der Cleverste. Beim einen ist es die Natur, die die Selektion bewirkt, beim anderen der Markt. Ob Biologie oder Ökonomie: In beiden Fällen geht es um das Aussortieren der Verlierer. Es gewinnt, wer sich am besten anpasst; beim einen an die Natur, beim anderen an den Markt.

Der österreichisch-amerikanische Ökonom Joseph A. Schumpeter nannte den Kapitalismus ein System der »schöpferischen Zerstörung«. Das vermeintlich Bessere ist der permanente Feind des Guten, der letzte Schrei von heute macht das gestern noch geschätzte Produkt zum Ladenhüter. Die Katastrophe ist kreativ. So gesehen war die Sintflut eine maximale marktwirtschaftliche Veranstaltung.

Bei Darwin herrschen die unverrückbaren Gesetze der Natur. Im Kapitalismus herrscht die K.o.-Regel des Marktes. Beide »Gesetze« sind dem Menschen nicht verfügbar. Sie seien uns vorgegeben, quasi angeboren, behaupten Darwin/Becker. Widerstand ist nur um den Preis des Untergangs möglich. Das zynische Gesetz des Überlebens, welches der Darwinismus erkannt zu haben glaubte, verengt der ökonomische Nutzenfanatismus auf eine einzige Form des Überlebens, nämlich die des größten materiellen Vorteils *für mich*.

Der französische Ethnologe Claude Lévi-Strauss hat diese Unterwerfung in seinem Buch »Trauriges Tropen« poetischer beschrieben, als dies Karl Marx gelungen war, der selbst im Bann des Materialismus stand:

»Eine übererregte, unruhige Menschheit stört für immer die Stille der Meere. (...) Wenn heute die polynesischen Inseln in Zement ersticken und sich in schwerfällige, in den Meeren des Südens verankerte Flugbasen verwandeln, wenn ganz Asien das ungesunde Aussehen einer versandeten Zone annimmt, wenn Afrika von Bidonvilles zerfressen wird, wenn Passagier- und Militärflugzeuge die amerikanischen und melanesischen Urwälder brandmarken, noch bevor sie deren Unberührbarkeit zu zerstören vermögen, wie kann dann die Frucht einer Reise etwas anderes sein als eine Begegnung mit der allerunglücklichsten Form unseres eigenen historischen Daseins?«

Die Trauer, der Lévi-Strauss Ausdruck verleiht, ist vom Schmerz über die Niederlage der Kultur gegenüber einer darwinistischen Ökonomie getragen, die sich nicht nur zum universalen Welterklärer aufschwingt, sondern auch zu einem globalen Imperialismus.

Seine Theorie vom »Kampf ums Dasein«, in den die ganze Pflanzen- und Tierwelt einschließlich des Menschen eingespannt ist, veröffentlichte Darwin interessanterweise nach dem Studium eines Essays des Ökonomen und ehemaligen Pfarrers Thomas Malthus, der den Konflikt zwischen »zu viel Nachwuchs« und »zu wenig Nahrungsmitteln« als Naturgesetz beschrieben hatte. Darwins Biologie hat also Geburtshilfe von der Ökonomie erhalten. Becker zahlt der Biologie die ideologische Subvention zurück. Die Grundgesetze der Natur einerseits und des Marktes andererseits sind nur Varianten einer einzigen Strategie, nämlich Überleben. In beiden lenkt die Knappheit das Streben nach dem Besseren.

Die Marktideologen und die Naturgläubigen vertrauen darauf, dass eine »unsichtbare Hand« die Geschicke immer zum Besseren lenkt. Vielleicht ist jedoch die unsichtbare Hand nur deshalb unsichtbar, weil es sie gar nicht gibt. Da war Nietzsche konsequenter als Smith und Darwin. Er benötigte die »unsichtbare Hand« als Inkognito Gottes gar nicht mehr, weil er Gott kurzerhand für tot erklärt hatte. Nietzsche ließ stattdessen den ungebundenen »Willen zur Macht« von der Kette. Die Großen, Starken, Edlen, Klugen und Schöpferischen – mit einem Wort: die »Herren« – dürfen sich ohne Rücksicht auf Verluste an den »Sklaven« austoben. Gesetze, Regeln, Sitten, Mitleid? »Sklavenmoral!« Ihr Inbegriff: das Christentum. Gott musste sterben, damit in Nietzsches gigantomanischer Weltformel dessen Platz für den »Übermenschen« frei wurde. Daraus machte später ein wahnsinniger, irregeleiteter Querleser des Philosophen die »Herrenrasse«. Die Grundidee des Sozialdarwinismus, schlechterdings alles sei »Kampf ums Dasein«, kennt viele Varianten, die aber allesamt ideologische Verwandte sind.

Die jüdisch-christliche Tradition ist auf einem völlig anderen Stern zu Hause als die biologische und die ökonomische Weltsicht. Jesus lehrte, dass der Starke den Schwachen schützen soll. Nietzsche proklamierte dagegen den Schutz der Starken vor den Schwachen. Darüber wurde Nietzsche verrückt und sein Jünger Hitler der größte Verbrecher der Menschheitsgeschichte.

Die christliche Erlösung vollzieht sich in Niederlage und Leiden. Jesus ist ein Verlierer, jedenfalls nach den Maßstäben von Nietzsche und seiner Gefolgschaft. »Die Letzten werden die Ersten sein«, heißt es im Evangelium. Die Botschaft Nietzsches lautet: »Die Letzten gehen unter, damit die Ersten überleben.« Auch die Marktreligion ist letztlich der Glaube an die Ratio der Selektion der Stärksten. Die christliche Botschaft verkündet Befreiung von Macht. Die ökonomische Heilslehre lehrt die Unterwerfung unter die Macht der Wirtschaftsgesetze.

Die geistigen Urgroßväter der klassischen Nationalökonomie waren Deisten, also Anhänger der Vorstellung, Gott habe die Welt geschaffen, indem er ihr Naturgesetze implementierte, und nun laufe sie ab wie ein Uhrwerk, das er aufgezogen habe. Eingriffe in die Naturgesetze, von denen die Marktregeln ein Abkömmling sind, gelten als Eingriffe in Gottes Vorsehung und Vorsorge.

Der Homo oeconomicus wird in dieser Weltsicht zu einer Karikatur des Homo sapiens. Er zeichnet sich dadurch aus, dass er ständig seinen Vorteil sucht. Das ist sowohl ein anstrengendes als auch ein sehr einseitiges Leben, weil der Vorteilssucher vor jeder seiner Handlungen eine Kosten-Nutzen-Analyse durchführen muss. In diesem Modus des Dauerrechnens werden so alt vertraute Dinge wie Vertrauen oder Wagemut, Risikobereitschaft oder Unternehmergeist zu nostalgischen Reminiszenzen. Sie verwirren die Rechnung, weil sie Unsicherheiten ins System bringen. Liebe, Ehrfurcht, Treue, Vertrauen, Sympathie, all das sind Aspekte unseres Lebens, mit denen der Ökonom nicht kalkulieren kann. Sie fallen aus dem Wirkungskreis der verwirtschafteten Gesellschaft. Der Homo oeconomicus kann Überraschungen schlecht vertragen, weil sie das Moment des Unvorhersehbaren in sich tragen. Die Ziele des verwirtschafteten Menschen müssen sich als kalkulierbare Rechenergebnisse ausdrücken lassen, sonst zählen sie nicht. Die Nutzenmaximierung soll jedoch die Evolution wie »mit unsichtbarer Hand« (Adam Smith) zu mehr Wachstum treiben. Wachstum ist das Dogma der neuen ökonomischen Religion. Gut ist, was mehr ist.

Unbemerkt erweiterte sich später die individuelle Habgier, die ja gelegentlich sehr wohl vorkommt, zur kollektiven Habsucht. Ein Laster wurde zur epidemischen Lebenseinstellung der Gesellschaft. Geiz ist geil, Raffgier Pflicht. So endet der Mensch als Schnäppchenjäger.

Denn die Maximierung unseres persönlichen Vorteils wird durch permanenten Preisvergleich eingeübt. Das ist die Grundschule der Nutzenmaximierung. Wer ganz früher die Bibel, später vielleicht wenigstens den »Knigge« las, der studiert heute Anzeigen und Kataloge. Früher musste man wissen, an welcher Seite des Tellers das Messer zu liegen hat. Heute, wo der Kaffee billiger ist.

Börse ersetzt Wetterkunde

Die Weltliga und der gleichsam tägliche Olympiawettkampf des Preisvergleichs spielen auf dem Börsenparkett.

Die Nachrichten von der Börse beanspruchen inzwischen die gleiche mediale Aufmerksamkeit wie die Wetternachrichten. Wetter- und Börsennachrichten rahmen inzwischen gemeinsam die abendlichen Fernsehnachrichten ein. Die einen vor, die anderen nach diesen.

Zwar betreffen die Börsennachrichten vorerst noch weniger Menschen als die Wetternachrichten. Aber das Ziel der Übung ist offenbar, dass genau so viele Menschen von den Bewegungen der Aktienkurse betroffen werden wie von denen des Barometers. Die Börsennachrichten haben die Reichweite des Kirchenfunks und ähnlicher »Sozialsendungen« jedenfalls schon längst hinter sich gelassen. Die Börsenanalysten mendeln sich zu Lebensberatern.

Es genügt jedoch nicht schon, die Börsenkurse im Allgemeinen zu kennen. Man muss auch den konkreten Stellenwert nebst Risikofaktor etc. der Finanzprodukte verstehen, wenn man mithalten will auf der Vorteilsjagd. Denn nach Kopper, dem Exchef der Deutschen Bank, soll man nur Abschlüsse treffen über Sachen, die man versteht.

Die ach so klugen Leute der Finanzwissenschaft und -wirtschaft haben doch selbst nicht mehr durchschaut, was sie als »Derivate« etc. auf den Finanzmarkt wie Konfetti geworfen haben. Der Kredit des Kredites des Kredites ist ein Versteckspiel, in dem sich die Verstecker wie in einem Labyrinth verirrt haben. Minotauros lässt grüßen. Er wartet auf weitere Opfer, die er in seinem Labyrinth verschlingt.

Vertrauen ist nichts, Wissen ist alles

Gott sei Dank wird Wissen und Verstehen noch nicht zur allgemeinen Geschäftsbedingung erhoben, denn sonst könnte ich kein Flugzeug mehr betreten. Ich verstehe bis heute nicht, wieso sich die schweren Dinger nebst Passagieren in die Luft erheben. Wenn ich nur noch – wie Kopper empfiehlt – gebrauchen oder verbrauchen darf, was ich erklären kann, schrumpft mein Lebensradius auf einen Durchmesser, von dem ich annehme, dass er kleiner ist als der meiner Vorfahren im Neandertal. Denn auch die machten Sachen, die sie zwar nicht erklären konnten, auf die sie sich aber, durch Erfahrung gewitzt, verlassen haben. Ich jedenfalls erlaube mir bis auf Weiteres noch den Luxus, Sachen zu kaufen, weil ich dem Anbieter vertraue oder aus Neugierde Angebote ausprobieren will. Ich vertraue sogar mein Leben dem Arzt an, obwohl ich selten seine Diagnosen verstehe.

Ich bin kein Kalkulator rund um die Uhr und will es auch nicht werden. Ich finde sogar noch Spaß an Sachen, die nutzlos sind. Eine wirtschaftliche Kosten-Nutzen-Analyse geht meinen Kaufentscheidungen nicht in jedem Fall voraus. Ich wäre damit auch restlos überfordert. So viel Information kann kein Mensch sich beschaffen, wie für ein rundum objektives Urteil nötig wäre.

Schnäppchenjagd vermittelt Siegergefühle. Wenn allerdings alle Angebote einmal Schnäppchen geworden sind, gibt es keine Schnäppchen mehr, weil dann alles Besondere allgemein geworden ist.

Dem Dilemma kann man entkommen durch Komplikation der Angebote. So entstehen Besonderheiten, die entweder nur imaginiert sind oder sich im Bereich von Nebensächlichkeiten abspielen: Vielfalt entfaltet sich sodann in einem Scheinbereich, der wortreich mit terminologischen Phantasiebegriffen dekoriert wird. Die kreativen Verbal-Komplikationen sind eine Geschäftsgrundlage, auf der die Komplikateure gut leben. Die terminologische Verschlüsselung verbindet die Schnäppchenjagd mit einem scheinbaren Intelligenztest und lenkt so von den Real-Differenzen ab. Oder mit anderen Worten: »Schwätz' gescheit, dann merkt niemand, dass du ›nix‹ gesagt hast.«

Die Finanzwirtschaft hat den Weg bereits geebnet. Die Realwirtschaft folgt ihr. Die unternehmerische Wirtschaft ist längst infiziert von den »neuen Gebräuchen« der Finanzwirtschaft. Die unternehmerische Aufmerksamkeit verlagert sich von der Produktion auf den globalen Zusammenkauf von Schnäppchen. Unternehmen agieren im Großen wie Schnäppchenjäger im Kleinen. Sie kaufen sich die billigsten Firmen auf der ganzen Welt zusammen und behandeln sie wie Schnäppchen, die man nach einiger Zeit an den Second-Hand-Shop weitergibt.

Sozialstaat – zum Kauf angeboten

Schnäppchenjagd ist Lebensmaxime und unterwandert alle Lebensbereiche. Selbst der Sozialstaat verwandelt sich zum Warenhaus mit freier Auswahl (und beschränkter Kaufkraft). Alters- und Gesundheitsversicherung sollen nach dem Willen der Privatisierer zusammengestellt werden wie die Ausstaffierung einer Braut. Man sucht sich die Ausstattung für soziale Sicherheit je nach Geschmack und Geld zusammen. Die Freien Demokraten schwärmen von einem Sozialstaat, der wie ein Online-Versandhandel funktioniert.

Die Schnäppchenjagd hat inzwischen auch die Politik erreicht. Klientelpolitik mendelt zur Schnäppchenpolitik. Die Lobbyisten sind die Treiber, und die Mehrwertsteuerermäßigung für Hotels ist der erste kapitale Bock, den sie in der laufenden Legislaturperiode zur Strecke brachten.

Wie dem auch sei: Für die Prüfung von Finanzprodukten – den Versicherungen aller Art (von der Reise-, Diebstahl- über die Hausrat- bis zur Kraftfahrzeug- nebst Feuerversicherung, Lebens- und Nachlebensversicherung ...) – muss der kalkulierende und kostenbewusste Homo oeconomicus seriöserweise ein beachtliches Quantum aus dem beschränkten Zeitkontingent für Preisvergleiche abzweigen, das ihm für sein Leben zugewiesen ist. Selbst bei alltäglichen Kaufentscheidungen wird der Zeitaufwand beträchtlich.

Das Drama beginnt ja schon beim einfachsten Preisvergleich. Ist die Milch bei Aldi vielleicht einen Cent billiger als bei Lidl? Nichts wie rüber! Selbst wenn die Zeit für diesen Weg mit einem Cent gewiss skandalös unterbezahlt ist. Aber mit dem Vergleich der aufgedruckten Geldbeträge ist es ja nicht getan. Auch ist keineswegs sicher, dass die teurere Suppe die bessere Suppe ist. Da muss ich schon mindestens die Liste der Inhaltsstoffe studieren, besser einen Testbericht. Und dann stehe ich vor dem Regal, sehe zwei Gulaschsuppen zum annähernd selben Preis, aber in der einen Dose sind 500 Gramm drin, in der anderen nur 480. Wenn ich Glück habe, gibt der Supermarkt am Regal wenigstens den theoretischen Literpreis an, sonst heißt es rechnen. Selbst bei vergleichsweise einfachen Produkten wird der Preisvergleich so zum neuen Beruf. Ein Beruf, bei dem übrigens keineswegs klar ist, ob man nicht durch seine sorgfältige Ausübung mehr Geld spart, als man in der gleichen Zeit mit vernünftiger Arbeit verdienen könnte. »Lieber eine Stunde über Geld nachdenken als eine Stunde für Geld arbeiten«, soll John D. Rockefeller gesagt haben – und der wusste, von was er sprach.

Zwei Dinge sind immer größer als unsere Vorstellungskraft: Gott und das Warenangebot. Nicht nur, dass es eine unübersehbare Fülle von Waren mit einer ebenso unübersehbaren Fülle von Varianten gibt. Oft sind diese Varianten auch noch Scheininnovationen, bei denen etwa ein bestimmter Schalter vier Millimeter nach links gerückt ist. Oder Produkte versprechen einen Phantasievorteil, keinen praktischen Nutzen, mehr ein gutes Gefühl. Will ich wirklich wissen, was genau der Vorteil und die Wirkung »probiotischer Kulturen« in meinem Joghurt sind? Warum muss ich im Grunde Versicherungswirtschaft studieren, bevor ich auch nur eine Haftpflichtversicherung abschließe? Warum rauben mir

Mobilfunkanbieter ganze Tage meines Lebens mit dem Versuch, ihren Tarifdschungel zu durchqueren? Warum dauert es bisweilen länger, den günstigsten Fahrpreis zwischen Bonn und Berlin zu ermitteln, als es dauert, von Bonn nach Berlin zu fahren? Soll das Spiel – was sich die Privatisierungsfans ja wünschen – demnächst etwa auch noch auf einen zentralen Bereich der Daseinsvorsorge, nämlich auf die Krankenversicherung, ausgedehnt werden? Gesundheit aus dem Katalog. Wollen wir ein Gesundheitssystem, das restlos vermarktet ist? Gar die Schnäppchenjagd noch auf dem Operationstisch? Welches Betäubungsmittel darf's denn sein? Ich vertraue lieber dem Arzt. Ich will nicht alles besser wissen.

Ich will das nicht: Konsum als eine kuriose Mischung aus Schnäppchenjagd und Intelligenztest! *Meine* Zeit ist mir viel zu schade, um ständig den rationalen Nutzenmaximierer zu geben. Am Ende bliebe mir als radikalem Homo oeconomicus nämlich nicht einmal mehr die Zeit, die Früchte meiner Konsumentscheidungen auch zu genießen. Im Gegenteil: Die permanente Abfolge wohlüberlegter Kaufentscheidungen würde mich langsam, aber sicher zum Paranoiker machen. Denn irgendetwas könnte ja irgendwo immer noch billiger, noch besser, noch schöner zu haben sein.

Benchmarking als Dauerzustand

Als wäre alles das noch nicht schlimm genug, bleiben uns die Anbieter auch nach dem Kauf ständig auf den Fersen – natürlich nur im Dienste unserer weiteren Nutzenmaximierung. Der Schattenmann des Schnäppchenjägers ist der Evaluationsexperte. Seine Stunde ist gekommen, wenn die Entscheidung gefallen ist. Er beobachtet die Schnäppchenjagd im Rückspiegel und wertet das Ergebnis im Vergleich zu den Erwartungen aus. So frisst sich eine ständige Notenvergabe ins alltägliche Leben. Kein Hotelaufenthalt ohne Fragebogen-Ausfüllpflicht: Service, Rezeption, Küche, Restaurant, Reinigung müssen auf einer Skala von 0 bis 10 bewertet werden. Keine Stelle im Hotel, deren Besatzung sich nicht wie Delinquenten dem Urteil der Gäste aussetzen muss. Wer die Scharfrichterrolle verantwortungsvoll ausüben will, braucht Zeit, viel Zeit. Es reicht nicht, dafür einfach das Frühstück ausfallen zu lassen.

Egal wo der moderne Mensch heute steht und geht, schafft, lernt oder entspannt, es wird evaluiert. Universitätsseminare, Pflegedienste, Beerdigungsinstitute, Kindergärten, alles wird von jedem benotet. Kinder benoten Erzieher. Verkehrssünder die Verkehrspolizei. Vegetarier die Auslage der Fleischerei. Alle kommen mit der Bitte: »Sagen Sie uns, was Sie von uns halten.« »Kritik erwünscht!« »Helfen Sie uns, besser zu werden!« Sie bestellen ein Buch im Internet. Das Buch kommt. Aber vorher kommt die automatisierte E-Mail: »Bitte bewerten Sie Ihren Verkäufer!« Danach wäre eigentlich Gelegenheit, das Buch zu lesen. Aber nichts da! Schon heißt es: »Sie haben kürzlich *Odyssee* von Autor *Homer* und *J. H. Voß* (Übersetzer) bestellt. Schreiben Sie eine Rezension!« Feedback als Endlosschleife. Manchmal werden die Mühen der Bewertung mit einer Verlosung belohnt. Nachher wird erhoben, ob und wie das Gewinnspiel ankam. Ganz nebenbei sammelt die Bewertungsmaschine dabei noch von der Anschrift bis zur Hutgröße ihre persönlichen Daten ein. Dann ist endlich Ruhe. Doch während Sie vom bereits bewerteten Sofa aus den himmlischen Klängen des bereits bewerteten Wohltemperierten Klaviers von Johann Sebastian Bach lauschen, klingelt das Telefon. Ein unterbezahlter Call-Center-Agent will von Ihnen wissen, ob Sie schon einmal über eine private Zahn-Zusatzversicherung nachgedacht haben. Oder wie Ihnen als Bahncard-Kunde die neue Website der Deutschen Bahn gefällt.

Der Kommunismus ist tot! Es lebe der Konsumismus!

Ist der Konsumismus nicht das Gegenstück zum Kommunismus? Oder sind beide vielleicht doch nur Metamorphosen der gleichen Gesinnung? Kommunismus und Konsumismus haben den gleichen Stammbaum. Sie gehören beide zur Familie des Materialismus. Konsumismus und Kommunismus sind gleiche Brüder, sie tragen nur verschiedene Kappen! Kein Wunder, dass Konsumismus und Kommunismus ihre Wirtschaftserfolge an der Steigerung des rein quantitativen Sozialprodukts messen. Ein Wirtschaftswachstum von rund 3 Prozent verdoppelt das Sozialprodukt in etwas mehr als 20 Jahren. Das würde bedeuten, dass sich das Sozialprodukt in einem Menschenleben mehr als verdreifacht. Welche Welt soll das aushalten? Oder sind Kriege und Katastrophen die Bedingungen, dass es mit dem Wachstum immer weitergeht?

Die Messmethoden der Sozialprodukts-Fetischisten sind zudem noch skurril. So ist selbst ein Autounfall wegen der notwendigen Reparaturarbeiten am beschädigten Auto ein Beitrag zur Steigerung des Sozialprodukts, während die lohnsteuerfreie Rettung eines Verletzten nicht mitzählt. Der ehrenamtliche Samariter leistet in dieser Mathematik nichts. Der Geisterfahrer dagegen ist ein potentieller Promotor des Sozialprodukts. Das ist die Ratio einer grotesken Wirtschaftswelt.

Kommunismus und Konsumismus träumen beide den absurden Traum einer Welt, in der alle Bedürfnisse befriedigt sind. Der Konsumismus hat die Verwirklichung des verwirtschafteten Lebens nur noch weiter getrieben. »Jedem nach seinen Bedürfnissen« ist Teil des kommunistischen Endzeitversprechens. »Jedem nach seinen Wünschen – selbst wenn sie gar nicht seine eigenen sind« ist die auf die Spitze getriebene Bedürfnisbefriedigung des real existierenden Konsumismus. Die spezifische Differenz zwischen Kommunismus und Konsumismus liegt im

Unterschied zwischen kollektivistischem und individualistischem Menschenbild. Aber beiden ist gemeinsam, dass sie den Menschen allein über seine materielle Existenz definieren. »Sage mir, welches Menschenbild du hast, und ich will dir sagen, welches Bild von der Gesellschaft dazu gehört«, erklärte einst der Nestor der katholischen Soziallehre, Oswald von Nell-Breuning.

Die ökonomische Vernunft

Der Aufruf »Sei vernünftig!« klingt einfach und plausibel. Und der Homo oeconomicus gilt den Ökonomisten als Personifizierung des Vernunftprinzips. Was so einfach und plausibel erscheint, ist jedoch so selbstverständlich nicht, wie es zu sein beansprucht.

Welche Vernunft ist gemeint, wenn dem Homo oeconomicus vernünftiges Handeln unterstellt wird? Die abendländische Philosophie gibt auf die Frage nach der Vernunft so viele Antworten, wie es Denkrichtungen in ihr gibt. Als Aristoteles vor fast zweieinhalb Jahrtausenden den Menschen als vernunftbegabtes Wesen beschrieb, meinte er damit, dass wir Sprache und Vernunft besitzen und deshalb fähig sind, unsere Handlungen zu begründen. Nur der Mensch kann die Frage nach dem Warum und Wozu beantworten. Das ist die Bedingung seiner verantwortungsfähigen Existenz, und die unterscheidet den Menschen vom Tier.

Die Nutzenkalkulation ist Sache des gut geübten, rechnenden Verstandes. Mit Vernunft im aristotelischen Sinn hat dieser noch nichts zu tun. Der Homo oeconomicus stellt sich nicht die Grundfrage nach dem Sinn der Vernunft. Er verkürzt die Frage nach der Rationalität des Handelns auf den nutzenmaximierenden Effekt, den er zudem auf seine ökonomische Dimension beschränkt. »Nützlich« bedeutet »wirtschaftlich«. Ist das schon alles? »Was ist der Nutzen des Nutzens?«, fragte der große Aufklärer Gotthold Ephraim Lessing – und der war ein vernünftiger Mann!

Es ist also eine doppelte Beschränkung, derer sich eine »Volkswirtschaftslehre« schuldig macht, die sich auf der Basis der eingeschränkten ökonomischen Ratio bewegt. Erstens verkürzt sie das Handlungsziel auf Nutzen, zweitens misst sie den Nutzen an dem Verhältnis zwischen Mitteleinsatz und Ergebnis, was zu drei Handlungsalternativen führt: maximaler Nutzen für minimalen Mitteleinsatz, minimaler Mitteleinsatz bei konstantem Nutzen oder, drittens, konstanter Mitteleinsatz bei maximalem Nutzen.

Gleich, ob die Mini- oder die Maxi-Strategie gewählt wird, in allen Fällen handelt es sich um eine formale Betrachtungsweise, welche die Wertfrage ausklammert und so Vernunft zu einer Verfahrensfrage degeneriert. Nach diesem Verfahren kann auch das Verhältnis von Mitteleinsatz zur Zielerreichung bei einem Banküberfall gemessen und gegebenenfalls als super oder suboptimal bezeichnet werden.

Die naiven Gemüter der Ökonomen stellen sich die Sache mit dem Nutzenkalkül offenbar zu einfach vor. Der Mensch ist komplizierter. Sein Präferenzsystem ist labil. Es ist knetbar. Das ist im übrigen Sinn und Ziel von Bildung. Gary Stanley Becker und seine Jünger, die von einem stabilen Präferenzsystem ausgehen, müssen dieses als eine Theorie hinter allen Theorien darstellen.

Alle abweichenden Motive gelten als vorgeschoben, bis auf das letzte. Die Ultima Ratio bleibt die Nützlichkeit. Schließlich walzt diese Metatheorie alles platt, Masochisten sind wie Helden und Heilige auch nur nutzenmaximierende Typen, kühne Entdecker ebenso wie trottelige Spießer: Masochisten genießen den Schmerz, Heilige kalkulieren mit dem Nutzen im Himmel, Helden setzen auf den Nutzen des Ruhmes in der Gegenwart. Zu guter Letzt dreht sich alles um den Nutzen. Schließlich versinkt die ganze Welt in einem Brei von Nützlichkeit. So kann es sogar nützlich sein, verrückt zu werden.

In solcher Nützlichkeitsmanie hätte sich selbst Robinson über seinen Gefährten Freitag nur deshalb freuen dürfen, weil dieser ein nützliches Werkzeug für ihn war. Aus den Händen der Menschenfresser hätte Robinson »seinen« Freitag erst nach einer Kosten-Nutzen-Analyse befreit, in der er die Lebensgefahr der Befreiung mit dem Gewinn eines Helfers verglichen und den Helfernutzen höher eingeschätzt hätte als die Rettungsrisiken und -kosten. Aus der Öko-Nomie macht die neoliberale Nutzentheorie à la Becker unter der Hand eine Ego-Nomie.

Vor der Kalkulation des Nutzens häufen sich allerdings Schwierigkeiten auf, von denen die rechnende Ökonomie scheinbar nichts weiß. Für die exakte Berechnung der Vor- und Nachteile einer möglichen Handlung fehlt dem kalkulierenden Menschen nämlich die umfassende Kenntnis aller relevanten Fakten. Es gibt zum Beispiel kein vollständiges Wissen über die eigenen Motive und über die Absichten von Partnern. Auch sind die Folgen des eigenen Handelns nie vollständig übersehbar. Die Entscheidungen vollziehen sich in einem auch durch beschränkte Zeit eingeengten Informationsraum. Jedenfalls lässt sich die Behauptung aufstellen: Je größer der Entscheidungshorizont, um so ungenauer die Berechnung. Was viele Unternehmer und Manager dazu verleitet, nur noch in kurzen Handlungs- und Zeiträumen zu denken und zu agieren. Doch diese Art von Wirtschaften stößt zusehends an ihre Grenzen. »Langfristig denken und kurzfristig agieren«, das funktioniert nicht mehr, bemerkte Shumeel Barierig, Vorstandschef der Unternehmensberatung Booz & Company auf dem Davoser Weltwirtschaftsforum 2008. Die Kurzatmigkeit der Ökonomisten wird zur Atemnot.

Eine allein von Fakten gesteuerte umfassende Rationalität gibt es gar nicht. Die Erkenntnis dämmert zwar langsam, aber sie dämmert. Den Mängeln der kalkulierenden Ratio kann der Mensch nur entgehen, wenn er Maß nimmt am Wesen des Menschen, das er erfüllen soll. Der Mensch kann sein Wesen erfüllen oder verfehlen, und das Verfehlen und Versagen ist ein moralisches und kein mathematisches Defizit.

Das Werten ist die Arbeit der Vernunft, das Rechnen Sache des Verstandes. Die Vernunft ist ein Organ der Verantwortung. Die wertfreie Volkswirtschaftslehre bleibt auf der Stufe des rechnenden Verstandes stehen. – Sie ist verantwortungsunfähig!

Adam Smith versuchte dem Dilemma einer wertfreien Wirtschaftsmechanik zu entgehen, indem er in seiner »Theorie der moralischen Gefühle« der nutzenmaximierenden Ratio Grenzen zu setzen versuchte. Diese Grenzbefestigung sollte die Empathie übernehmen, mit welcher der Mensch begabt ist. Das Mitgefühl setze den Menschen in die Lage, sich in den Anderen hineinzufühlen. Diese Fähigkeit zur emotionalen Identifikation mit dem Notleidenden soll nach Smith der Vorteilssuche Grenzen setzen. Das ist eine Variante der Goldenen Regel, nach der gilt: »Was du nicht willst, das man dir tu', das füg' auch keinem andern zu.« Kant präzisierte diese Regel, blieb dabei allerdings nicht auf der Ebene des Mitgefühls, sondern baute die Goldene Regel zur verallgemeinerungsfähigen Maxime der Vernunft in Form des »kategorischen Imperativs« aus. »Handle nur nach derjenigen Maxime, durch die du zugleich wollen kannst, dass sie ein allgemeines Gesetz werde.« Die Verallgemeinerungsfähigkeit ist die Bedingung der kategorischen Geltung dieses moralischen Befehls. Was du willst, sollen alle wollen können, ist eine fundamentale Erweiterung der Goldenen Regel. Es macht sie unabhängig von individuellen Vorlieben und selbstsüchtigen Bedürfnissen und unterscheidet sie von jedem subjektiven Nutzenkalkül. Ein Sadomasochist zum Beispiel hat Wünsche, von denen man nicht wollen kann, dass alle Menschen solche haben sollen. Smith blieb also mit seiner Empathie-Ethik weit unterhalb des Niveaus der Kant'schen Vernunft-Ethik.

Bei Smith soll ein subjektives Gefühl die Grenzregelung für alle liefern. Doch Gefühle sind launig. Selbst die wildesten Gefühlsverirrungen wurden bisweilen als wohltuend empfunden. Gefühle ändern sich nicht nur, schlagen manchmal um wie das Wetter, Gefühle sind auch von Mensch zu Mensch unterschiedlich. Ein Mönch hat anderen Gefühlsbedarf als ein Playboy. Ein Asket fühlt anders als ein Schlemmer. Eine allgemeingültige Regel lässt sich aus dem Gewirr von Gefühlen nicht ableiten.

Die Empathie kann die Vernunft nicht ersetzen, vor allem nicht in ihrer Normen setzenden Funktion. Emotionen vermögen die Vernunft zu stützen, wenn sie von dieser gelenkt werden: Die Führung dürfen sie allerdings nicht übernehmen. Vernunft ist Reiter, Gefühle sind das Pferd. Diesen Vergleich benutzten »schon die alten Griechen«. Das Mitleid erfüllt nach der Smith'schen Theorie der Nutzenmaximierung auch lediglich eine kompensatorische Funktion für die Mängel der ökonomistischen Vernunft.

Verbrämt, aber durchaus erfolgreich landet der Ideenmix der Neoliberalen bei der Empfehlung, der Staat solle seine Hände aus dem Wirtschaftsspiel lassen und die Sozialpolitik sich gefälligst auf die Existenzsicherung der Armen beschränken. Wirtschaft ist Ratio. Sozialpolitik ist Emotion. Gerechtigkeit ist Mathematik. Barmherzigkeit Gefühl. Die Neoliberalen übertreffen Smith: Gefühle haben politisch demnach ihr Anwendungsgebiet im Gehege für bedrohte Arten, Sozialpolitik ist etwas fürs Mitgefühl. In der Wirtschaft hat es nichts zu suchen.

Der Homo oeconomicus ist als anthropologisches Modell nicht nur ohne Fleisch und Blut, sondern auch ohne Vernunft. Die menschliche Ratio funktioniert nämlich nicht wie eine Rechenmaschine. Sie folgt Zielen, die nicht errechnet werden können. Schließlich lebt der Mensch nicht nur vom Brot allein, sondern er bedarf der »Anerkennung«, und die ist unbezahlbar.

Hegel gab dem von Macchiavelli und Hobbes eingeführten

Begriff des sozialen Kampfes die Wendung vom Selbsterhaltungs-motiv zu einer von wechselseitiger Anerkennung getragenen sozialen Mitgliedschaft. Selbstachtung ist auf Achtung anderer angewiesen. Anerkennung ermöglicht die positive Selbstbe-ziehung, welche die Individualität konstituiert. Wechselseitige Anerkennung hält die Gesellschaft zusammen. Achtung ist ein Überlebensmittel, das nicht materieller Herkunft ist. Achtung ist Reverenz vor der Würde. Würde hat keinen Preis, weil sie kein Tauschmittel ist.

»Im Reich der Zwecke hat alles einen Preis oder eine Würde. Was einen Preis hat, an dessen Stelle kann auch etwas anderes als Äquivalent gesetzt werden; was dagegen über allen Preisen erha-ben ist, mithin kein Äquivalent gestattet, das hat eine Würde.« (Immanuel Kant)

Eine Ordnung, die auf den Prämissen der Nutzenmaximierung aufbaut, verfehlt das Wesen des Menschen, weil sie ihn um seine Vernunft gebracht hat. Der Homo oeconomicus existiert in einer abstrakten Wirtschaftstheorie. In eine moralische Lebenswelt passt er nicht.

Der Mensch ist das Tier, das Wir sagt

Schon die empirische Betrachtung des Menschen fördert Ergeb-nisse zu Tage, die nicht dem ökonomistischen Modell entspre-chen. In seinen Entscheidungen handelt der Mensch keineswegs immer mit dem Ziel der Nutzenmaximierung. Nicht nur in Extremsituationen ist der Mensch zu Opfern bereit, die ihm wirtschaftlich schaden, aber einem höheren als ökonomischen Ziel entsprechen. Selbstmord – ja oder nein –, das sei die einzige existenzielle philosophische Frage, meinte Albert Camus. Diese Frage ist eine Sinnfrage und keine nach dem Nutzen. Das Nein zum Selbstmord und das Ja zum Leben speist sich jedenfalls an anderen Überlegungen als der Kalkulation von wirtschaftlichen Vor- und Nachteilen.

Michael Tomasello wies darauf hin, dass bereits auf der verhaltenspsychologischen Stufe die grundlegenden Unterschiede zwischen Mensch und Tier zutage treten. Nicht die operative Intelligenz oder das Verständnis von Raum und Menge trennen uns vom Tier, sondern die soziale Kompetenz. Wir können kommunizieren und gemeinsam danach handeln.

Kinder zeigen auf andere Gegenstände, nicht nur, um zu fordern, sondern um etwas mitzuteilen. Affen zeigen anderen Affen nichts (Tomasello). Nur Menschen besitzen eine Wir-Intentionalität. Reden können auch Papageien. Miteinander reden allerdings, dazu sind nur die Menschen imstande.

Affen sind zum Nachäffen unfähig, was Menschen schon im Kindesalter können. Kinder lernen sogar durchs Imitieren. Kinder kopieren mit Freude andere Kinder. Affen benutzen andere Affen als Werkzeuge. »Ich weiß, dass du weißt, dass ich weiß, dass wir zusammen einen Turm bauen wollen.« In einer so verschränkten Wir-Intentionalität vermag kein Tier zu handeln. Sprache basiert nicht – wie Generationen von Linguisten behauptet haben – auf einer »angeborenen Grammatik« (Noam Chomsky), sondern Sprache wird – wie Tomasello nachgewiesen hat – im sozialen Handeln über viele Umwege, Experimente, Fehlversuche, Analogien ... erarbeitet. Allein lernt niemand Sprache. Tomasellos Quintessenz seiner Forschungen lautet: »Der Homo sapiens ist das Tier, das klug wurde, weil es kooperiert. Also steht am Anfang der Humanität die Kooperation, nicht die Konkurrenz.«

Der Biochemiker Martin Nowak bekräftigt diese Behauptung. »Man braucht viel Kooperation, um vom einfachen zum komplizierten Organismus aufzusteigen: vom Einzeller zum Vielzeller, vom Vielzeller zum Menschen.« Das Menschenbild des Gary S.

Becker fußt auf einer irrigen Evolutionstheorie, den Homo oeconomicus gibt es nur im Kopf der Neoliberalen.

Auch im Alltag lenkt nicht die Suche nach dem »Mehr« alle Handlungen, sondern beispielsweise die Vermeidung von Missachtung. Experimentell ließ sich beispielsweise nachweisen, dass eine Mehrheit von Versuchspersonen, vor die Wahl gestellt, entweder 50.000 Euro oder 70.000 Euro verdienen zu können, sich für die niedrigere Entlohnung entschieden, wenn im Falle des Verdienstes von 70.000 Euro der Arbeitskollege 80.000 Euro, also 10.000 Euro mehr, erhielt, während im Falle des eigenen Verdienstes von 50.000 Euro der Nachbar 40.000 Euro, also 10.000 Euro weniger, verdiente. Die relative Einkommenshöhe erhielt also die Präferenz in diesem Modellversuch. Die Mehrheit entschied sich nicht für die Einkommensmaximierung, sondern für eine relative Einkommenshöhe, die augenscheinlich mit mehr Aussicht auf Achtung verbunden war. Vielleicht ist der harte Kern jedes Neidkomplexes die Angst vor der Missachtung der anderen.

Die Entlohnung ist mehr als ein Geschäft. Der Lohn transzendiert seinen materiellen Gehalt. Lohnangebote, welche der Fairness widersprechen, werden abgelehnt, auch auf die Gefahr hin, dass dann nichts gezahlt wird. Es gab sogar aussichtslose Streiks, die schon von Beginn an von den Streikenden als aussichtslos eingeschätzt und dennoch geführt wurden.

Die Forderung nach Wertschätzung und Anerkennung betrifft immaterielle Werte. Diese sind ein wichtiger Motor der Lohnforderung. Aber im Lohn steckt nicht nur Geld, sondern ebenso »Ehre«, weshalb man auch von »Honoraren« spricht. Die Arbeiterbewegung entstand auch aus einem verletzten Ehrgefühl und fühlte sich bisweilen wie eine verkannte Liebe.

Offenbar sind also im wirtschaftlichen Handeln auch Motive im Spiel wie beispielsweise Ehre, Anerkennung, Gerechtigkeit etc., die völlig unabhängig vom erhofften Nutzen sind. Jedenfalls ist das Leben bunter, als die klassische Nationalökonomie lehrt.

Der Homo oeconomicus ist eine bedauernswert armselige Figur. Für ihn gibt es keine Rolle in den Tragödien der Weltliteratur. Große Romanciers haben ihm keinen Platz eingeräumt. In Gedichten, die diesen Namen verdienen, kommt er nicht vor. Literarisch vegetiert er in Komödien und Spottgedichten dahin. Er ist eine Karikatur. Faust, Hamlet, Don Quichotte, selbst der brave Soldat Schwejk sind ihm tausendmal überlegen. Der Mensch ist nicht so abgrundtief materialistisch, wie die Ökonomen glauben. Gott sei Dank!

P.S.: »Oberhalb von 8000 Metern ist nicht der Ort, wo Leute sich so etwas wie Moral leisten können«, erklärten zwei japanische Bergsteiger, die drei indischen Bergsteigern, die vor Erschöpfung mit dem Tode rangen, jede Hilfe verweigert hatten. Sie setzten am 11. Mai 1998 nach einer kurzen Rast in 50 m Entfernung ihre Besteigung des Mount Everest eiskalt fort. Der Nutzen des Gipfelsturms war größer als jener der Rettung von Menschenleben. Das ist die konsequente Anwendung der nobelpreisgekrönten ökonomischen Nutzentheorie von Gary S. Becker.

Biografisches:
Die Würde der Arbeit oder
Die Ehre des Kellermeisters

Ein Erlebnis geht mir nicht aus dem Sinn, das schon über 50 Jahre her ist. Ich war Gehilfe im Weinkeller der »Köln-Düsseldorfer-Rheinschifffahrt«. Das war mein zwischenzeitliches Beschäftigungsexil zwischen Opel hinter mir und Universität vor mir. Opel hatte ich verlassen, weil ich das Abendgymnasium besuchte. Schichtarbeit und Abendunterricht waren nicht unter einen Hut zu bringen. Tagsüber verdiente ich mir mein Geld untertage im Weinkeller, um abends übertage in die Schule zu gehen.

Mit der »Weißen Flotte« der Köln-Düsseldorfer schippern Sommer für Sommer Tausende von Rhein- und Weinseligen flussauf- und flussabwärts.

Der Weinkeller des Schifffahrtsunternehmens besitzt trotz touristischen Massenkonsums auch unter Weinkennern einen exzellenten Namen. Diesen zu erhalten war die Ehre des Kellermeisters. Ein gütiger alter Mann, aber in Sachen »Wein« ein strenger Sitten- und Qualitätswächter.

Im Weingewölbe lagen nebeneinander die großen hölzernen Fässer, die vom Kellermeister wie Goldschätze bewacht wurden. Wir Kellergeister dritten Ranges waren als Aushilfen mit Flaschen reinigen, Flaschen abfüllen, Flaschen transportieren etc. beschäftigt. Nur morgens verließen wir für eine gute Stunde das unterirdische Verließ und holten das Leergut, also die leer getrunkenen Flaschen, von den Rheindampfern herunter.

Zum Leergut kamen jeden Tag zwischen 3 bis 10 Flaschen, die von den Schifffahrtsgästen mit »Korken« reklamiert und zurückgegeben worden waren. Diesen Flaschen galt jeden Morgen die besondere Aufmerksamkeit des Kellermeisters. Der Inhalt jeder dieser Flaschen wurde probiert, und was dann geschah, danach konnte man die Uhr stellen. Es folgte der tägliche Tobsuchtsanfall des Meisters. Bis auf wenige Ausnahmen waren nämlich alle zurückgegebenen Flaschen »einwandfrei«. »Leit« (Leute), die »kei« Ahnung habe, Wichtigtuer, Angeber, Hochstapler.« Die Verbaletiketten, die in diesem Wutanfall ausgeteilt wurden, waren jeden Tag die gleichen.

Zur Strafe für die Reederei, die eine solche großkotzige »Korken«-Angeberei anscheinend widerspruchslos zuließ, tranken wir, er und seine Gehilfen, den reklamierten guten Wein zur Frühstückspause mit großem Genuss. Aufnahmegrenze war lediglich die uneingeschränkte Arbeitsfähigkeit, und die lag bei jedem auf einer jeweils anderen Höhe. Wo diese lag, das entschied der Alte. Was übrig blieb, wurde jeden Abend an die Tagesfleißigsten verteilt – nach Gutdünken und Laune des Kellermeisters.

Ich habe lange nachgedacht über die schrulligen Gewohnheiten des Kellermeisters. Er war der weingeizigste Mensch, den ich je kennen gelernt habe. Kein Tröpfchen durfte beim Umfüllen der Fässer auf den Boden fallen. Wenn ein Schlauch undicht war und nur ein Quäntchen Wein verloren ging, führte er sich auf, als sei ein Staudamm gebrochen und »Land unter« …

Beim Verschenken des angeblichen »Korkenweins« aber war der knausrige Kellermeister großzügig. Bei der Arbeit mit Wein war der großzügige Kellermeister knausrig.

Was also brachte den alten Kellermeister wegen der paar Korkenflaschen so in Rage? Geld, Kosten, Verlust können es nicht gewesen sein. Kein Hahn hat je nach den »Korkverlusten« gekräht. Keiner von der Geschäftsleitung hat je danach gefragt. Schwund gibt's überall, das gehört zum Geschäft.

Was also war der Grund des Zorns?

Des Meisters Ehre war gekränkt. Es ging nicht um Geld, sondern um die Wertschätzung der Arbeit. Der Kellermeister fühlte seine Arbeit missachtet. Denn die Achtung der Arbeit ist nicht mit Geld zu bezahlen.

Jene Wirtschaft, welche die Arbeit zur Ware degradiert hat, macht die Arbeiter austauschbar und beliebig. Es ging damals im Keller der »Köln-Düsseldorfer-Rheinschifffahrt« nicht um Geld und Kosten, sondern um des Meisters Selbstachtung, und diese war eine Funktion der Achtung, die seiner Arbeit von anderen zuteil wurde.

Achtung der Arbeit ist ebenso wenig wie die Würde eine Ware, die man kaufen kann. Der Kapitalismus wird daran zugrunde gehen, dass er Arbeiter und ihre Arbeit nicht würdigt.

II. Ehrliche Arbeit

1. Arbeit – Was ist das, was wir tun?

Warum wollen wir arbeiten? Dass es ganz gut ohne Arbeit geht, davon berichten schließlich viele Mythen, und davon schwärmen viele Utopien. Der Traum vom arbeitslosen Leben ist beinahe so alt wie die Menschheit. Vielleicht ist er sogar eine dunkle Erinnerung an zwar längst vergangene, aber einstmals reale Zustände. Schließlich steht am Beginn der biblischen Version der Weltgeschichte die Erzählung von einer Welt ohne Arbeit und Mühe: das Paradies als erster Freizeitpark der Welt. Was unser Urvater Adam und seine Gefährtin Eva benötigten, das wuchs auf den Bäumen. Die gottgegebene Aufgabe, der offenbar als Vegetarier geplante Mensch möge den Garten »bewahren und bebauen«, darf man sich getrost als leichte Hobbygärtnerei vorstellen. Adams und Evas Pflichten erschöpften sich im Wesentlichen darin, ihren Schöpfer zu preisen, seine Schöpfung zu bewundern – und deren Überfluss zu genießen.

Mit dem Sündenfall allerdings wurde der Garten Eden über Nacht geschlossen. Der verbotene Biss in die Frucht vom Baum der Erkenntnis beendete das süße Leben. Adam und Eva wurden zu Vertriebenen, Rückkehr ausgeschlossen. Ein Erzengel steht seitdem als Wache am Tor zum Paradies. Seit er nicht nur gottähnlich, sondern gottgleich sein wollte, nämlich fähig, gut und böse zu unterscheiden, muss der Mensch schuften. Wenn du meinst, so Gottes Urteil, dass du selbst am besten weißt, was richtig ist, dann kümmere dich gefälligst auch selbst um deinen Lebensunterhalt! Mit einem Wort: Der ökonomische Zwang ist der Bruder der moralischen Autonomie. Versteht sich, dass der Mensch nach Gottes Willen dann auch ruhig spüren soll, dass die Bedürfnisbefriedigung kein Kinderspiel ist. Nicht umsonst ist das Wort für »Arbeit« in vielen Sprachen ein Synonym für Begriffe wie »Mühsal«, »Not« oder »Beschwernis«. »Im Schweiße deines Angesichtes sollst du dein Brot essen«, lautet die postparadiesische Arbeitsplatzbeschreibung.

Doch das Heimweh nach dem Paradies vermochte der Mensch zu keiner Zeit abzuschütteln. Im Märchen lebt die Sehnsucht nach der Rückkehr ins Leben ohne Anstrengung bis heute fort. Im Schlaraffenland findet sie ihren bevorzugten Ort. Dort jedenfalls wachsen den Menschen die Trauben direkt in den Mund, man muss sie noch nicht einmal pflücken. Nicht anders die Tauben, die ebenfalls ohne die Mühen der Jagd und der Küchenarbeit frisch gebraten zum direkten Verzehr angeflogen kommen. In den Gewässern fließen – in Anspielung an die biblische Verheißung des Gelobten Landes – Milch, Honig oder Wein. Die Häuser sind aus Kuchen gebaut. Und gegen die Plagen des Alters steigt man regelmäßig in einen Jungbrunnen.

Nichts erinnert im Schlaraffenland an Arbeit. Vor allem nicht an die Mühsalen, mit denen Jäger, Hirten und Bauern einer oft widerborstigen Natur ihr täglich Brot abringen müssen. Aber da der Jungbrunnen zugleich die Zeit stillstehen lässt, gibt es auch sonst nichts zu tun. Wo die Haut die Kleidung ist, ist der Schneider arbeitslos. Ewige Schönheit untergräbt jede kosmetische Industrie. Und selbst moderne Dienstleistungen wie die des Psychotherapeuten fänden keinen Ansatzpunkt. Wozu »Trauerarbeit« oder »Beziehungsarbeit«? Der Tod ist ja abgeschafft. Und Liebe sinnlos. Denn »die oder keine«, »jetzt oder nie«, das sind keine Lebens- und Liebesmaximen im Schlaraffenland. Wenn Romeo und Julia ewig leben, kommt es nicht darauf an, wann sie sich finden. Passiert es heute nicht, dann vielleicht übermorgen oder auch in 10 Millionen Jahren. Das Leben als ewiger, ruhiger Fluss. »Kairos«, der erfüllte Augenblick, ist im Schlaraffenland nicht im Angebot, weil dort nichts einen Anfang und ein Ende hat.

Das Schlaraffenland hatte in der Geschichte stets irdische Filialen, auch wenn diese ihr märchenhaftes Vorbild nie ganz erreichen konnten. Denn wer über Besitz und Macht verfügt, der kann sich mühsamer, körperlicher Arbeit weitgehend entziehen. Er mag andere Sorgen haben, aber er macht keinen Finger krumm, sondern lässt sich bedienen. Neue wie alte Reiche haben Personal. Sie arbeiten nicht, sie lassen arbeiten. Es ist ein scheinbar zeitloses Erkennungszeichen der Begüterten, keinen Schmutz an den Händen und keinen Arbeitsschweiß auf der Stirn zu haben.

Im klassischen Altertum, nach wie vor das Maß jeder humanistischen Bildung, wurden die Arbeit verachtet und die Arbeiter diskriminiert. Die großen Dramatiker dichteten nicht für Gagen, sondern um der Ehre willen. Aischylos entstammte einem der ältesten Adelsgeschlechter Attikas, Sophokles war der Sohn eines reichen Waffenfabrikanten. Der Philosoph Sokrates hatte immerhin werktätige Eltern, einen Steinmetz und eine Hebamme. Doch außer dem meist unzuverlässigen, 500 Jahre später schreibenden Diogenes Laertios berichtet keine Quelle davon, dass er selbst je etwas anderes getan habe, als zu philosophieren. Und fürs Denken Geld zu verlangen, wäre ihm im Traum nicht eingefallen. Im Gegenteil: Auf jene, die das taten, die Sophisten, prügelte er noch heftiger ein als Jesus auf die Pharisäer. Die Studenten der platonischen Akademie arbeiteten in den Semesterferien gewiss nicht in der Gerberei.

Ausnahmslos Müßiggänger bildeten auch die Volksversammlung und die Staatsspitze. Athen, die älteste Demokratie der Welt, wurde von Arbeitslosen regiert. Wer malochen musste, der war weder zum Staatsamt zugelassen, noch durfte er mitreden oder gar mit abstimmen. Die Arbeit überließen die ersten Demokraten den Sklaven, Banausen, Metöken und anderen Hintersassen. Die griechische Polis war eine Dreiklassen-Demokratie. Die einen durften wählen und regieren, die zweiten nur wählen und die dritten weder wählen noch regieren. Arbeit und Bürgerrechte schlossen sich aus.

Freiheit war ein Synonym dafür, frei zu sein für die höheren Dinge des Daseins. Allgemein: die Götter, den Staat und sich selbst. Konkret: den Kult, den Krieg sowie Weisheitslehre und Kunst. Arbeit blieb etwas Niederes, von dem der Bürger frei bleiben sollte, ähnlich wie von Schmutz oder Schmerz. An dieses Freiheitsverständnis erinnert bis heute der beschönigende Ausdruck, demzufolge Kündigungen »Freisetzungen« genannt werden. Die Spezialisten für Sozialmarketing verstecken ihren Zynismus gern hinter Worten, die positive Assoziationen auslösen. »Arbeitskräfte freisetzen« hört sich halt besser an als »Leute rausschmeißen«.

Die Frohe Botschaft: Arbeiten für das Himmelreich

Das Neue Testament bildet ein Gegenprogramm zum elitären Freiheitsbegriff der antiken Bildungsbürger. Jesus wurde in einem Stall geboren, verkündet wurde die Frohe Botschaft zuerst einer Gruppe Hirten, die von der Nachtschicht kam. Jesu irdischer Vater stammte zwar aus dem Hause David, war aber ein einfacher Zimmermann. Und auch der Herr selbst übte dieses Handwerk wohl mehr als die Hälfte seines irdischen Lebens aus. Kurz: Das Christentum kam als Religion für die Unterschichten zur Welt. Also lockten die Christen fast ständig wider den Stachel der verderblichen Faulheit der Oberen. »Sklavenmoral!«, ätzte deshalb der Griechenbewunderer Nietzsche zeitlebens.

Altes wie Neues Testament belegen durchgängig eine besondere Hochschätzung der Arbeit. Abraham und die Seinen sind Hirten. Der Apostel Petrus und sein Bruder Andreas, ebenso Jakobus der Ältere und Johannes sind einfache Fischer. Andere Jünger sind Handwerker oder, wie Matthäus, ein kleiner, verachteter Steuereintreiber (»Zöllner«). Die ersten Christen: alles Leute, die von eigener Arbeit leben konnten. Anders als die Philosophen und Schriftgelehrten waren sie keine Theoretiker, die es peinlich vermieden, sich die Hände schmutzig zu machen. Nicht anders der später hinzu gestoßene Intellektuelle unter den Aposteln, Paulus. Obwohl er belesen und mehrerer Sprachen mächtig war, übte er zeitlebens den Beruf eines Zeltmachers aus.

Als er hörte, dass in Thessaloniki einige sehr emphatische Christen auf die Idee verfallen waren, angesichts der nahen Wiederkunft des Erlösers solle man den Broterwerb wohl besser einstellen, da blies ihnen der Apostel gründlich den Marsch: »Wir haben bei euch kein unordentliches Leben geführt und bei niemand unser Brot umsonst gegessen; wir haben uns gemüht und geplagt, Tag und Nacht haben wir gearbeitet, um keinem von euch zur Last zu fallen. (...) Denn als wir bei euch waren, haben wir euch die Regel eingeprägt: Wer nicht arbeiten will, soll auch nicht essen. Wir hören aber, dass einige von euch ein unordentliches Leben führen und alles Mögliche treiben, nur nicht arbeiten. Wir ermahnen sie und gebieten ihnen im Namen Jesu Christi, des Herrn, in Ruhe ihrer Arbeit nachzugehen und ihr selbst verdientes Brot zu essen.« (2. Thess 3, 6-12) Was Paulus hier predigt, ist entgegen gängigen Fehlinterpretationen keine Polemik gegen jegliche soziale Fürsorge. Wogegen er sich wendet, ist eine in seiner Zeit verbreitete Auffassung: Wer dem Göttlichen oder der Weisheit nahekommen wolle, solle meditieren, predigen und betteln, aber bloß nicht im irdischen Dreck wühlen. Paulus dagegen sagt: Arbeit ist ein Teil des Weges zum Heil, diesem zumindest nicht im Wege; sich auf Kosten der Gemeinde durchzufuttern, das sei dagegen wenig christlich. »Bete und arbeite« heißt es deswegen seit Benedikt von Nursia für alle christlichen Mönche.

Doch nicht nur, dass sich Jesus vorrangig mit einfachen Leuten umgibt und den Reichen wenig Aussicht auf jenseitigen Lohn macht. Auch sonst dreht sich die biblische Botschaft in einem sehr buchstäblichen Sinn um die Werke von Gott und Mensch, also um Arbeit. Der biblische Schöpfer, dessen Abbild der Mensch ist, schuf sein Werk nicht in taumelnder Ekstase, im Tanz oder im Suff, wie es vielen orientalischen Gottheiten beliebte. Gottes Werk ist plan- und sinnvoll, die Schöpfung kein Zufallsprodukt. Gott schafft die Welt wie eine Art höherer Arbeiter.

Das Christentum erhob den Arbeiter zum besonderen Vertrauten Gottes. Denn schließlich sind es die Arbeiter, die seinen Schöpfungsauftrag ausführen: »Macht euch die Erde untertan.« Der Gott der Bibel war so etwas wie der erste Arbeitgeber. Und die Arbeiter sind, so verstanden, die Koproduzenten Gottes.

Auch Jesus war kein Tempelpriester, sondern Wanderprediger. Statt sich in metaphysischen Spekulationen und theologischen Spitzfindigkeiten zu ergehen, wählte er klare und einfache Worte, die jeder Mensch verstand. Er erzählte Geschichten, auf die sich eher Bauern, Hirten und Handwerker einen Reim machen konnten als Schriftgelehrte und Pharisäer. Was immer Jesus über den Glauben, das Himmelreich und das gerechte, gottgefällige Leben auf Erden sagt, erklärt er anhand höchst praktischer Beispiele. Natur, Acker- und Gartenbau, Viehzucht, Fischerei, Handwerk, das ist die Welt, *aus* der heraus und *für* die Jesus spricht. Die Arbeiter im Weinberg und ihr gerechter Lohn; der blühende Feigenbaum oder der Sauerteig als Beispiel des kommenden Reiches Gottes; die Fischer, die die guten von den schlechten Fischen trennen; die vierfache Saat, die am Wegesrand, auf felsigem Boden und unter den Dornen nicht trägt, sondern nur auf guter Erde; jene, die ihre Häuser auf Sand bauen, und jene, die sie auf festem Fels errichten;

der Hirte, der das eine verlorene Schaf sucht; das Licht unter dem Scheffel, der Flicken auf dem alten Kleid, der neue Wein in alten Schläuchen; all diese Gleichnisse und die aus ihnen abgeleiteten Redensarten werden bis heute von jedem verstanden, auch wenn er nie eine theologische Fakultät oder auch nur eine höhere Schule von innen gesehen hat.

Mit einem Wort: Die Welt der Arbeit liefert das Lehrmaterial des kommenden Heils. Ausgangs- und Endpunkt der Schöpfung, Paradies wie Himmelreich, sind Gärten, die gepflegt werden wollen. Altes wie Neues Testament stellen die Schöpfung eben nicht als abgeschlossenen Akt, sondern als die fortgesetzte Tätigkeit eines immerfort tätigen Schöpfers dar. »Es ist ein Gott, der da wirkt, alles in allem«, sagt Paulus im 1. Brief an die Korinther (1. Kor 12,6). Und der Mensch als Ebenbild Gottes nimmt durch seine Arbeit an der Schöpfung teil. In diesem dynamischen Schöpfungsverständnis kommt das biblische Weltbild dem der modernen Naturwissenschaften durchaus nahe.

In diese Schöpfungsdynamik ist freilich eine Bremse gegen blinden Übereifer eingebaut, an die wir uns alle sonntäglich erinnern sollen: Am siebten Tage ruhte der Schöpfer von seinem Schöpfungswerk aus. Gott gönnte sich eine Pause. Und er verordnete seinen Geschöpfen, es für alle Zeiten ebenso zu halten. Zusammen mit der Arbeit erfand Gott die Freizeit. Kern seiner Botschaft: Wer arbeitet, der soll auch feiern; wer sät und erntet, der soll für die Früchte der Natur und seiner Arbeit danken – und diese Früchte genießen. Interessant ist in diesem Zusammenhang übrigens der Ursprung des Pfingstfestes: Das in der Apostelgeschichte berichtete Ereignis fand am Festtag Schawuot statt, an dem die Juden die Offenbarung der Tora an das Volk Israel feiern. Es fällt auf den fünfzigsten Tag nach Pessach und ist damit zugleich ein Erntedankfest. Denn zu Pessach beginnt traditionell die Weizenernte, zu Schawuot endet sie. Beginn und Ende der Ernte mit dem Gedenken an das Ende der ägyptischen Knechtschaft und den Empfang der Schrift zu verbinden – was könnte besser den biblischen Sinn für den Zusammenhang zwischen Heilsgeschichte und Arbeit belegen!

Die kirchliche Praxis erweiterte später die sonntägliche (oder eben die sabbattägliche) Ruhepflicht. Als eine Art gewerkschaftliche Avantgarde sorgte Gottes Bodenpersonal für weitere arbeitsfreie Tage, indem zur Feier besonderer Ereignisse der Glaubensüberlieferung das Erwerbsleben erheblich eingeschränkt wurde: anlässlich der Geburt Jesu, seiner Auferstehung zu Ostern und seiner Himmelfahrt, anlässlich der pfingstlichen Erleuchtung der Apostel durch den Heiligen Geist. Als später verdiente Mitarbeiter Gottes, wie Päpste und Sozialarbeiter, Könige und Bettler, Märtyrer und Mönche heilig gesprochen wurden, führte die Kirche zu deren Ehre weitere Feiertage ein. Dabei zeigte man sich überaus kreativ und liberal. Nicht nur, dass viele Heiligenfeste an heidnische Überlieferungen und manch kruden Volksaberglauben anknüpften. Manchmal brauchte es nicht mal Heilige: Waren doch die Weisen aus dem Morgenland in den Evangelien weder zu dritt noch Könige noch heilig, sondern eine größere Reisegruppe namenloser orientalischer Astrologen. Zu guter Letzt war der halbe Jahreskalender mit arbeitsfreien Tagen belegt. Zieht man noch die Vor- und Nachfeiern für die Festtage vom vollen Arbeitseinsatz ab, bleibt von der Jahresarbeitszeit viel weniger übrig, als die viel umkämpfte Arbeitszeitverkürzung heutzutage erreicht hat.

Den Wechsel von Arbeit und Einkehr, körperlicher Anstrengung und geistlichem Streben wiederum trieben die Mönchsorden zur Perfektion. In den Klöstern wurde der Arbeitstag nach einer streng geregelten Zeitdisziplin geordnet, in der sich Beten und Arbeiten wohltemperiert die Balance hielten. Benedikt entwickelte aus dem Sprichwort »ora et labora« seinen klösterlichen

Schichtplan. Die benediktinische Zeitökonomie ist von einer großen lebenspraktischen Klugheit geprägt. Ruhen und Rasten wechseln sich mit Anstrengung und Arbeit ab. Nicht zuletzt durch solche Disziplin brachten die Mönche uns wilden Germanen bei, was »Kultur« bedeutet: planvolle Hege und Pflege von Natur *und* Geist, Körper *und* Seele.

Jedenfalls haben unsere mittelalterlichen Vorfahren weniger gearbeitet als wir. Das erklärt, warum die ersten Manufakturbesitzer und auch noch die späteren Fabrikherren so große Schwierigkeiten hatten, Leute zu finden, die bereit waren, das ganze Jahr hindurch an sechs Tagen die Woche Stunde um Stunde zu schuften. Manch früher Industriebaron machte mangels disziplinierter Arbeiter schnell bankrott. Das Zeitkorsett des geregelten Arbeitstages ist eine neuzeitliche Erfindung. Max Weber beschrieb eindrucksvoll die Mühen, das Proletariat in das bürokratisch-militärische Gehäuse der Industrie hineinzuzwängen.

Die neue Arbeitsethik des Kapitalismus

Irgendwann am Ausgang des Mittelalters begann das allzu lockere Verhältnis zu den Arbeitspflichten zu kippen und machte einem neuen, verzweifelten Lebensernst Platz. Für die ganz Armen war Arbeit seit jeher Lebenskampf und Notdurft. Jetzt erreichte der Arbeitseifer jedoch die Oberschichten, und diesmal ging es nicht nur um Leben oder Tod, sondern um Gnade oder ewige Verdammnis. Wieder war also die Religion im Spiel, und dieses Spiel war todernst.

Den mittelalterlichen Menschen hatten die zahllosen Wechselfälle und Plagen der Natur einen gewissen Fatalismus gelehrt – von dem sich vor allem im rheinisch-katholischen Gemüt (»Et kütt wie et kütt«) tiefe Schleifspuren erhalten haben. Trotz allem Fleiß und aller Verachtung von Müßiggang oder gar Faulheit hielt er deshalb wenig davon, es bei der produktiven Fortschreibung der Schöpfung zu übertreiben. Gute Werke würden gewiss jenseitigen Lohn einbringen, aber zu viel ist eben auch ungesund. Strebertum passte nicht zur Heilserwartung.

Es liegt eine ganz eigene Ironie der Geschichte darin, dass die Menschen in Europa erst einmal ihren Fatalismus auf die Spitze treiben mussten, bevor Arbeit – und als ihre Folge der Reichtum – zum höchsten Heilszeichen werden konnten. Gottes Wille und der Platz jedes Menschen in seinem Plan stehen seit Anbeginn der Zeiten fest, so lehrte der Reformator Johannes Calvin. Er nannte das »Prädestination«. Jeder Versuch, dieser Bestimmung durch irdische Werke eine andere Richtung geben, sich gar das ewige Heil erschleichen zu wollen, erschien ihm als der größenwahnsinnige Versuch, mit Gott zu schachern. Das kleinliche Streben des Menschen als Korrektur von Gottes Allmacht und Allwissenheit – eine unfassbare Häresie! Nein, alles ist vorherbestimmt! Erlösung oder Verdammnis, Himmel oder Hölle, Gott hat jedem Menschen sein Schicksal längst beschieden.

Was aber blieb dem sündigen Christenmenschen, dem die Reformation Almosen und Ablässe, Beichte und Absolution, Buße und Wiedergutmachung genommen hatte? Dem alle Hintertürchen zum Himmel verschlossen wurden? Der Gottes Gnade chancenlos ausgeliefert war? Calvins Radikalisierung von Luthers Ablehnung jeglicher »Werkgerechtigkeit« klang konsequent. Aber sie machte die Rechnung ohne den Wirt: den ängstlichen Erdenwurm, der wenigstens ungefähr wissen will, worauf es mit ihm hinausläuft, wenn er es schon nicht beeinflussen kann.

Der geniale Trick des Protestantismus: Erfolg nicht als Ursache, sondern als *Ergebnis* der Erwähltheit. Egal was der Mensch hienieden schafft und rafft, bewirken kann er damit in Hinsicht auf sein Seelenheil gar nichts. Aber sollte Gott ihn tatsächlich erwählt haben, dann wird er sein fleißiges Streben gewiss segnen.

Ist der Mensch dagegen verdammt, kann er sich krummlegen, wie er will, es wird nie und nimmer zu etwas führen. Mit dem Arbeitserfolg war das Gütezeichen göttlichen Wohlwollens gefunden, nach dem man verzweifelt gesucht hatte. Weltlicher Erfolg und himmlische Heilsgewissheit vereinigten sich zu einer geschichtsträchtigen Macht. So sei der Kapitalismus entstanden, behauptete Max Weber.

Die ersten Kapitalisten waren folglich keine Prasser und vergnügungssüchtigen Playboys, sondern arbeitswütige Unternehmer. Fleiß und Sparsamkeit, Arbeit und Askese gingen ein Bündnis ein. Die neuen Reichen steckten jeden Gewinn, den sie erwirtschafteten, in ihr Unternehmen. Gewinn diente fortan nicht nur als Ersatz für das Verbrauchte und zur Absicherung des Erreichten, sondern wurde zur Bedingung für ein ständiges Mehr an Produktion. Arbeit, Ersparnis, Investition, Innovation, Wohlstandszuwachs – dieser ewige Kreislauf ist bis heute das Mantra des Kapitalismus. Mit dem Unterschied, dass die degenerierten Nachkommen der ersten Kapitalisten von deren Tugenden nichts mehr wissen wollen. Und dass die Gier nach Mehr ständig zum Selbstzweck zu werden droht. Mit seiner Enzyklika »Rerum novarum«, einem Gründungsdokument der christlichen Soziallehre, geißelte Papst Leo XIII. 1891 diese neuzeitliche Gier nach immer mehr und ihren rastlosen »Geist der Neuerung«.

Aufs Neueste waren die neuen Unternehmer aus, damit am Ende jedes Investitionszyklus mehr herauskam als beim vorigen. Nicht Heil, aber anfangs wenigstens noch mehr Heilsgewissheit. Irgendwann nur noch mehr. Das Interesse am Neuen, an Innovation, unterschied sie aber von vornherein von ihren mittelalterlichen Vorfahren, für welche lediglich die althergebrachte Tradition maßgebend war. Wiederholung des durch die Erfahrung Erprobten war die mittelalterliche Wirtschaftsmaxime. Die mittelalterliche Philosophie verharrte über weite Strecken bei der Weitergabe alter Weisheiten durch Kommentierung der etablierten Autoritäten, und die mittelalterliche Wirtschaft versteifte sich auf die Erhaltung der Traditionen und Gewohnheiten durch Nachahmung der Arbeit der Vorfahren.

Damit war es nun vorbei. Für die Kapitalisten war nicht maßgebend, was gestern richtig war, sondern nur, was jetzt und in Zukunft Erfolg brachte. Die frühen Kapitalisten verstanden sich als mutige Eroberer. Der moderne Unternehmer trat deshalb nicht zufällig zur gleichen Zeit auf die geschichtliche Bühne wie Vasco da Gama, Christoph Kolumbus oder Bartholome Diaz. Entdecker und Unternehmer waren Zeit- und Gesinnungsgenossen. Beide suchten im Abenteuer von Erfindung und Expedition das Neue. Das war ihr Risiko.

Diesem Geist ewiger Grenzüberschreitung huldigte in einer ebenso seltsamen wie epochalen Art von Arbeitsteilung auch der Sozialismus. Die Streiter für die Sache der Arbeiterklasse zeigten sich sogar oft noch arbeitsseliger als ihre Antreiber. Frühe und späte Sozialisten verherrlichten die Arbeit geradezu und verachteten die Faulheit lautstärker als jeder Bürger. Saint Simon verspottete Adel, Geistlichkeit und Staatsrentner als Drohnen der Gesellschaft. »Nehmen wir an, Frankreich verlöre zur gleichen Zeit alle Großwürdenträger, Staatsminister (mit oder ohne Portefeuille), Staatsräte, die Sachbearbeiter für Petitionen im Staatsrat (Maîtres de requêtes), Marschälle, Kardinäle, Erzbischöfe, Bischöfe, Großvikare und Domherren, alle Präfekten und Unterpräfekten, Ministerialangestellten, Richter und dazu noch die zehntausend reichsten Eigentümer von denen, die vornehm leben. Dieses Ereignis würde sicherlich die Franzosen betrüben, weil sie gute Menschen sind und nicht gleichmütig eine so große Zahl ihrer Mitbürger plötzlich verschwinden sehen könnten. Doch würde der Verlust von dreißigtausend Personen, die als die wichtigsten im Staate angesehen werden, nur ihrem Gefühl

Schmerzen bereiten, denn es entstünde hieraus kein politisches Unglück für den Staat.« Hauptsache, es behielte seine genialen Männer in der Wissenschaft und in den Künsten, dem Handwerk und dem Gewerbe. Die Würdenträger sind Vergangenheit, die Produzenten die Zukunft.

Diese frühsozialistische Frontstellung gegen das Ancien Régime verdeckte anfangs sogar den Klassengegensatz zwischen Industriellen und Proletariern. Am Ende aber blieb dem Kommunismus auf der moralischen Ebene nur ein ziemlich stumpfes Argument: Im Grunde sei eben auch der Kapitalist ein »Schmarotzer«, ein »Couponschneider«, der selbst nichts Produktives leiste, sondern die Arbeit anderer ausbeute, indem er sich deren – betriebswirtschaftlich gesehen ziemlich ominösen – »Mehrwert« aneigne. Wogegen Unternehmer und Manager bis heute damit prahlen, dass schließlich sie es seien, die 16 Stunden des Tages sowie ihre meisten Wochenenden damit zubrächten, unermüdlich die Arbeit zu organisieren.

Wie auch immer: Der Sozialismus ist wie der Kapitalismus ein Kind der neuzeitlichen Fixierung auf die produktive Arbeit. Mehr noch: Produktion ist Kampf gegen Armut und Unterdrückung, »Wachstum« wird zum nachgerade religiösen Mantra bei der Aufholjagd gegenüber dem Kapitalismus.

Kleine Anthropologie der Arbeit

Was Arbeit ist, können wir nur beantworten, wenn wir wissen, wer wir sind.

»Was bin ich?« Das ist nicht nur das beliebte heitere Beruferaten im Fernsehen. Es ist eine Existenzfrage. Und wir beantworten die Frage, wer oder was wir sind, ja meist tatsächlich mit der Auskunft, was wir arbeiten. Auf die Frage »Und was bist du?« folgt fast immer eine Berufsbezeichnung. Schon in den Mythen, die vom Ursprung des Menschengeschlechts berichten, spielt die Arbeitskraft der Helden eine entscheidende Rolle. So etwa im Mythos von Prometheus.

Einst beschlossen die Götter, sterbliche Geschöpfe zu schaffen. Den Titanen Prometheus und Epimetheus übertrugen sie die Aufgabe, jeder Gattung die Kräfte so zuzuteilen, »wie es ihr zukomme«. Die beiden Beauftragten einigten sich auf eine Arbeitsteilung: Epimetheus war für die Vergabe der Fähigkeiten zuständig, Prometheus sollte das Ergebnis prüfen. Epimetheus überlegte sich eine durchaus gerechte Systematik:

»Bei der Verteilung nun verlieh er einigen Stärke ohne Schnelligkeit, die Schwächeren aber begabte er mit Schnelligkeit; einige bewaffnete er, anderen, denen er eine wehrlose Natur gegeben, ersann er eine andere Kraft zur Rettung. Welche er nämlich in Kleinheit gehüllt hatte, denen verlieh er geflügelte Flucht oder unterirdische Behausung, welche er aber zu bedeutender Größe ausgedehnt, die rettete er eben dadurch, und so auch verteilte er alles Übrige ausgleichend. Dies aber ersann er so aus Vorsorge, dass nicht eine Gattung gänzlich verschwände.«

Epimetheus erwies sich damit als fürsorglicher Schöpfer, der jede Schwäche durch einen anderen evolutionären Vorteil zu kompensieren trachtete. Zudem verschaffte er allen Lebewesen eine artgemäße Grundausrüstung zum Überleben, und er vergaß nicht einmal, ihnen je spezielle natürliche Ressourcen als Nahrung zuzuweisen:

»Durch Bekleidung mit dichten Haaren und starken Fellen, hinreichend, um die Kälte, aber auch vermögend, die Hitze abzuhalten, und außerdem zugleich jedem, wenn es zur Ruhe ging, zur eigentümlichen und angewachsenen Lagerbedeckung dienend. Und unter den Füßen versah er einige mit Hufen und Klauen, andere mit Haaren und starken, blutlosen Häuten. Hiernächst wies er dem einen diese, dem anderen jene Nahrung an, dem einen aus der Erde die Kräuter, dem anderen von den Bäumen die Früchte, einigen auch verordnete er zur Nahrung anderer Tiere Fraß. Und diesen Letzteren verlieh er dürftige Zeugung, dagegen den von ihnen verzehrten eine vielerzeugende Kraft, dem Geschlecht zur Erhaltung.«

So weit, so gut. Der ausgeklügelte Verteilungsplan gelang vorzüglich – bis kurz vor Schluss. Epimetheus übersah nämlich im Eifer seines Tuns den Menschen. Unbemerkt hatte er »schon alle Kräfte aufgewendet für die unvernünftigeren Tiere; übrig also war von ihm noch unbegabt das Geschlecht der Menschen.« Während er ratlos vor sich hingrübelt, was angesichts der misslichen Lage dieser Geschöpfe zu tun sei, kommt Prometheus, um das Werk zu beurteilen – und »sieht die übrigen Tiere zwar in allen Stücken weislich bedacht, den Menschen aber nackt, unbeschuht, unbedeckt, unbewaffnet.«

Da haben wir's: Die Schöpfung beginnt mit einem Flüchtigkeitsfehler. Der Mensch ist von Natur aus der zu kurz Gekommene. Was tun? Das Reservoir natürlicher Gaben war ausgeschöpft. Nur im göttlichen Vorrat gab es noch etwas zu holen. Um den Fehler seines Bruders wieder gutzumachen, beging Prometheus einen Diebstahl: Dem Gott Hephaistos stahl er das Feuer und der Göttin Athene die Weisheit. Der Titan wurde für seine großmütige Tat von den Göttern grausam bestraft. An einen Felsen des Kaukasus geschmiedet, nagten Adler täglich an seiner Leber. Der Mensch aber war gerettet. Ohne das Mitleid des Göttergehilfen wäre er gleich zu Beginn der Schöpfung auf der Strecke geblieben. Denn nichts kann der Mensch von Natur aus besonders gut. Er sieht, hört und riecht weit schlechter als die meisten Tiere. Gegen Wind und Wetter schützt ihn kein natürliches Fell. Zur Jagd ist er höchstens leidlich begabt: Zwar ist er ein halbwegs ausdauernder Läufer, aber schneller sind in der Regel die anderen. Vor allem fehlt es ihm an natürlichen Waffen. Weder Krallen noch Reißzähne helfen beim Beutefang, einzig seine kleinen und schwachen Hände hat der Mensch permanent frei, um nach Beute zu greifen. Einigermaßen verlässlich funktioniert das nur bei Obst, Gemüse, Pilzen – und Aas.

Die Macht, das Feuer zu beherrschen, und die Fähigkeit, seinen Verstand zu gebrauchen, sind deshalb die wichtigsten göttlichen Überlebenshilfen für das Mängelwesen Mensch. Prometheus machte aus der Not eine Tugend, aus dem Nachteil natürlicher Schwäche den Vorteil der kulturellen Überlegenheit. Der Mensch – eine glückliche Verlegenheitslösung.

Doch was fangen diese Wesen mit ihren sonderbaren Talenten an, solange sie allein sind? Konnten Verstand und Feuerkraft dauerhaft das Überleben des einzelnen Menschen sicherstellen? Baut er sich Wohnungen, fertigt er sich Kleider und beschafft sich Nahrungsmittel? Kann er allein die rettende Verbindung zu den mächtigen Göttern halten? Wohl kaum. Allein oder in allzu kleine Familiengruppen zerstreut, ist der Mensch der Übermacht der Tiere nicht gewachsen. »Daher wurden sie von den wilden Tieren ausgerottet«, weiß der Mythos zu berichten, »weil sie in jeder Art schwächer waren als diese, und die verarbeitende Kunst war ihnen zwar zur Ernährung hinreichende Hilfe, aber zum Kriege gegen die Tiere unwirksam; denn die bürgerliche Kunst hatten sie noch nicht, von welcher die kriegerische ein Teil ist.«

Also versuchten die Menschen, sich zu sammeln und zu vergesellschaften. Städtebau und Verteidigung waren die nächsten Schritte der Lebensrettung. Aber Dörfer und Städte sind mehr als eine Ansammlung von Höhlen, Hütten und Häusern. Um intern geordnet und nach außen verteidigungsbereit zu sein, bedürfen sie einer Regierung. Diese Einsicht war die Initialzündung für den Schritt des Menschen zum *zoon politikon*, zum Bürger.

Gegen ihre natürlichen Feinde geschützt, begannen die Staaten bildenden Tiere nun leider, übereinander herzufallen; ein

Verhalten, das die meisten Tiere klugerweise meiden, indem sie auf Artgenossen als Beute verzichten. Im Kampf gegen die Natur immer noch hart am Rande ihrer Existenz lebend, bedrohen sich die Menschen nun auch noch gegenseitig. Wobei ihnen Feuerkraft, Verstand, Städtebau und Politik nur allzu gut helfen. »Wenn sie sich aber gesammelt hatten, so beleidigten sie einander, weil sie eben die bürgerliche Kunst nicht hatten, so dass sie wiederum sich zerstreuend auch bald wieder aufgerieben wurden.«

Da erbarmte sich Zeus der Schwächsten: Anders als Darwin setzte der Göttervater beim Menschen nicht auf den Sieg der vital Stärkeren. Der Mensch blieb stets der von Natur aus Schwächere. Aber Dank göttlicher Nachhilfe wurde der Verlierer dennoch zum Sieger. Die entscheidende Hilfe, der letzte Kick der Götter bestand weder in Kraft noch in Hilfsgütern, sondern in der Verleihung zweier immaterieller Gaben, die weder die Tiere und noch nicht einmal die Götter selbst kennen: Scham und Recht. Nicht Muskelkraft macht die Stärke des Menschen aus, sondern Sittlichkeit. Sitte und Institutionen sind seine letzten Lebensretter, sie heben ihn über alle Lebewesen empor. Ohne Scham und Recht steht der Mensch trotz Verstand, Technik und Staat auf verlorenem Posten. Scham- und Rechtlosigkeit zerstören mit der einen Hand, was die andere geschaffen hat.

Den Menschen diese Fähigkeiten zu verleihen, schickte Göttervater Zeus seinen Boten Hermes zu ihnen. Dieser aber, durch den Fehler des Epimetheus offenbar vorgewarnt, fragte die Götter zunächst um Rat, nach welchem Schema er denn nun die Moral verteilen solle: »Soll ich, so wie die Künste verteilt sind, auch diese verteilen? Jene nämlich sind so verteilt: Einer, welcher die Heilkunst innehat, ist genug für viele Unkundige, und so auch die anderen Künste. Soll ich nun auch Recht und Scham ebenso unter den Menschen aufstellen, oder soll ich sie unter alle verteilen?« Eine kluge Frage: Gilt für die sittliche Begabung auch Arbeitsteilung? Soll dort Gleichheit herrschen oder ebenfalls Ungleichheit? Zeus wählte in Sachen Recht und Scham das Gleichheitsprinzip. Davon, auch hier mit Klassenunterschieden zu operieren, hielt der Gottvater wenig.

»Unter allen«, antwortete Zeus Hermes, »und alle sollen teil daran haben; denn so könnten keine Staaten bestehen, wenn auch hieran nur wenige Anteil hätten, wie an anderen Künsten.« In Sachen Moral steht jeder in der Pflicht. Darin stimmen Zeus und der biblische Schöpfer überein. Die Würde des Menschen, in der nach christlicher Überzeugung jede Moral gründet, entspringt einer sittlichen Gleichheit der Kinder Gottes, die all ihre zweifellos unterschiedlichen körperlichen und intellektuellen Fähigkeiten überragt.

Bei der Arbeit jedoch wird differenziert: jeder nach seinen Begabungen. Nicht jeder Unverständige darf mitreden, wenn etwas zu tun ist, hier erhält nur der Spezialist das Wort. Ganz anders bei der Erörterung von Fragen, die alle betreffen: In Sachen Gerechtigkeit ist jedermann Fachmann. »Wenn sie aber zur Beratung über die bürgerliche Tugend gehen, wo alles auf Gerechtigkeit und Besonnenheit ankommt, so dulden sie mit Recht einen jeden, weil es jedem gebührt, an dieser Tugend Anteil zu haben, oder es könnte keine Staaten geben.«

Im Beruf herrscht Spezialisierung, ohne die sinnvolle Arbeitsteilung unmöglich wäre. In der Regelung der allgemeinen Angelegenheiten aber sind alle gefragt. Freilich darf man nicht vergessen, dass im alten Athen nicht jeder Mensch zu den Bürgern zählte. Abhängige galten nicht als solche, Sklaven nicht einmal als Menschen. Zur Zeit Platons lebten in Athen 315.000 Einwohner. Davon waren nur 172.000 Bürger, 28.000 waren Beisassen und 115.000 waren Sklaven. Die klassische attische Demokratie war eine geschlossene Gesellschaft von Privilegierten.

»Der Mensch ist das Schwächste unter allen Lebewesen«,

heißt es schon in Platons Dialog »Protagoras«. Herder erkannte über zwei Jahrtausende später im Menschen ein »Mängelwesen«. Nietzsche bezeichnete ihn als »nicht festgestelltes Tier«. Und die moderne Anthropologie folgt dieser Sicht auf den Menschen in vielen Variationen. Der Schweizer Anthropologe und Naturphilosoph Adolf Portmann nannte den Menschen eine »Frühgeburt«, Helmuth Plessner bestimmte ihn als »exzentrisches Wesen«, das nicht nur Leben hat, sondern sein Leben auch führt, also gespalten ist zwischen Sein und Sollen. Der Mensch ist nicht in seine Natur eingezwängt. Er kann aus seiner »Haut« herausfahren, sich selbst betrachten, über sich nachdenken und sich dabei in Frage stellen. Konsequenz: Der Mensch ist nicht, was er ist (auch nicht, was er isst), er muss sich erst zu dem machen, was er sein soll. Plessner nannte diese Position »natürliche Künstlichkeit«. Arnold Gehlen sieht den Menschen durch sein willkürliches Handlungsvermögen aus der Natur herausgehoben. Anders als das Tier reagiert der Mensch nicht automatisch auf seine natürlichen Antriebe. Er kann innehalten, ihnen in gewissen Grenzen widerstehen, sie unterdrücken, aufschieben oder umlenken.

»Da der Mensch ein unspezialisiertes und auf sich selbst (auch im Gegeneinander zu sich) gestelltes Wesen ist, das keine natürlich angepasste Umwelt trägt, so ist ihm die unmittelbare, sozusagen tierisch natürliche Befriedung seiner Lebensbedürfnisse versagt«, so Gehlen, »denn dieser fehlt der ›kurze Weg‹, auf dem die Instinkte des Tieres durch die reizverwandten Sinne hindurch ihre durch höhere Weisheit der Natur schon bereitliegenden Ziele finden. Er muss die Welt, ursprünglich ein Überraschungsfeld, sich erst handlich und erkennbar, intim und verwendbar machen, nur in geplanter und sachgemäßer Arbeit sich das zu beschaffen, was er braucht und was niemals schon zur Verfügung steht.«

Die Handlung wird dadurch zur menschlichen Arbeit, weil vor die Handlung die Möglichkeit gesetzt wird, zu erwägen und zu entscheiden. Auch Karl Marx sah die Eigenart des Menschen in dessen Fähigkeit, seinen Naturtrieb in der Arbeit zu überwinden: »Das Tier produziert unter der Herrschaft des unmittelbaren physischen Bedürfnisses, während der Mensch selbst frei von physischen Bedürfnissen produziert und erst wahrhaft produziert in der Freiheit von ihm.« Im Bruch zwischen Antrieb und Arbeit liegt die Chance der Freiheit des Menschen begründet.

In der Arbeit füllt der Mensch zugleich die Lücke, welche die Natur ihm offen gelassen hat. Es ist eine besondere Ironie der Schöpfung, dass der Lückenbüßer Mensch seine Mitgeschöpfe, die Tiere, durch sein naturwidriges, instinktwiderständiges Handlungsvermögen übertrumpft. Aus dem, was ihn in der Natur unterlegen macht, macht der Mensch seinen Triumph über diese. Schwäche wendet sich in Stärke. Denn der Mensch ist deshalb das vielseitigste Tier, gerade weil er so unspezialisiert ist. Was ihm die Natur vorenthalten hat, muss er durch Kultur kompensieren. Der Mensch, so der Philosoph Odo Marquardt, ist der »Homo compensator«. Und das Mittel der Kompensation ist die Arbeit. Anders als jedes Tier hat der Mensch daher auch kein natürliches Habitat: »Wir sehen«, so Arnold Gehlen, »wo wir auch hinblicken, den Menschen über die Erde verbreitet, und trotz seiner Mittellosigkeit sich zunehmend die Natur unterwerfen. Es ist dabei keine Umwelt, kein Inbegriff natürlicher und urwüchsiger Bedingungen angebbar, die erfüllt sein muss, damit der Mensch leben kann, sondern wir sehen ihn überall unter Pol und Äquator, auf dem Wasser und auf dem Lande, im Wald, Sumpf, Gebirge und Steppe sich halten.«

Arbeit ist für den Menschen aber nicht nur der Ausgang aus seiner kreatürlichen Hilflosigkeit, sondern Erfüllung seines menschlichen Wesenskerns. Sie ist »ein Gut des Menschen für sein Menschsein«, wie Papst Johannes Paul II. 1981 in seiner Enzyklika *Laborem Exercens* schrieb. Was ist dieses Gut, diese

Gabe namens Arbeit? Jedenfalls etwas anderes als toter Besitz. In der Arbeit verwandelt der Mensch sich selbst und die Natur. Ausdrücklich stellt die christliche Soziallehre die Arbeit über das Kapital. »Man muss den Primat des Menschen im Produktionsprozess gegenüber den Dingen unterstreichen und herausstellen. Alles, was den Begriff ›Kapital‹ – im engeren Sinne – umfasst, ist nur die Summe von Dingen. Der Mensch als Subjekt der Arbeit und unabhängig von der Arbeit, die er verrichtet, der Mensch und nur er allein ist Person«, so der Papst.

Anders gesagt: Der Wert der Arbeit spiegelt sich nicht nur im objektiven Arbeitsergebnis, sondern im subjektiven Sinne der Menschwerdung durch Arbeit. Der Vorrang der Arbeit vor den anderen Produktionsfaktoren ergibt sich daher nicht nur aus ihrer Zweckmäßigkeit, sondern aus der Seinsordnung selbst. »Die Ordnung der Dinge muss der Ordnung der Personen dienstbar gemacht werden«, stellte schon das II. Vatikanische Konzil lapidar fest, und präzisierte so eindeutig die Unterordnung des Kapitals unter die Arbeit. Denn Kapital ist zunächst nichts als eine Ansammlung von Dingen, Arbeit dagegen eine personale Wirklichkeit, in welcher sich der Mensch »verwirklicht«.

Diese wesentliche Überlegenheit der Arbeit über das Kapital wird auch entwicklungsgeschichtlich bestätigt. »Alle Produktionsmittel, von den primitivsten bis zu den ultramodernen, sind nach und nach vom Menschen erarbeitet worden, von seiner Erfahrung und Intelligenz.« So sei alles, was der Arbeit und damit dem Menschen dient, selbst »eine Frucht der Arbeit«, heißt es wiederum in *Laborem Exercens*.

Allerdings ist nicht jedwede menschliche Tätigkeit auch schon Arbeit. Dem Atmen beispielsweise fehlt die dafür nötige Freiheit vom natürlichen Antrieb. Arbeit ist gewollte, absichtliche, nicht biologisch zwanghafte Handlung. Der Mensch ist jenes Lebewesen, das sein Handeln selbst bestimmt. Ja, er muss handeln, um sich in der Überwindung von Widerständen seiner selbst gewiss zu werden. Antoine de Saint-Exúpery, der Dichter des »Kleinen Prinzen«, sagt das poetisch einfach: »Der Mensch entdeckt sich, wenn er sich an Widerständen misst.« Hegel und Marx formulieren es philosophisch anspruchsvoller. Beide Denker erkannten in der Arbeit jene Entäußerung, in welcher der Mensch zu sich kommt. Die Gegenständlichkeit, die er mit der Arbeit zustande bringt, ist der Spiegel, in dem er seiner selbst ansichtig wird. In der Objektivität seines »Produktes« erkennt der Mensch seine Subjektivität.

Marx schreibt in der »Deutschen Ideologie« bewundernd über seinen Antipoden Hegel, dessen Philosophie er vom Kopf auf die Füße stellen wollte: »Das Große an der Hegel'schen Phänomenologie ist (...), dass Hegel die Selbsterzeugung des Menschen als einen Prozess fasst, die Vergegenständlichung als Entgegenständlichung, als Entäußerung und als Aufhebung der Entäußerung: dass er also das Wesen der Arbeit fasst und den gegenständlichen Menschen, weil wirklichen Menschen, als Resultat seiner eigenen Arbeit begreift. (...) Die Weise der Produktion ist nicht bloß nach der Seite hin zu betrachten, dass sie die Reproduktion der physischen Existenz des Individuellen ist. Sie ist vielmehr schon eine bestimmte Art, ihr Leben zu äußern, eine bestimmte Lebensweise derselben. Wie die Individuellen ihr Leben äußern, so sind sie, was sie sind, fällt also zusammen mit ihrer Produktion, sowohl damit, was sie produzieren, als auch damit, wie sie produzieren.« Der Wert der Arbeit besteht also nicht nur im Produkt, sondern vor allem im Produzieren selbst. Der Mensch erfährt sich nicht nur in dem, *was* er erarbeitet, sondern auch darin, *wie* er arbeitet. Marx hat mit dieser dialektischen Struktur den paradoxen Weg der Arbeit als einer Entäußerung beschrieben, die zu sich selbst zurückführt. Der Weg zur Eigentlichkeit des Menschen führt über die Entfremdung. Die Entäußerung durch Arbeit muss heimgeholt werden, indem der Mensch sich in seiner Arbeit erkennt und so die Entfremdung überwindet.

Symbolische Arbeit: Sprache, Kunst, Religion

Auch die höchste Form zielgerichteten menschlichen Handelns, die künstlerische Gestaltung, ist eine Form der Arbeit, vermutlich sogar eine ihrer frühesten. Wahrscheinlich war das Singen und Sagen die erste »Arbeit« des Menschen. Bevor er den Faustkeil erfand, musste er seine überschäumenden Emotionen bändigen. Im Singen und Sagen drückte der Mensch seine Gefühle aus und formte sie. Beides, Singen und Sagen der Menschen, sind etwas anderes als das Schreien und Brüllen, das wir von Tieren kennen. Musik und Sprache, beide von Anfang an eng miteinander verbunden, sind geformter Ausdruck, nicht purer, instinktiver Reflex.

»Ich behaupte«, schreibt der amerikanische Kulturhistoriker Lewis Mumford in »Mythos der Maschine«, »dass auf allen Entwicklungsstufen die Erfindungen und Neuerungen weniger dazu bestimmt waren, die Nahrungsvorsorge zu verbessern oder die Herrschaft über die Natur zu erweitern, als die immense organische Anlage des Menschen zu nutzen und seine latenten Möglichkeiten auszudrücken, um seine übergeordneten Bedürfnisse und Wünsche adäquat zu erfüllen.« Das Bedürfnis, seinem Selbst, seinen Ängsten und Wünschen, seinen Hoffnungen und Erinnerungen Ausdruck zu verleihen, übertrifft die materiellen Bedürfnisse des Menschen. Sein inneres Erleben geht dem äußeren Überleben voran, erst der Traum besiegt die Not.

Die Entwicklung einer symbolischen Kultur war für die Menschwerdung des Menschen deshalb wichtiger als die Verbesserung seiner mangelhaften animalischen Ausstattung. Immaterielle Ausdrucksbedürfnisse, die den Menschen zur Sprache drängten, bestimmten ihn stärker als der Gebrauch von Werkzeugen. »Die Entstehung der Sprache – als Steigerung primitiver Ausdrucks- und Übermittlungsfunktionen – ist unvergleichlich wichtiger für die menschliche Entwicklung als ein ganzer Berg von Handäxten«, so Lewis Mumford.

Mit anderen Worten: Es waren die Rituale, die den Menschen vom Tierreich trennten, und nicht die Technik. Der Mensch ist mehr als ein Werkzeuge gebrauchendes Tier. Die Koordination von Händen und Fingern, die zur Herstellung von Werkzeugen erforderlich ist, bleibt weit hinter dem organischen Zusammenspiel zurück, das für die Entwicklung der artikulierten Sprache benötigt wird. Zu sprechen ist eine größere Koordinationsaufgabe, als Bäume zu fällen. Umgekehrt ist die Weitergabe von Erfahrungswissen die Voraussetzung für die »Erfindung« und allmähliche Verbesserung von Werkzeugen, die über zufällig gefundene und benutzte Naturgegenstände hinausgehen. Letztere Art des Werkzeuggebrauchs ist deshalb ja auch im Tierreich bekannt. Der planvoll behauene Faustkeil aber ist ohne vorherigen sprachlichen Austausch undenkbar.

Im Unterschied zu Faustkeilen findet sich von den Liedern und Reden der Menschen leider nichts in den frühgeschichtlichen Gräbern. Melodien kann man nicht mit ins Grab nehmen. Die wenigen, wenngleich großartigen Bildwerke des frühen Menschen lassen der Interpretation allzu weite Spielräume. Und die Schrift ist nun einmal ein relativ spätes Produkt der Kultur. Daraus allerdings zu schließen, die Menschheitsentwicklung *beginne* mit der Erfindung des Faustkeils, könnte eine archäologische Falle sein, in der man dem Schein des haltbarsten Stoffes aufsitzt. Wahrscheinlicher ist, dass der *Homo ludens* ein Vorfahre des *Animal laborans* und des späteren *Homo faber* war.

Die Sprache steht am Beginn der Menschheit. In grandioser Kühnheit setzt daher die christliche Theologie das Wort an den Anfang der Schöpfung. Es ist der Inbegriff der göttlichen Vernunft, an welcher der Mensch teilhat. »Im Anfang war das Wort«, hebt das Johannesevangelium an. Der Kirchenvater Augustinus deutet später das *Wort* Gottes als den *Sohn* Gottes, weil der Vater in ihm sein Wesen ausspricht.

Trotzig setzt Goethes *Faust* diesem göttlichen Logos den aufständischen, prometheischen Satz entgegen: »Im Anfang war die Tat.« Das ist die Parole des abendländischen Titanenkampfes zwischen Vernunft und Wille. Das Programm der Vernunft ist Ordnung, das des Willens aber Herrschaft. Die Hypostasierung der Tat ist die Faust'sche Emanzipation des Willens von der Vernunft und zu guter Letzt die Ablösung der Arbeit vom Sinn. Die Tat macht sich autonom. So heißt es im *Faust II:*

»Mephisto: Und also willst du Ruhm verdienen. Man merkt's, du kommst von den Heroinen.

Faust: Herrschaft gewinn' ich, Eigentum! Die Tat ist alles, nichts der Ruhm.«

Das ist der Inbegriff der Faust'schen Lehre: Echolose, taube Arbeit, ohne jeden Ruhm, sprich: Anerkennung durch die Mitmenschen. Der Lohn der Tat ist Macht und Eigentum. Das Haben als Eroberung von Besitz erhebt sich über das Sein. Der neuzeitliche Kapitalismus könnte nicht besser beschrieben werden. Die »befreite Arbeit« ist die entfesselte Arbeit, also Arbeit um ihrer selbst willen – herausgelöst aus allen Sinnzusammenhängen. Der Egozentriker Faust kann nur durch Machen befriedigt werden. Losgelöst vom Logos aber wird die Arbeit ein Instrument zur Zerstörung der Schöpfung.

Dieser Zwiespalt der Arbeit ist schon im biblischen Schöpfungsbericht enthalten: Arbeit einerseits als Herrschaftsauftrag an den Menschen, sich die Erde untertan zu machen, und Arbeit andererseits als verantwortliche Hege der Schöpfung. Dazwischen oszilliert der biblische Arbeitsbegriff. »Seid fruchtbar und mehret euch und füllet die Erde und macht sie euch untertan.« Im ersten Schöpfungsbericht (Gen 1,28) ist Arbeit Herrschaft. Im zweiten Bericht (Gen 2,15) dagegen heißt es: »Gott, der Herr, nahm also den Menschen und setzte ihn in den Garten Eden, damit er ihn bebaue und hüte.« Das ist das Mandat der Verantwortung für die Schöpfung.

Tätiger Logos oder vernunftlose Tat, diese Alternative markiert die Weggabelung zwischen einem Arbeitsverständnis, nach dem der Mensch entweder seine vorgegebene Wesensnatur erfüllt oder sich selbstherrlich zuerst über die äußere Natur, dann über seine eigene, innere Natur erhebt. Am Ende glaubt er dann, sich wie einen faustischen Homunkulus selbst bearbeiten, verbessern, »optimieren« zu können. Zunächst kommt diese Ermächtigung des Tatmenschen noch als Idee, »Geschichte zu machen«, daher. Die großen Männer setzen sozusagen den kleinen Mann in Bewegung – oder die Masse drängt selbst zur Macht, notfalls ohne Rücksicht auf individuelle Verluste. Dann wird der Selbstschöpfungswahn des Menschen auf den natürlichen Kampf ums Dasein zurückgebogen. Er pervertiert zur Rassenlehre. Und heute kommt er im wissenschaftlichen Gewande der modernen Genetik daher. Womit wir wieder beim Homunkulus sind: Ohne Schmerz, Leid oder Opfer schafft der Mensch sich selbst im Labor als optimiertes Produkt aus den besten aller möglichen Zellen.

Ist das noch Medizin oder schon wieder Alchimie, wenn die Experten des humanen Design in Petrischalen ungünstige oder auch bloß unerwünschte Eigenschaften eines Individuums aus seiner Keimbahn kegeln? Arbeit als Erfüllung oder Erschaffung – könnte sich an dieser Frage das Schicksal der Menschheit entscheiden, die freigelassen aus jeder Verantwortung ihre Arbeitskraft der Selbstabschaffung zuwenden kann?

Arbeit, Technik, Wissen.
Auf dem Weg von der Materie zum Geist?

Der Mensch wird, wie wir gesehen haben, durch seine Fähigkeit zu arbeiten wesentlich bestimmt. Arbeit unterscheidet sich von animalischem Tun, das im Triebreflex gefangen bleibt, dadurch, dass unser Handeln durch Vernunft verursacht und gesteuert ist. Die Arbeit des Menschen, seine spezifisch humanen Entäußerungen, sind etwas grundsätzlich anderes als die Entfaltung einer Blüte, der Stoffwechsel einer Kuh, aber auch etwas anderes als die Explosion einer Atombombe. Arbeit ist weder ein willenloser noch ein sinnloser Akt. Sie ist willentliche sinnerfüllte Tätigkeit, durch die der Mensch auf sich und die Welt einwirkt.

Wir leben in einer erarbeiteten Welt. Arbeit im umfassenden Sinne schließt Herstellen und Handeln ein. Die Dinge, die wir herstellen, umstellen uns, und das Handeln schafft unsere menschlichen Beziehungsgeflechte. Wir sind von Bedingungen umgeben, die wir selber geschaffen haben und die uns rückwirkend schaffen. »Die Welt, in der die Vita activa sich bewegt, besteht im Wesentlichen aus Dingen, die Gebilde von Menschenhand sind; und diese Dinge, die ohne Menschenhand nie entstanden wären, sind wiederum Bedingungen menschlicher Existenz«, sagt Hannah Arendt. Die Arbeit steht somit vor einer spannungsgeladenen Doppelaufgabe: Sie verändert den Arbeiter (perfectio operantis), und sie verändert die Welt (perfectio operis).

Die moderne philosophische Anthropologie hat diese Dualität lange vernachlässigt, indem sie sich auf die direkten Wirkungen der Arbeit auf den Menschen konzentriert hat. Dabei übersah sie die indirekten Folgen der revolutionären Umwälzungen, die Arbeit und Technik in Natur und Gesellschaft bewirkten. Im Zeitalter der technischen Automation wird das Arbeitsergebnis unmittelbar selbstständiger, verändert jedoch die Welt, in der die Menschen leben, mehr, als es je durch handwerkliches Schaffen zustande gebracht wurde. Indem er die Welt immer schneller und immer tiefgreifender verändert, gerät auch der Mensch unter größeren Veränderungsdruck. Der Weg vom Arbeitssubjekt über das Arbeitsobjekt zum Subjekt zurück wird verschlungener und undurchschaubarer. Schließlich verändert sich das Verhältnis zwischen »Herr und Knecht« – der Mensch fügt sich seinen Produkten. »Die ich rief, die Geister, werd' ich nun nicht los.« (Goethe)

In der neuzeitlichen Technik werden die Kräfte der Natur so umgeformt, dass ihr Ursprung sich unserer unmittelbaren Wahrnehmung immer mehr entzieht. Die Atomkraft ist, anders als Wind-, Wasser- und Kohlekraft, sinnlich nicht fassbar. Indem menschliche Arbeit, das heißt die Anwendung von Geist auf Materie, die Stofflichkeit der Natur in nie gekanntem Umfang dynamisiert, wird die Natur im Wortsinne immer weniger begreifbar. Das ist in gewisser Weise paradox, ist Technik doch eigentlich der Versuch, die Natur zu entschlüsseln und ihre Kräfte zu bändigen. Doch derzeit beginnt offenbar ein Abschnitt der Naturgeschichte, in der auch die gebändigte Natur wieder wild wird. Und das Instrument dieser Entfesselung der Natur ist offenbar die moderne Technik selbst. Sie verzaubert die Natur erneut zu einem Geheimnis. Wir handhaben »Naturgesetze«, die wir nicht völlig verstehen, und überlassen ihre Bändigung eingeweihten Auserwählten. So nähert sich die Technik wieder der Magie. Wir produzieren giftigen Atommüll und wissen nicht, wie wir ihn entsorgen sollen. Auch das ist Magie.

Moderne Technik vergrößert den Abstand zwischen uns und der Stofflichkeit der von uns bearbeiteten Welt immer mehr. Die

Informatik entmaterialisiert die Arbeit. Ihre Produktivität lässt sich zum Beispiel nicht mehr am Verhältnis von Arbeitszeit zu Arbeitsergebnis ermessen. Quantitative Kategorien treten hinter qualitativen zurück. Relativ gesehen nimmt der Materialanteil an der Produktion beständig ab. Seit 1980 hat sich das Bruttoinlandsprodukt der Bundesrepublik mehr als vervierfacht. Der materielle Ressourcenverbrauch stieg dagegen »nur« um 62 Prozent. Wir stellen mit weniger Material mehr her dank gestiegener Produktivität. Nicht dass sich Arbeit und Produktion irgendwann gänzlich entstofflichen würden. Derzeit steht nicht einmal zu hoffen, dass wir den Raubbau an unseren natürlichen Lebensgrundlagen beenden und zu einer nachhaltigen Weise des Wirtschaftens finden, die gleichsam nicht mehr Holz schlägt, als im Wald nachwächst. Selbst wenn wir relativ weniger Material verbrauchen, steigt doch der absolute Materialeinsatz, weil wir insgesamt immer mehr konsumieren. »Die Erde wird knapp.« Schon beginnen Länder wie China, ihre Rohstoffausfuhren zu beschränken.

Wissen ist der »Stoff« der neuen Produktivität, die neue Vermögensform der postmodernen Gesellschaft. In der klassischen nationalökonomischen Trias Arbeit-Boden/Natur-Kapital noch gar nicht berücksichtigt, ist Wissen als Produktionsfaktor heute schon wichtiger als Kapital.

Doch die viel beschworene »Wissensgesellschaft« formt das Wesen von Eigentum und Markt um. Im traditionellen Gütertausch wechselt das Eigentum den Besitzer. Der eine gibt etwas her, was er danach nicht mehr hat, und wofür er etwas anderes eintauscht. Auf dem Wissensmarkt dagegen behält der Verkäufer seine »Ware« weiterhin im Besitz. Was ich weiß, weiß ich auch, wenn ich mein Wissen weitergegeben habe. Das verändert den Charakter der Tauschwirtschaft. Die unkontrollierte – und häufig unbezahlte – Weitergabe digitaler Inhalte wie Musik oder Texte im Internet ist hier nur der leise Vorbote gewaltiger wirtschaftlicher Umwälzungen. Letztlich geht es um eine sehr grundsätzliche Frage: Unterwandert Wissensarbeit das Eigentum?

Die Märkte für Wissen und Information, das heißt für technisches Wissen, für Prozesswissen, aber auch für Kunst oder soziale Ideen, sind, anders als der Äquivalententausch auf dem Gütermarkt, kein Nullsummenspiel. Diese Tatsache wurde nur lange Zeit dadurch verdeckt, dass eben auch geistige »Waren« stofflich gebunden waren, sei es nun an Bücher, an Tonträger, an Leinwände oder an Filmrollen. Die völlige Entstofflichung geistiger Güter durch Digitalisierung wirft daher nicht nur die Frage auf, wie man die Urheberrechte ihrer Produzenten auch künftig durchsetzen kann. Vielmehr stellt sich die Frage nach dem geistigen Eigentum insgesamt neu, das sich ja als Rechtsgut bislang ganz am dinglichen Eigentum orientierte. Letztlich müssen wir uns fragen: Sollen bzw. wollen wir diese Art von Arbeit überhaupt noch bezahlen? Oder, noch zugespitzter: Wie soll eine Wirtschaft funktionieren, in der die Bedeutung der Handarbeit tendenziell weiter abnimmt, die der Kopfarbeit weiter wächst, in der aber keiner für den Produktionsfaktor Nummer 1 – Wissen – einen gerechten Preis bezahlen will?

Dieses Paradox wird noch deutlicher, wenn man versteht, warum Wissen den Wohlstand der Nationen in ganz anderen Relationen steigert als die stoffliche Produktion. Auf dem Gütermarkt werden Dinge äquivalent getauscht. Leistung und Gegenleistung bleiben im Gleichgewicht. Der Wohlstand der Beteiligten wächst zwar, weil die Dinge dahin gelangen, wo sie gebraucht werden. »Mehr« werden sie im Tausch dagegen nicht.

Wissenstausch dagegen ist Wissenserweiterung. Wissen sozialisiert sich, die Zahl der Wissenden und damit das Wissen selbst »vermehren« sich, und das, obwohl zugleich viel Wissen veraltet, ergo wertlos wird. Ebenso verändern sich die Verhältnisse, in denen produziert wird: Netzwerke verdrängen Hierarchien. Herrschaft kippt von der horizontalen in die vertikale Dimension. Sachkapital weicht Wissenskapital. Dienstleistungen ersetzen Güter. Zugang wird wichtiger als Haben. Es spricht einiges dafür, dass vertraute Grundsätze der Volks- und Betriebswirtschaftslehre hier an Grenzen stoßen.

Man könnte auf den verwegenen Gedanken kommen, die Menschheit werde im Wissenstausch tatsächlich gescheiter. Bahnt sich gar ein Aufstieg der Gattung an? Versöhnt sich die Bio- mit der Noosphäre, wie der französische Philosoph und Anthropologe Teilhard de Chardin bereits 1922 vorausahnte? Erfüllt sich gar seine Vision von der Vergeistigung der Welt?

Teilhard de Chardin hat diese Vergeistigung nicht als pure Intellektualisierung oder gar als bloße Gefühlsbewegung gesehen, sondern als eine Vision, die zum »Sinn der Fülle« führt. Das Bewusstsein, das er »Sinn der Fülle« nennt, darf mit anderen Leidenschaften der Seele nicht verwechselt werden, seien es die Freuden des Wissens, des Entdeckens, des Schaffens oder der Liebe. Chardin vergleicht den »Sinn der Fülle« mit einer »unwiderstehlichen Sehnsucht« des Menschen nach einem Zustand zwischen dem, was ihn an die Erde bindet, und einer überirdischen Frömmigkeit.

Arbeit ist in dieser Vision das Instrument der Heimholung der Welt ins »Licht Gottes«. In der Arbeit vereinigen sich Geist und Materie. Arbeit ist Mitwirkung an der Vollendung der Schöpfung. Als Entdecker, Nutznießer und geistiger Baumeister der Natur ist der arbeitende Mensch eine Art Demiurg der Entfaltung von Gottes Werk. Diese Tätigkeit an der Natur ist Teilhabe am »göttlichen Tun«. In der Sprache der Mystik beschreibt Chardin die Entwicklung des Kosmos als Wiedervereinigung mit Gott. Im Prozess der Umwandlung und Verwertung von Materie kommt es zur Vergeistigung der Welt. Der Sinn des Kosmos und die christliche Hoffnung auf Erlösung finden in dieser Konvergenz von Geist und Materie ihr Ziel.

Der erste Anruf kommt von der Materie. Als Kind, so berichtet Teilhard de Chardin, fand er in dem »kleinen Jesus« den »Gott des Eisens«. In ihm meint er, dem »inneren Kern« der Materie begegnet zu sein. Doch die Unterständigkeit des Eisens treibt ihn ins Planetarische. Die Säulen seiner Vision sind: Materie, Leben und Energie. Teilhard de Chardins Suche ist ein mystisches Unterfangen. Am Ende steht jedoch nicht eine pantheistische Auflösung der Person, sondern im Gegenteil ein personaler Zielpunkt. Alles bewegt sich auf diese personale Erfüllung zu. Die Evolution ist zielgerichtet. Es ist der individuelle Geist, der die Materie durchdringt und dadurch die Welt und sich selbst entfaltet. Am Ende dieser Evolution steht die Offenbarung Gottes. Der krasse Dualismus von Geist und Materie verliert in dieser Vision seine Bedeutungsschwere, weil die Macht der Materie über den Menschen durch den Geist zurückgedrängt wird.

Das alles mag seltsam spekulativ und mystisch klingen. Und doch ist es ganz nah dran an den fassbaren Veränderungen der modernen Arbeitswelt. Arbeit entmaterialisiert sich und wird zunehmend vom Geist, nicht vom Schweiß vorangetrieben. Die Zeichen der Zeit weisen auf ein Ende des Mythos der Maschine. »Entmaterialisierung«, so Lewis Mumford, »und Vergeistigung sind bereits erkennbar.«

Im ersten Schöpfungsbericht des Buches Genesis findet sich der entscheidende Satz, auf den sich das jüdisch-christliche Menschenbild stützt. Gott sprach: »Lasst uns Menschen machen als unser Abbild, uns ähnlich.« Allerdings unterscheiden sich christliche und rabbinische Exegese in ihrem Verständnis, was diese »Imago Dei« bedeutet. Die jüdische Lehre bindet die Gottesebenbildlichkeit des Menschen stärker an seine körperliche Integrität und die Fähigkeit zur Fortpflanzung. Die christlichen

Kirchenväter dagegen erkannten, dass die Würde des Menschen in seiner Seele verankert ist. Die christliche Anthropologie gründet damit stärker im Respekt vor den geistigen, spirituellen und moralischen Dimensionen der Person. Der Begriff der Person ist der rabbinischen Lehre eher fremd. Doch welcher Richtung folgt die moderne Entwicklung? Drängen die geistigen Potenzen nach vorne?

In der christlichen Trinitätslehre entstofflicht sich der Gottesbegriff. Vater, Sohn und Heiliger Geist konstituieren sich in ihrer Relation. Die drei Personen sind ihrer Beziehung wegen eins. Die christliche Theologie gewinnt in der Dreifaltigkeit ihre sublimste Spiritualität. Alles drängt in ihr zur Geistigkeit. Die entscheidende Weichenstellung der klassischen griechischen Philosophie bei Platon und Aristoteles war, dass sie der Form der Materie Vorrang vor ihrem Stoff einräumte. Die Vorsokratiker fahndeten noch nach der ersten Substanz, dem Stoff, aus dem alles entstanden ist, sei es nun Wasser, Luft, Erde oder Feuer. Am ehesten wendete sich noch Heraklit gegen diesen kosmischen Materialismus, indem er hinter allem Stofflichen den »Krieg« ihrer gegensätzlichen Eigenschaften sah. Das Bewegungsgesetz der Materie sowie ihr andauernder Wandel erschienen ihm wichtiger als ihre Substanz. Platon ging noch einen Schritt weiter: Er sah in den »Ideen«, zeitlosen und absoluten Formen, den Urgrund allen Seins. Und auch für seinen Schüler Aristoteles, der Platons radikalen Idealismus verwarf, war das Ziel der Dynamik des Stoffes die Form.

Form oder Stoff, Geist oder Materie – darüber wurde allerdings schon in den alten Mythen gestritten. Eines der klassischen Exempel dieser Debatte war das so genannte »Schiff des Theseus«. Nach alter Überlieferung segelte der Held Theseus nach Kreta, um dort mithilfe Apolls die athenischen Geiseln des Königs Minos, einem Sohn des Zeus, aus dessen Labyrinth zu befreien, das vom schrecklich-schönen Minotaurus bewacht wurde. Angeblich bewahrten die Athener das Schiff ihres Retters und späteren Königs mehr als 1000 Jahre auf. Dabei ersetzten sie stets die verfaulten Schiffsbohlen durch neues Holz. Die Frage, die sie daran knüpften, lautete: Ist das Schiff noch das Schiff des Theseus, obwohl das Holz ständig ausgetauscht worden war? Ja, antworteten die Idealisten, denn es hatte noch die gleiche Form. Nein, erwiderten die Materialisten, sei doch schließlich der Stoff nicht mehr derselbe.

Was zählt: Form und Idee oder Stoff und Körperlichkeit?

Die Schwerkraft des Elends und der Größenwahn der Technik

In unserer heutigen Wegwerfgesellschaft mag diese Frage der buchstäblich konservativen Athener zunächst seltsam klingen. Schließlich verstehen wir unter der »Form« der Dinge heute am ehesten ihr Produktdesign. Und das ändert sich beinahe so schnell wie das Wetter. Form im philosophischen Sinn der alten Griechen war jedoch nicht das Äußerliche, sondern das Wesen der Dinge. Könnte es sein, dass in der postkapitalistischen Gesellschaft die Form und der Geist wichtiger werden als das Geld und das Material? Obwohl wie gesehen einiges dafür spricht, sollte man nicht vorschnell die Fanfare dieses Fortschritts blasen. Denn nach wie vor zieht uns Menschen die Schwerkraft des materiellen Elends nach unten. Nicht minder erschwert der Größenwahn von Technologie und Wissenschaft den Aufstieg. Beide blockieren den Fortschritt. Der Vorherrschaft des Geistes stehen harte Widerstände entgegen. Einerseits innere Blockaden: Geist ist mehr als Wissen. Und die Defizite unserer Weltordnung entspringen nicht Wissensdefiziten. Meist wissen wir in der Sache sehr wohl, wie sich Probleme oder Konflikte lösen ließen. Woran es uns fehlt, sind der »Geist«, sprich die Moral, und der Wille, sie zu lösen.

Andererseits sind die äußeren Probleme, die uns Erdenklöße an die Erde binden, ja keineswegs gelöst, auch wenn wir Bürger der Wissens-, Informations- oder Dienstleistungsgesellschaft uns das gerne vorgaukeln. Noch immer leidet der weitaus größere Teil der Menschheit an Hunger, Durst, heilbaren Krankheiten und oft genug brutaler physischer Gewalt. Das spezifische Gewicht von Ausbeutung ist tonnenschwer. Es erdrückt den Menschen und verhindert geistige Höhenflüge. So hat die moderne Wissensexplosion bislang nichts daran geändert, dass weltweit

- eine Milliarde Menschen hungert;
- eine Milliarde Menschen kein sauberes Wasser bekommt;
- eine Milliarde Menschen keinen Zugang zu medizinischer Versorgung hat;
- Tag für Tag allein 30.000 Kinder an Unterernährung sterben;
- 600 Millionen als Flüchtlinge, Vertriebene oder Wohnungslose ohne festes Dach über dem Kopf leben müssen;
- eine Milliarde Menschen arbeitslos oder unterbeschäftigt sind.

Und während die einen im materiellen Elend zu versinken drohen, überlegen die anderen sich, ob sie demnächst zum Mars fliegen sollten. Wenn das dann doch zu teuer wird, bauen sie wenigstens ein Auto mit 1001 PS. Oder sie wetteifern um den albernen Rekord, wer wohl das höchste Gebäude der Welt bauen kann. Ist doch der Wolkenkratzer seit fast 100 Jahren, vom Prinzip her gar seit biblischen Zeiten, das sichtbarste Symbol der technischen Selbstüberhebung des Menschen.

Lange hatten hier die USA die Nase vorn, besser gesagt: oben. Wollte sich doch das »neue« Amerika gegen das »alte« Europa dadurch profilieren, dass es Städte schuf, die die Welt zuvor nicht gesehen hatte. Auch so eine Ironie des Fortschritts: Ausgerechnet »God's own country« startete den Wettlauf um den neuen Turm zu Babel. Heute kompensieren Südostasiens »Tiger«, Chinas kommunistische Superkapitalisten und Arabiens Ölscheichs auf diese Weise ihre Minderwertigkeitskomplexe gegenüber der westlichen Moderne. Mit Milliarden- und Billionensummen versuchen die neuen Kraftprotze der Weltwirtschaft ihre amerikanischen Vorbilder zu übertreffen. Als wäre es nicht lohnender, Kindersklaven zu befreien und Kinderprostitution zu stigmatisieren, in Bildung statt in Beton zu investieren, Brunnen zu bohren, statt gigantomanische Bauwerke in den Himmel zu stemmen, 1000 Ärzte anstelle eines größenwahnsinnigen Architekten einzustellen.

Babel II: Burj Khalifa

Es ist mehr als nur ein mythisches Menetekel, dass sich bisher alle himmelstürmenden Bauwerke als Untergangssymbole erwiesen haben. Der Turmbau zu Babel war vor über dreitausend Jahren das Signal für den Untergang des babylonischen Reiches. Hoch hinaus zu wollen, um dann umso tiefer abzustürzen, ist seitdem ein ständiges Programm der Menschheit.

Auch im 20. Jahrhundert standen Höhenrausch und Krise in einem geradezu magischen Verhältnis. Das Empire State Building sollte Sinnbild des globalen Triumphes der USA sein. Doch der Einweihungsjubel ging 1931 im Jammer der Großen Depression unter. In Kuala Lumpur wurden 1997 die Petronas Towers mit 452 Metern Höhe als das neue höchste Gebäude der Welt gefeiert. Bald danach gerieten die Tigerstaaten in den Strudel der Asienkrise. Am 4. Januar 2010 wurde in Dubai das mit 810 Metern bislang höchste Gebäude der Welt eingeweiht, der Burj Khalifa. Dubai, je nach Standpunkt der phantastischste Traum oder der irrsinnigste Alptraum der Globalisierung in Relation zur Fläche, rauschte derweil in Richtung Pleite, vor der nur die Hilfe der Nachbaremirate den Zwergstaat bewahren konnte. Dabei sollte das Emirat nach dem Willen seines Herrschers Mohamed bin-Raschid al-Maktum der globalste Ort der Welt werden. Gegenüber vom neuen Wolkenkratzer plante man, nach der bereits realisierten künstlichen Palmeninsel, eine weitere Inselgruppe in Form einer Weltkarte. Nur die drohende Staatspleite stoppte das Projekt, bei dem die Welt dem »Turm des Kalifen« zu Füßen liegen sollte. Auch sonst musste alles vom Feinsten und Größten sein: Flughafen, Seehafen, Media-City, Börse, Opernhaus – vor fast nichts machte die Hybris des Geldes Halt. Mitten in der Wüste wurden sogar Skipisten und Eisbahnen angelegt. Und was man nicht hat, das kaufte man ein. So wie das Emirat Abu Dhabi, das sich mal eben Dependancen des Pariser Louvre und der britischen Universität Cambridge leistete.

Heute stehen die spätpubertären Potenzphantasien der Scheichs vor dem Bankrott. Die Palmeninsel wird vom rauen arabischen Meer unterspült, und nicht mal zu Schleuderpreisen werden die Makler die auf ihr errichteten windschiefen »Luxusbungalows« noch los. Auch der Burj Khalifa entpuppt sich als finanzielles Desaster. 1,8 Milliarden Dollar hat der neue Turmbau zu Babel verschlungen. Weder die gähnend leeren 37 Stockwerke des Armani-Hotels noch die Mieten für 779 Luxusapartments und 43 Büroetagen werden Investoren und Käufern je ihr Geld wieder einbringen. Nur neunzig statt 880 Meter soll die babylonische Mutter aller Wolkenkratzer in den Himmel gereicht haben. »Wohlan, lasst uns einen Turm bauen, dessen Spitze bis in den Himmel reicht, damit wir uns einen Namen machen«, riefen die Himmelsstürmer damals. Bekanntlich endete das Projekt mit der Zerstreuung der Menschheit.

Vom Triumphgefühl, das einst die »Siegreiche Sowjetunion« erfasste, als Juri Alexejewitsch Gagarin am 14.4.1961 in dem Weltraumgefährt »Wostok« für 1 Stunde und 48 Minuten den Erdball umkreiste, ist nicht mehr viel übrig geblieben. Gagarins Großmannsspruch – von seinen ideologischen Großmeistern ihm ins Ohr geflüstert –, er habe dort oben von Gott nichts gesehen, bleibt in Erinnerung als pubertärer Allmachtsanfall einer Großmacht. Angesichts der kosmischen Dimensionen ist Gagarins Weltraumflug ein Grashüpfer-Sprung. Auch die Kommentierung der ersten bemannten Mondfahrt durch amerikanische Journalisten, dass jetzt der erste Schritt getan sei, »um dem Gefängnis der Erde zu entrinnen«, erweist sich ebenso bei nüchterner Betrachtung der Weltraumdimensionen eher als Ausdruck hybrider Überheblichkeit, die im wahrsten Sinne des Wortes den Boden unter den Füßen verloren hat, denn als eine reale Sachstandsbeschreibung.

Auch die spätere Ekstase, welche die amerikanische Mondlandung auslöste, eignet sich bei Licht betrachtet nicht für eine emanzipative Rebellion, mit welcher die Menschheit kosmische Autarkie einleitet. Neil Alden Armstrongs erster Fußtritt auf den Mond war doch nicht ein so »großer Schritt für die Menscheit«, wie die globale Public-Relations-Maschine verkündete. Wahrscheinlich stellt die Erfindung der Sprache, der Musik und der Schrift größere Innovationen für die Menschheitsentwicklung dar, als es selbst die Eroberung des Mars sein würde. Denn auch dieser ist unter kosmischem Aspekt nur ein astronomischer Nachbarschaftspartikel und die Fahrt zu ihm gemessen an den unendlichen Werten des Kosmos eher ein terrestrischer Betriebsausflug.

Die Expeditionen des Aufstiegs der Menschheit führen nach

innen und ins Nicht-Stoffliche. Die materialistischen, nämlich sozialistischen wie kapitalistischen Erfolgsmarken werden vergessen und ihre Rekorde morgen schon verweht sein. Gagarin, Armstrong, Aldrin werden aus dem Gedächtnis verschwunden sein, ebenso wie die Baumeister von Burj Khalifa in Dubai. Niemand wird sich an sie erinnern, wenn immer noch Menschen »Homer« lesen, »Bach« hören, die »Mona Lisa« bewundern – und zu Gott beten.

Der Geist, gefangen in den Netzen der Information

Der Historiker Arnold Toynbee sieht im Gang der Geschichte eine Tendenz zur Verkleinerung und Vereinfachung am Werk, die er als Prozess der Vergeistigung beschreibt. In der Biologie führte die Entwicklung von Riesendinosauriern und hohlköpfigen Reptilien zu kleinen, klugen Säugetieren. In der Technik von der Dampfmaschine zur Nanotechnologie oder vom Großrechner zum Mikroprozessor. Materialeinsparung ohne Leistungsminderung ist eine Variante der Entmaterialisierung. Auf der Gegenbahn aber stampft der Zug ins Gigantische. Beide Tendenzen – Spiritualität und Materialismus – liefern sich einen Titanenkampf. In diesem Kampf geht es auch um das Verständnis der Arbeit. Ist sie Teil einer technischen Mega-Zivilisation oder Bestandteil einer Kultur der Vernunft? Was zählt – Qualität oder Quantität?

Der Kampf der Giganten gehört einer untergehenden Kultur an. Am Ende wird wieder David gewinnen. Doch hinter den Frontlinien von gestern staut sich ein neuer hinterlistiger Konflikt auf, der unsere Zukunft bestimmen könnte: Wer ist Herr im kleinen Haus des Hirns? Löst die Wissensgesellschaft die personale Identität des Menschen auf, indem das Wissen von einem globalen Superhirn aufgesaugt wird? Ist der Mensch dann nur noch eine von vielen

Schnittstellen für den Informationsfluss? Wo hört das Gehirn auf, und wo beginnt der Computer?

Die Neurowissenschaft ist dabei, die Grenzbefestigung zwischen Innen und Außen zu schleifen. Den amerikanischen Wissenschaftlern Ben Strowbridge und Philipp Larimer von der Case Western Reserve University School of Medicine in Cleveland ist es gelungen, Erinnerungen in isoliertem Hirngewebe außerhalb des Körpers festzuhalten. Sie hatten Hirnsubstanz aus dem Teil des Gehirns einer Ratte entfernt, das für das Erinnern zuständig ist. Diese Hirnmasse stimulierten sie mit schwachen Stromstößen. Tatsächlich entsprach die Erinnerungsdauer der eines normalen Kurzzeitgedächtnisses. »Hirn« außerhalb des Menschen ist also bedingt funktionsfähig. Das ist die späte Nachricht vom letzten Menschen.

Als Außenstelle des menschlichen Gehirns bietet sich allerdings eher der Computer an. Am Ende könnte die Frage stehen, wo der »Hauptbetrieb« des Menschen liegt und wo die Filiale. Gehirn oder Computer, drinnen oder draußen? »Mit welchem Gehirn denken sie am meisten, mit dem schwammigen in ihrem Kopf oder mit dem elektronischen Wunderding unter ihren Fingerkuppen?«, fragt der amerikanische Wirtschafts- und Technikjournalist Stephen Baker in seinem Buch »Die Numerati«. Früher hatte unser biologisches Gehirn keine Konkurrenz. Doch inzwischen »weiß« das externe Gehirn im Computer mehr, als wir selbst an Informationen abspeichern können. Es sammelt alles, was es an Daten erfassen kann. Das digitale Gedächtnis weiß, wo wir sind, was wir essen, was wir denken, wer unsere Freunde und wer unsere Gegner sind. Jeder Chat, jeder Klick, jede Google-Suche wird festgehalten. Im letzten Jahr sammelte der Datenvielfraß mehr Informationen, als wir seit den Zeiten der alten Ägypter festgehalten hatten. Dieses Computergehirn komprimiert alle Fakten, die es in seinem Netz aufgefischt hat. Es vergisst nichts und wächst unaufhörlich, während unser hausgemachtes Gehirn seit 40.000 Jahren einigermaßen gleich geblieben ist.

Je mehr Informationen über uns abgerufen werden, umso eher sind wir mit an Sicherheit grenzender Wahrscheinlichkeit berechenbar. Wo bleibt unser kleiner, freier Wille? Wem gehört der Mensch? Sich selbst oder Google? Millionen von Lebensspuren sammelt der automatisierte Spurenleser im Internet, bis er mehr über uns weiß als wir selbst. Nichts bleibt privat und geheim. Nackt und bloß sind wir im Griff unserer Datenbesitzer. Wer dem Internet den kleinen Finger reicht, der hängt schnell mit der ganzen Hand im Netz. Selbst wer sparsam mit der Herausgabe seiner persönlichen Daten ist, kann nicht wissen, was mit den Spuren, die er ungewollt oder pflichtgemäß anderweitig hinterlassen hat, geschieht. Einwohnermeldeamt, Finanzamt, Straßenverkehrsamt – was treiben sie mit unseren Daten? Wer erfährt eigentlich alles, wann ich was wo wie oft mit meiner Bank- oder Kreditkarte bezahlt habe? Wer alles wird die Krankenakte lesen, die demnächst auf meiner elektronischen Versicherungskarte abgespeichert wird? Wie gewinnen wir unsere Autonomie im Netz zurück? Jede Arbeit liefert Fingerabdrücke, die mit anderen Daten verknüpft werden. Irgendwann weiß der Computer mehr über mich als ich selbst. Aus Gegenwart und Vergangenheit extrapolieren andere Internet-Nutzer eine Zukunft, die ich selbst noch gar nicht kenne. »Wenn sie XY gekauft haben, wird ihnen auch ABC gefallen.« Meine Launen werden zu Wünschen, meine Wünsche verdichten sich zu Zwängen. Algorithmen, die als Arbeitshilfen für die schrittweise Lösung von Aufgaben fungieren, füttern ohne mein Zutun einen Daten-Mainstream, in dem das individuelle Subjekt nur noch auftaucht, wenn es das bestellt, von dem das System längst wusste, dass es dies und nichts anderes bestellen würde.

Moderne Navigationssysteme, ob noch fest installiert im Auto, als Mobiltelefone oder als Multifunktionsgeräte für die Westentasche, vertreten das Auge Gottes, das »alles sieht«. Ohne dass ich es überhaupt bemerke, werde ich geortet – und dann gebetener- oder ungebetenerweise zu den Zielen meiner Wünsche geführt. »Sie essen häufig Chinesisch. Nur 200 Meter, und Sie erreichen das Restaurant ›Zum Himmlischen Frieden‹. 54 Kundenbewertungen. Bewertungen ansehen. Tisch reservieren. Abbrechen. Hilfe.« Im nächsten Schritt gleicht das Gerät dann noch meine Outlook-Kontakte ab: »Susi Sorglos ist nur 1,5 km von hier entfernt. Anrufen. Zum Essen einladen. Ignorieren.«

Nach dem Sündenfall rief Gott nach Adam, der sich aus Scham über seine Nacktheit versteckt hatte: »Adam, wo bist Du?« Dabei wusste Gott genau, wo Adam steckte. Aber der Sünder war gewarnt. Gott Facebook ruft nicht mehr. Facebook ist immer schon da. Es bietet seine Positionsangaben freihändig an und reicht sie klammheimlich preiswert weiter. In diesem Netz ist jede Mücke gefangen. »Wenn du anderen deinen Standort mitteilst oder zu etwas, was du auf Facebook stellst, eine Ortsangabe machst, dann behandeln wir dies wie alle anderen von dir geposteten Inhalte«, lässt Facebook seinen Kunden im Kleingedruckten mitteilen. Einverständnis vorausgesetzt, machen die Angaben die Runde und werden klammheimlich mit den Daten anderer Anbieter verknüpft.

Geodaten sind längst ein boomendes Geschäft. Eine Nachricht, ein Foto, ein kurzes Telefonat mit einer auf einen Meter präzisen Angabe von Längen- und Breitengrad verknüpft, offenbaren den jeweiligen Standort, und zwar von Sendern *und* möglichen Empfängern. Die Werbung, die sich an diese digitalen Informationen knüpfen lässt, hält den Kunden an der Leine wie der Angler den Fisch am Angelhaken. Wie von Gottes unsichtbarer Hand gelenkt, landet der potenzielle Kunde bei der nächstgelegenen Konsumgelegenheit, wenn er zur richtigen Zeit am richtigen Ort seine ungebetene Werbeinformation erhält.

Der neue digitale Imperialismus lässt die Alternative zwischen Außen und Innen vielleicht gar nicht mehr zu. Blackberry und Google Streetview fusionieren Außen- und Innenwelten. Es entsteht ein neuer Mensch, der sich vom alten unterscheidet wie der Neandertaler von »Max Mustermann«, dem pseudonymen Allerweltskerl. Der Mensch ist nur noch eine Datendurchgangsstation. Alles »just in time«. Aufmerksamkeit und Gedächtnis haben sich überlebt. Denn wo nichts mehr gelagert wird, bedarf es keiner ordnenden inneren Stimme mehr.

Vielleicht geht mit dieser Neuorganisation den Menschen aber ganz unbemerkt auch die »Denkpause« verloren – der Ort unserer Entscheidungsfreiheit. Wenn entfällt, was Arnold Gehlen den »Hiatus« nannte, geht jeder Antrieb ohne Zwischenstopp in seine Ausführung über. Damit aber verschwindet aus unserem Handeln wieder genau jene Kontrollinstanz, die uns vom Instinktwesen Tier trennt. Jedwedes reflexive schöpferische Moment verschwindet aus der Arbeit, sie wird zur Betätigung. Das »stählerne Gehäuse der Bürokratie«, von dem Max Weber sprach, wandelt sich in sanfte digitale Idiotie. Der »Homo just in time« ist immer online.

Ständig mehrere Dinge gleichzeitig zu tun, ist die Einübung der Unsitte, nirgendwo mehr Platz zu nehmen. Frank Schirrmacher bezeichnet Multitasking als »Körperverletzung« und beruft sich dabei auf den amerikanischen Verhaltensökonomen Sendhil Mullainathan: »Der Zwang, seine Aufmerksamkeit ständig anderen Problemen zu widmen, erzeugt eine ökonomische Spirale des Versagens.« Das Erlebnis der Niederlage wird zum mentalen Dauerzustand. Multitasker finden in ihren Gedanken keinen roten Faden mehr, der die Gedankenfolge zusammenhält. Sie finden deshalb nicht den Weg, der sie aus dem Labyrinth ihrer ständig abwechselnden Ablenkungen herausleitet. Der außengeleitete Mensch ist seiner Innerlichkeit und damit seiner Identität verlustig gegangen. Multitasking ist deshalb »der zum Scheitern verurteilte Versuch des Menschen, selbst zum Computer zu werden«, schreibt Schirrmacher.

Rettungsanker Arbeit

Umgeben vom materiellen Elend auf der einen Seite der Welt und der Hybris der technischen Zivilisation auf der anderen, nimmt unser Schiff Fahrt auf die Meerenge zwischen Scylla und Charybdis. Zieht uns das Elend zurück ins Chaos oder führt uns zivilisatorische Überheblichkeit ins bewusstlose Nirwana? Oder gibt es vielleicht eine andere Durchfahrt?

Möglicherweise, so meine Vermutung, wird die gute alte Arbeit, ein Überbleibsel aus schwereren Zeiten, zur Zuflucht unserer Humanität. Die Überwindung von Widerständen durch Anstrengung könnte der Rettungsanker der Selbsterfahrung sein. Arbeit, die wir nicht an Technokomplexe delegieren, sondern selbst erleben und »erleiden«, könnte uns die Bodenhaftung der individuellen Realität bewahren. Wie Antäus nur durch die Berührung mit Mutter Erde zu Kräften kam, in die Luft gehoben, aber wehrlos und wertlos wurde, so könnten die Mühen der Arbeit die Schwerkraft unserer Existenz sichern. Per aspera ad astra, der alte Lateinerspruch erhält einen neuen, elementaren Sinn. Der Schweiß auf der eigenen Stirn, die Mühe des eigenen Nachdenkens, das ist möglicherweise der letzte Damm, der uns vor dem Internet-Nirwana rettet.

Zwischen Antrieb und Ausführung steht der »Hiatus«, der Freiheit ermöglicht, weil in der Unterbrechung ein Spielraum eröffnet wird, in welchem unsere Vernunft ihr Veto einlegen kann. Das Fehlen kurzer Wege zwischen Antrieben, Bedürfnissen, Interessen einerseits und Handeln andererseits ist des Menschen herausragende, eigenständige Fähigkeit. Nur so kann er mit planvoller, verstandesgeleiteter Arbeit zwischen den Polen Ursache und Wirkung, Antrieb und Ausführung vermitteln. Der menschliche Wille ist kein Durchleitungsorgan und der Wille zur Arbeit kein Instinkt.

Der Humanismus der Arbeit

Arbeit bleibt immer, wenn sie menschliche Arbeit bleiben soll, mit Anstrengung verbunden, um die Lücke zwischen Antrieb und Ausführung selbstbestimmt zu schließen. Dieser Hiatus muss verteidigt werden gegen das Diktat des spontanen Antriebs, sei es der von unbewussten Trieben oder der eines besinnungslosen Datenflusses. Die Beseitigung dieser Antriebsbremse wäre dagegen eine pikante Ironie der Evolution. Sie bestünde nämlich darin, dass eine auf die Spitze getriebene Künstlichkeit den Menschen in ein neues, außengesteuertes Zwangsverhältnis zurückbefördert, das der einstigen Härte der Unterwerfung unter primitive Naturverhältnisse in nichts nachsteht. Wo die Freiheit, zu handeln oder nicht zu handeln, den Menschen genommen wird, sei es durch informatorische Außensteuerung, materielle Not oder den Luxus arbeitslosen Wohlbefindens, kehrt er ins Tierreich zurück.

Der Humanismus der Arbeit unterscheidet das eigentliche Tätigsein des Menschen von dem Tätigsein von Tieren und dem Lauf der Maschinen. Aristoteles sah in der Vernunft, mit welcher der Mensch seine Handlungen steuert, das Göttliche, das ihn vom Tier unterscheidet. Der Mensch weiß, was er tut, und tut, was er will. Neben die Vernunft tritt der freie Wille. Die Arbeit vereint Vernunft und Willen.

»Wenn die Natur der Arbeit richtig geschätzt und die Arbeit dementsprechend eingesetzt wird, steht sie zu den höheren Fähigkeiten im gleichen Verhältnis wie die Nahrungsaufnahme zum Körper. Sie nährt und belebt den höheren Menschen und drängt ihn dazu, das Beste hervorzubringen, dessen er fähig ist. Sie richtet seinen Willen auf den richtigen Kurs und zähmt das Tier in ihm zu seiner Aufwärtsentwicklung«, schreibt der buddhistische Philosoph und Ökonom J. C. Kumarappa.

Ehrliche Arbeit ist ein Vehikel der Selbsterfahrung des Menschen. Aus dem Zwiespalt zwischen der Depression der Armut und dem Übermut der Technokratie kann sie uns möglicherweise retten. Denn einerseits bewahrt sie uns durch Existenzsicherung vor dem tierischen Überlebenskampf, andererseits rettet sie uns durch ihre existenzielle Schwere davor, uns in unkörperlicher Mühelosigkeit aufzulösen.

2. Geht uns die Arbeit aus?

Welche Zukunft erwartet meine Enkel – eine Zukunft ohne oder eine Zukunft mit der Art von Arbeit, wie wir sie kennen? Was ist wahrscheinlicher: Dass der Industriegesellschaft die Arbeit ausgeht – oder dass neue Arbeitsplätze wie bisher die alten ersetzen? Wird der Begriff »Arbeit« möglicherweise eine ganz neue Bedeutung erhalten? Oder geht am Ende noch der alte Menschheitstraum von einer Welt (fast) ohne Arbeit in Erfüllung? Welche Szenarien sind wahrscheinlich? Und welche wären wünschenswert? Fragen über Fragen.

»Was tun wir, wenn wir tätig sind?«, fragte Hannah Arendt in ihrem Hauptwerk »Vita activa«. Schon vor 40 Jahren verkündete sie darin: »Was uns bevorsteht, ist die Aussicht auf eine Arbeitsgesellschaft, der die Arbeit ausgegangen ist, also der einzigen Tätigkeit, auf die sie sich noch versteht. Was könnte verhängnisvoller sein?«

Autoren wie André Gorz oder Jeremy Rifkin schrieben später diese Futurologie der Arbeitslosigkeit fort, umweht von einem Hauch von Traurigkeit. Ausgerechnet die Moderne, die einem nie zuvor in der Geschichte der Menschheit gekannten Arbeitsrausch verfallen war, sollte auch dessen Ende erleben? Dabei priesen doch alle drei großen Gesellschaftsentwürfe des 19. und 20. Jahrhunderts gleichermaßen die industrielle Produktion: der liberale Kapitalismus angelsächsischer Prägung, die Soziale Marktwirtschaft und der untergegangene Sozialismus.

Neuzeit und Produktionsarbeit sind Geschwister. Die ganze

Gesellschaft unterwarf sich den Ordnungen von Fabrik und Büro, und diese beiden dem Takt der Stechuhr. So wie früher in Dörfer, Ackerland, Weidefläche und Wald, wurde die Erde konsequent in Industriezonen, Gewerbegebiete, Wohnsiedlungen und weitgehend unbewohnte Innenstädte mit Büropalästen und Konsumtempeln parzelliert. Verbunden wurden diese Reservate durch Eisenbahnen, öffentlichen Nahverkehr und ein aberwitzig dichtes Straßennetz. Rund 90.000 Handelsschiffe durchpflügen heute ständig die Weltmeere. Der »Luftverkehr« hat längst den Himmel verstopft. Güter und Menschen bringen die Lebensadern der Weltwirtschaft beinahe ständig an den Rand des Infarkts. Im Wortsinne befeuert wird die prometheische Großveranstaltung seit gut 200 Jahren mit einer gigantischen Verbrennung von Kohle, Öl, Gas und Uran.

Arbeit schafft Güter, Güter schaffen Wachstum, Wachstum schafft Wohlstand. Zu Beginn bildeten Freizeit und Konsum noch eine Art Wurmfortsatz der Industriegesellschaft. Der Wohlstand in den Industriegesellschaften wuchs. So wurden in der auf den Schultern der Industrie stehenden »Dienstleistungsgesellschaft« Einkauf, Sport, Hobby, Kultur oder Urlaub schließlich selbst zu Motoren der allmächtigen Konjunktur. An die Stelle der Sonntagspredigt und der Lektüre im Stundenbuch trat die Verkündigung des Bruttosozialprodukts und der neuesten Arbeitsmarktzahlen.

Alles ist Arbeit. Der moderne Mensch arbeitet nicht nur an etwas, er »arbeitet« auch ständig an sich selbst. Ob »Soft Skills« oder Sixpack-Bauch, alles wird mit arbeitsgleicher Disziplin optimiert. Freizeit und Urlaub werden kaum weniger genau geplant als Fertigungsprozesse oder Werbefeldzüge.

Jede Lebensregung, selbst die sublimsten und intimsten Zonen unseres Innenlebens, werden der Logik der Arbeit unterworfen, und sei es nur metaphorisch. Wenn jemand eine Idee hat, dann wird sie selbstverständlich »ausgearbeitet«, vorzugsweise zu einem geduldigen »Arbeitspapier«. Kluge Köpfe philosophieren, dichten oder forschen nicht mehr, sie leisten »Geistesarbeit«. Statt sich zu lieben, zu streiten und zu versöhnen, »arbeiten« die Menschen an ihren »Beziehungen«. Und statt sich nach Katastrophen, schmerzhaften Trennungen oder dem Tod naher Angehöriger die Seele aus dem Leib zu heulen, ergeht man sich in »Trauerarbeit«. *Alles* ist Arbeit. Und ausgerechnet das Vorbild für diesen ganzen Zirkus, die echte, die ehrliche Arbeit soll nun verschwinden?

Um diese Frage beantworten zu können, müssen wir zunächst eine andere Frage stellen: Was meinen die Propheten des Endes der Arbeitsgesellschaft eigentlich, wenn sie von Arbeit sprechen? Bei genauerem Hinsehen zeigt sich dann, dass Arendt, Gorz und Rifkin ganz verschiedene Dinge meinen. Gorz redet vom Ende der klassischen Erwerbsarbeit, also der Lohnarbeit der Arbeiter, teils auch der Angestellten. Das ist aber nicht die »ganze« Arbeit. Auch Hannah Arendt spricht zunächst vom Rückzug der Industrie. Doch sie geht weiter und fasst alles planvolle, zielgerichtete Handeln der Menschen unter dem Oberbegriff »vita activa«. In diesem Sinne kennt Arbeit nur eine Grenze: »Langfristig sind wir alle tot«, wie der Ökonom John Maynard Keynes kalauerte. Jeremy Rifkin schließlich macht das, was Futurologen am liebsten tun: Er rechnet die Gegenwart hoch, um von aktuellen Trends auf morgen zu schließen. Indem er den unbestreitbar schrumpfenden Anteil des Industriesektors an der gesamten Wertschöpfung linear in die Zukunft fortschreibt, landet die Arbeit bei ihm irgendwann nahe der Nulllinie. Eine solche Prognose ist allerdings ähnlich treffsicher wie die jenes britischen Zukunftsforschers, der gegen Ende des 19. Jahrhunderts aus der wachsenden Zahl der Pferdedroschken schloss, London werde etwa 1995 in Pferdemist versinken. Nur wenn man dem Manne zugute hält, dass auch

CO_2-Emissionen Mist sind, wird man seiner bezwingenden Logik folgen können.

Der russische Wirtschaftswissenschaftler Wassily Leontief prognostizierte ebenfalls, dass die Arbeit auf dem Rückzug sei: »Die Bedeutung des Menschen als wichtigster Produktionsfaktor wird sich genauso verringern wie einst die Bedeutung der Pferde in der Landwirtschaft, die schließlich durch die Einführung der Traktoren völlig überflüssig wurden.« Leider übersah der Nobelpreisträger die Pointe seines Arguments. Die Tragik der Pferde bestand nämlich darin, dass sie keine Traktoren lenken konnten. Das aber unterscheidet ihr Schicksal von dem des Menschen. Wir sind nicht so festgelegt wie Pferde.

Es gibt in der Tat Anzeichen, dass die Wirklichkeit sich dem Traum von den Heinzelmännchen annähert, die uns die Arbeit abnehmen. Die modernen Heinzelmännchen verstecken sich nicht mehr in der Nacht. Sie arbeiten rund um die Uhr, auch bei Tageslicht. Bauwerke, die früher in Jahren entstanden, werden heute in Wochen vollendet. Nachrichten, für deren Übermittlung in früheren Zeiten berittene Boten Wochen unterwegs waren, erreichen heute in Echtzeit ihren Adressaten. Der Computer liefert in Bruchteilen von Sekunden Ergebnisse, für die ein mathematisches Genie oder Heere von Rechenknechten einst jahrelang brauchten.

Rifkin bietet ein eindrucksvolles Defilee von Beispielen schwindender Arbeitsplätze. In den zwanzig größten Volkswirtschaften schwanden im produktiven Sektor zwischen 1995 und 2002 31 Millionen Stellen. Im selben Zeitraum stieg die Produktivität um 4,3 Prozent, die weltweite Industrieproduktion um 30 Prozent. Also, das Geheimrezept lautet: mit weniger Arbeitern mehr herstellen. Und das Geheimnis dieser höheren Produktivität sind eben die modernen Heinzelmännchen: die Maschinen und die Ingenieure. Die einen ersetzen Arbeit durch Kapital, die anderen durch Wissen. Automatisierung und Prozessoptimierung vertreiben die Menschen aus den Fabrikhallen. Der Verweis auf den neuen Weltwirtschaftsriesen China mit seinen Milliardenheeren von Arbeitern geht hier ins Leere. Denn auch China verlor im gleichen Zeitraum 15 Millionen Fabrikarbeitsplätze, bei ebenfalls stark gestiegener Produktivität. Die Losung »Weniger ist mehr« gilt heute weltweit. Die Stahlproduktion der USA stieg zwischen 1982 und 2002 von 75 auf 120 Millionen Tonnen. In derselben Zeit sank die Zahl der amerikanischen Stahlarbeiter von 289.000 auf 74.000. Ein gutes Viertel der Arbeiter von 1982 produzierte also zwanzig Jahre später fast doppelt so viel Stahl. Mehr Produkte, weniger Arbeiter – das gilt fast flächendeckend. Wo früher Kolonnen von Werktätigen malochten, sieht man heute Fabriken, in denen die Maschinen fast unter sich sind.

Nach Rifkins Hochrechnungen würden im produzierenden Gewerbe 2040 statt heute 163 Millionen Arbeitsplätze nur noch einige wenige Millionen übrig bleiben. Bertrand Russel und Lewis Mumford schätzten schon vor Jahrzehnten die Wochenarbeitszeit zur Sicherung der Vollbeschäftigung bei gleichbleibendem Wohlstand auf 20 Stunden. Das entspricht ungefähr der Wochenarbeit im Neandertal, denn wir dürfen annehmen, dass die damaligen Höhlenbewohner weit mehr Zeit ruhend und schlafend auf ihren Fellen zubrachten als wir in unseren Wohn- und Schlafzimmern. Der Kampf um Arbeitsplätze, so die Prognosen, werde schon in naher Zukunft Formen annehmen wie einst der der Passagiere auf der Titanic um die Plätze in den Rettungsbooten. Das Bild hat eine hintersinnige Brisanz. Denn mit dem als unsinkbar geltenden Traumschiff gingen fast alle Passagiere unter. Selbst die wenigen Rettungsboote konnten ihren Dienst kaum erfüllen, weil sie nicht rechtzeitig bestiegen worden waren. Fährt die Arbeitsgesellschaft gar ohne Rettungsboote?

Tatsache ist: Eine Milliarde Menschen ist arbeitslos oder unterbeschäftigt. Die Zahl der Langzeitarbeitslosen nimmt zu. Einmal »in Arbeit« zu sein heißt schon seit einiger Zeit nicht mehr, für immer einen Arbeitsplatz zu haben. Eher gilt der Umkehrschluss: »Einmal draußen, immer draußen«. Der Ausschluss aus der Arbeitsgesellschaft durch Arbeitslosigkeit ist eine Einbahnstraße ohne Wendemöglichkeit auf eine Gegenfahrbahn. Verschwindet die Arbeit also wirklich? Kann sie das überhaupt? Und sollte sie?

Arbeiten und Herstellen

Die jahrhundertelange Suche nach der Bedeutung der Arbeit für den Menschen versuchte Hannah Arendt in ihrem epochalen Werk »Vita activa« mit der These vom »Ende der Arbeit« zu beenden. Automation, Informatik oder Nanotechnologie lassen die Arbeitsplätze wie reife Äpfel vom Baum der Produktion fallen. Doch gemach! So eindeutig, wie die Behauptung vermuten lässt, ist die Arendt'sche Antwort nicht.

Hannah Arendt unterscheidet zwischen drei grundlegenden Formen menschlicher Aktivität: Arbeiten, Herstellen und Handeln. Alle drei zusammen machen die »Vita activa« aus. Ihr steht in der klassischen Philosophie der Antike die Vita contemplativa gegenüber, bei Platon und Aristoteles die höchste Steigerung der »Theoria«, der intellektuellen, auf Wahrheit zielenden Weltbetrachtung anstelle einer pragmatischen, auf Zwecke gerichteten Weltveränderung. Erweitert man den Arbeitsbegriff im Sinne jeglichen planvollen Handelns, dann ist für die menschliche Arbeit kein Ende in Sicht.

Durch Arbeit im engeren Sinne sichert der Mensch nur sein physisches Überleben. Diese elementare Arbeit kettet den Menschen an das Reich der Notwendigkeit. Als *animal laborans* ist der Arbeiter noch weitgehend in den Kreislauf der Natur eingebunden. Nahrung, Kleidung, Behausung und die zu ihrer Gewinnung nötigen bescheidenen Arbeitsmittel – auf viel mehr läuft diese Arbeit nicht hinaus. Und indem sie ihr Produkt sogleich zur Selbsterhaltung konsumiert, hinterlässt sie auch kaum Spuren. »Arbeit« bedeutet bei Arendt also Existenzsicherung durch Umwandlung der Natur. Im Unterschied zu den Überlebenstechniken anderer Arten ist die menschliche Arbeit allerdings nicht von natürlichen Triebmechanismen gesteuert. Insofern ist in ihr stets jenes Quäntchen Vernunft enthalten, das den Menschen vom Tier unterscheidet. Der Segen dieser Arbeit ist, so Arendt, »dass Mühsal und Lohn einander in dem gleichen regelmäßigen Rhythmus folgen wie Arbeiten und Essen, die Zubereitung der Lebensmittel und der Verzehr, so dass ein Lustgefühl den ganzen Vorgang begleitet, nicht anders als das Funktionieren eines gesunden Körpers«. Im Verzehr der durch Arbeit zurechtgemachten Mittel der Natur regeneriert der Mensch seine Arbeitskraft, die wiederum dadurch befähigt wird, die Natur so zu bearbeiten, dass sie Überlebensmittel spendet.

Die Arbeitskraft des Menschen ist jedoch potentiell größer als seine Bedürfnisse als Verbraucher. Mit dem Überschuss der Arbeitskraft über den Reproduktionsbedarf speist sich die Kultur.

Bei John Locke bildete der Überschuss der Arbeit Eigentum, also dauerhaft aufbewahrten Wert. Eigentum ist geronnene Mehrarbeit. Daraus entwickelte Adam Smith, der Vater der klassischen Nationalökonomie, seine Wertlehre. Dass nicht aller geschaffene Wert beim jeweiligen Inhaber verbleibt, erschien Smith moralisch vertretbar, weil so Kapitalbildung und damit am Ende Wohlstandsmehrung angekurbelt werden. Der durch Arbeit gewonnene Mehrwert übernimmt die Rolle eines Generators für den wirtschaftlichen Fortschritt: Mehrwert schafft mehr Wert, und zwar ad infinitum.

Für Karl Marx bildet dieser Überschuss den »Mehrwert«, welcher die kapitalistische Ausbeutung in Gang hält. Mehrwert ist in seinen Augen vorenthaltener Lohn. Denn der Kapitalist beschlagnahm große Teile der von den Arbeitern geschaffenen Werte, erhalten diese doch nur so viel, wie sie zur Wiederherstellung ihrer Arbeitskraft benötigen. Marx übernahm seine Arbeitswertlehre weitgehend von den Klassikern, drehte allerdings ihr moralisches Vorzeichen um: Der gewonnene Reichtum käme eben gerade nicht der Gesellschaft insgesamt zugute, sondern werde von den Kapitalisten »expropriiert«. Statt alle reicher zu machen, akkumuliere sich der Mehrwert immer nur in seinem eigenen Verwertungsprozess, während beim Proletariat nur jene Hungerlöhne ankämen. Angesichts der elenden Arbeits- und Lebensbedingungen im Frühkapitalismus schien sein Vorwurf einiges für sich zu haben. Seine Forderung nach »Expropriation der Expropriateure« war da nur konsequent. Auf der anthropologischen Ebene allerdings verwickelte Marx sich in Widersprüche: Denn einerseits bezeichnete er die Arbeit als »ewige Naturnotwendigkeit« und als »eine von allen Gesellschaftsformen unabhängige Existenzbedingung«. Andererseits aber wies er der Revolution die Aufgabe zu, den Menschen vom Arbeitszwang zu befreien. Das »Reich der Freiheit« beginne erst da, wo das Arbeiten, »das durch Not und äußere Zweckmäßigkeit bestimmt ist, aufhört«. Wie eine »ewige Naturnotwendigkeit« überwunden wird, indem man die Produktionsmittel von Privat- in Volkseigentum überführt, blieb sein Geheimnis, das Scheitern aller entsprechenden Versuche nicht erleben zu müssen, sein Glück. Karl Marx hat den Widerstreit zwischen dem »Reich der Notwendigkeit« und dem »Reich der Freiheit« nicht auflösen können. Kein Wunder, muss er doch im Reich der Arbeit ausgetragen werden, solange Menschen arbeiten und leben.

Im Bereich des »Stoffwechsels mit der Natur«, dem also, was Hannah Arendt »Arbeit« nennt, hat die Mehrwerttheorie nicht ihr eigentliches Feld. Die Grenzen der Lagerhaltung sind die Grenzen eines natürlichen Mehrwerts. Die Mehrwerttheorie hat ihr Feld erst im Bereich der Produktion. In der Herstellung wird mehr Wert erzeugt, als der Arbeiter in Anspruch nimmt. Der Arbeitsbegriff von Marx konzentriert sich also auf den Bereich des Herstellens.

Für Arendt dagegen verhält sich Herstellen zur Arbeit wie Gebrauch zum Verbrauch. Verbrauch stellt aufs Verschwinden, Herstellen aufs Überdauern ab. Arbeit hat nur eine Art Hebammenfunktion. Herstellen ist dagegen schöpferisches Tun. Arbeit ist in der Natur, Herstellen in der Kultur zu Hause.

Die Haltbarkeit des Hergestellten verleiht ihm eine relative Unabhängigkeit von der Existenz des einzelnen »Herstellers«. Er ersinnt und »macht« zwar das Produkt, dienen allerdings kann es theoretisch jedem beliebigen Menschen. So zeigt sich der Mensch im Herstellen als der aus der Natur Herausragende. Er bleibt zwar abhängig von ihr, übertrifft sie jedoch, indem er etwas in der Natur so nicht Vorhandenes produziert, der Welt also etwas Neues hinzufügt. So entsteht eine zweite Welt von Dingen, nämlich Werke, die in der Lage sind, der Natur zumindest eine längere Zeit zu widerstehen. Die vom Menschen hergestellte Welt spiegelt sein eigentliches Wesen. Denn seine Produkte sind nicht von der Natur hervorgebracht, sondern wachsen wie er selbst über diese hinaus. Das unterscheidet Produkte von Früchten. Der *Homo faber* ist zudem Herr seiner Werkzeuge, seiner körperlichen und seiner künstlichen. Die Natur ist das Material seiner Indienstnahme der Welt. Der *Homo faber* ist der Natur nicht unterworfen, er ist ihr Herrscher.

Damit ist der Hersteller fatalerweise zugleich ein Zerstörer. Um zu produzieren, muss er der Natur sein Material abringen, also in sie eingreifen. »Alles Herstellen«, so Arendt, »ist gewalttätig. Der Schöpfer der Welt kann sein Geschäft nur verrichten, indem er Natur zerstört.« Sein Vorgänger, das *Animal laborans*, hilft der Fruchtbarkeit der Natur mit seiner Körperkraft gleichsam nur auf die Sprünge, um sich das Ergebnis seiner Arbeit mehr oder weniger sogleich einzuverleiben. Der *Homo faber* krempelt im Herstellen die Natur um. Und er behält sich vor, sein Produkt später zu Markte zu tragen. Das Wesen der Arbeit ist Symbiose mit der Natur. Das Wesen der Herstellung ist Unterwerfung der Natur unter den Willen des Produzenten. Als *Animal laborans* ist der Mensch Partner der Natur, als *Homo faber* ihr Kontrahent.

Zugleich ist der Hersteller mehr als der Arbeiter Herr seines Tuns. Denn Arbeit an der Natur basiert zwar auf Erfahrung, muss dieses Wissen und Können aber stets aufs Neue den Wechselfällen der Natur anpassen. Herstellung dagegen beruht nicht nur auf Erfahrung, sondern auf Vorstellungen, Entwürfen, Modellen, die dem Hergestellten vorausgehen. Das Produkt kann deshalb beliebig kopiert, der normierte Prozess der Herstellung beliebig wiederholt werden. Und anders als das, was die Arbeit an Lebensmitteln liefert, verschwindet das Hergestellte auch nicht. Produktion ist auf Dauer angelegt.

Die ungeheure Produktivität moderner Herstellung führt schließlich zu einer unübersehbaren Vielfalt und einem Übermaß an Produkten. Diesem modernen Dilemma der Überproduktion versucht der Mensch zu entgehen, indem er die von ihm hergestellten Gebrauchsgüter immer stärker in Verbrauchsgüter zurückverwandelt, Gütern, die auf ein Verschwinden gerichtet sind. Dazu wird der Verschleiß sozusagen in den Gebrauch mit eingebaut. Herstellen tritt in einen Kreislauf mit dem Verschleiß ein. Dadurch kann die Grenze des Konsums scheinbar ins Unendliche verschoben werden. Erst hatte der Mensch, wenn überhaupt, nur ein Bett, einen Tisch, einen Stuhl. Dann kaufte er sich einmal im Leben eine Wohnungseinrichtung. Heute fährt er jedes zweite Wochenende ins SB-Möbelhaus auf der grünen Wiese, um sein Zuhause wenigstens ein bisschen »umzugestalten«. Früher musste ein Hemd viele Jahre halten, heute ist es schon aus der Mode, bevor es überhaupt erste Verschleißspuren zeigt.

Die höchste Form menschlicher Herstellung ist die Kunst. Im Kunstwerk erhält das »Produkt« seine höchste Beständigkeit. Und auch wenn Restauratoren und Archivare sehr überzeugend vom Gegenteil berichten können – wenn nicht stofflich, so zielt Kunst zumindest von Seiten der Form auf Ewigkeit. Das Werk stellt sich gegen den Tod. Es wird nicht nur nicht »verbraucht« oder benutzt, es ist überhaupt aller Zweck-Mittel-Relation enthoben. Denn Schönheit, so der Philosoph Immanuel Kant, ist »interesseloses Wohlgefallen«.

In allem, was er entwirft und herstellt, bringt der Mensch auch sein je Eigenes zutage. Er »verwirklicht« sich in seinem Produkt. Der Stolz des Handwerkers auf sein Einzelstück ist diesem Gefühl sicher näher – und dieser seiner Arbeit weniger »entfremdet« – als der Fließbandarbeiter in der Routine der modernen Massenproduktion. Doch als Hersteller im Sinne von Hannah Arendt stemmt sich der Mensch immer auch ein wenig gegen seine individuelle Vergänglichkeit. Im Kunstwerk kommt dieses Bestreben nur am ehesten zu sich selbst. »Ich habe ein Standbild gemacht, das dauerhafter ist als Erz«, sagte der römische Dichter Horaz.

Handeln. »Arbeiten« von Mensch zu Mensch

Als Bürger eines hoch entwickelten Industrielandes, als erst vor kurzem von China entthronter Exportweltmeister, angesichts von Hochtechnologie und eines unerschöpflichen Warenangebotes vergessen wir leicht, dass der größte Teil dessen, was wir tun, weder »Arbeit« im Sinne physischer Existenzsicherung ist noch »Herstellung« im Sinne stofflicher Produktion. Und auch wenn es in unserer »Dienstleistungsgesellschaft« mit ihrer wachsenden Zahl an Billig-, Teilzeit- und Aushilfsjobs nicht immer danach aussieht: Der größte Teil unserer Tätigkeit besteht nicht im Umgang mit Natur oder Technik, sondern im Umgang mit anderen Menschen. Ob sozialversicherungspflichtig entlohnt, ob ehrenamtlich, ob innerhalb der Familie oder des Freundeskreises, das meiste, was Menschen tun, ist im Wortsinne Sozialarbeit, nämlich Tätigkeit in Gesellschaft, in der Gesellschaft und für die Gesellschaft. In diesen vielfältigen Arten von »Arbeit« kommt der Mensch nicht nur zu sich selbst, er kommt auch zum Mitmenschen. Hannah Arendt nennt diesen weiten Bereich menschlichen Tuns »Handeln«.

Handlungen sind all jene Tätigkeiten, die sich zwischen Menschen abspielen, ohne dass materielle Produktions- oder Arbeitsmittel, ohne dass Materie dazwischentritt. Im Gegenteil: Erst im Handeln löst sich der Mensch von den Fesseln der materiellen Natur. Und erst im Handeln für andere und mit anderen überwindet er seine existenzielle Heimatlosigkeit. Die menschliche Gesellschaft ist also kein Kind der Arbeit, auch kein Kind des Herstellens, sondern des Handelns. Und die Urform des menschlichen Handelns ist es, miteinander zu sprechen. Weil wir uns auf eine bestimmte Weise alle ähnlich sind, weil wir ähnliche Bedürfnisse, Wünsche, Träume und Ängste haben, *können* wir miteinander reden. Und weil wir in vielerlei Hinsicht so verschieden sind, so unterschiedliche Wünsche, Ziele, Ideen, Meinungen und Interessen haben, und doch aufeinander angewiesen sind, *müssen* wir miteinander reden. Nicht nur der Politiker weiß, wie viel Arbeit das macht.

»Ohne Gleichartigkeit«, so Hannah Arendt, »gäbe es keine Verständigung unter Lebenden, kein Verstehen der Toten und kein Planen für eine Welt, die nicht mehr von uns, aber doch von Unseresgleichen bevölkert sein wird. Ohne Verschiedenheit, das absolute Unterschiedensein jeder Person von jeder anderen, die ist, war oder sein wird, bedürfte es weder der Sprache noch des

Handelns für eine Verständigung. Eine Zeichen- und Lautsprache wäre hinreichend, um einander im Notfall die allein gleichen, immer identisch bleibenden Bedürfnisse und Notdürfte anzuzeigen.«

Handeln heißt unter Menschen sein – Interesse am Anderen haben. Im Handeln erkennt der Mensch den Menschen als Seinesgleichen und als Anderen. Erst hier lässt der Mensch endgültig seinen animalischen Gattungscharakter hinter sich und gesellt sich frei zu anderen. Handeln ist insofern auch auf die Gründung und Erhaltung politischer Gemeinschaften angewiesen. »Nur die Menschen vermögen ihre Verschiedenheit auszudrücken und damit schließlich der Welt nicht nur etwas mitzuteilen. Hunger und Durst, Zuneigung oder Abneigung oder Furcht, sondern in allem auch immer gleich sich selbst.« Erst im Handeln ergreifen wir wirklich selbst die Initiative, ohne von vitalen Notwendigkeiten getrieben zu werden. Erst die »Arbeit« von Mensch zu Mensch ist in diesem Sinne frei.

Was aber wohl viel wichtiger ist: Die Möglichkeiten der »Arbeit« von Mensch zu Mensch sind beinahe unbegrenzt. Gesättigt, bekleidet und behaust ist in den Wohlstandsgesellschaften die Mehrzahl der Menschen. Wir wenden gesellschaftlich einen eher geringen Teil unserer Arbeit dafür auf. Unsere physischen Bedürfnisse sind zudem begrenzt. Niemand isst Kaviar, um satt zu werden, oder trinkt Champagner gegen den Durst. Und niemand bewohnt eine 30-Zimmer-Villa, bloß um ein Dach über dem Kopf zu haben. Wo Menschen derlei Bedürfnisse für grenzenlos halten, verwechseln sie Lebensunterhalt mit Statuskonsum. Und auch unser Bedürfnis nach Dingen im Allgemeinen, nach Gegenständen, die unser Leben bequemer, schöner, angenehmer oder unterhaltsamer machen, findet Grenzen. Irgendwann ist auch der größte Kleiderschrank voll. Auch dann brauchen wir nur eine Waschmaschine. Der dritte Fernseher macht mich nicht glücklicher als der zweite. Und wenn doch, quellen eines Tages die Müllhalden über. Unser Umgang mit anderen hat dagegen wie alles Leben nur eine Grenze: die Zeit. In der Sache aber sind unsere Möglichkeiten, als Menschen für andere Menschen Lebensnotwendiges, Nützliches, Erbauliches oder Angenehmes zu tun, beinahe unbegrenzt. Die Frage für die Zukunft dessen, was wir »Arbeit« nennen, ist lediglich, wann und unter welchen Bedingungen aus diesen vielfältigen Handlungsmöglichkeiten bezahlte Tätigkeiten werden können.

Selbstredend sind Arbeiten, Herstellen und Handeln in unserer Lebenswirklichkeit nicht so sauber voneinander zu trennen wie in einer abstrakten philosophischen Typologie.

Ohne Sicherstellung des Lebensnotwendigen durch Arbeit gibt es kein Herstellen und kein Handeln. Und Handeln selbst folgt auch nicht erst auf das Herstellen, sondern ist meist sogar eine Voraussetzung dafür. Ohne soziale Organisation funktioniert keine Produktion im anspruchsvolleren Sinne. Der Pyramidenbau war ein Meisterstück der Koordination von Massen. Andererseits: Auch wenn Handeln keine Produkte hervorbringt, ist es doch sehr oft auf Hergestelltes angewiesen. Ohne medizinische Geräte ist kein Krankenhaus denkbar. Fußballer brauchen wenigstens einen Fußball, Musiker ein Instrument. Und ohne Telefon keine Telefonseelsorge. Insofern durchdringen sich Arbeiten, Herstellen und Handeln in der Realität permanent. Aber im Dreieck von »Arbeit« als Überlebensnotwendigkeit, »Herstellen« als Erschaffung einer zweiten Welt, deren Gegenstände wir erschaffen, und »Handeln« als Ausdruck eines freien Miteinanders der Menschen vollzieht sich das, was Hannah Arendt »vita activa« nennt. Wir aber nennen diese Gesamtheit, ohne die der Mensch nicht auskommt, einfach – Arbeit.

Eine Welt ohne Arbeit würde das Ende der menschlichen Entwicklung bedeuten. Arbeit ist deshalb auch im kulturellen Sinn ein Lebensmittel. Die Biologie hat zwei Bedingungen ausgemacht, die alles höhere organische Leben elementar bedrohen:

1. Entzug von Nahrung, Wasser und Licht
2. Leben in Untätigkeit

Im ersten Fall ist das unmittelbare physische Überleben bedroht, im zweiten die mentale Stabilität des Organismus. Nichtstun – nicht zu verwechseln mit Muße – führt zu heimtückischen Veränderungen. Die fehlende Inanspruchnahme des Nervensystems, die allgemeine Lebenserleichterung drängt zu einer parasitären Existenz. Arbeitslosigkeit bedroht die »humane Existenz« der Menschheit. Zur Sinnerfüllung des Menschen gehört es, von anderen in Anspruch genommen zu werden. Arbeit hat Bedeutung für andere, in ihr ist ein großer Teil unserer sozialen Anerkennung begründet. Mangel an Anerkennung durch Arbeitslosigkeit aber ist eine besonders bittere Form von Armut. So gesehen ist Arbeit nicht nur eine wirtschaftliche Notwendigkeit, sondern vor allem eine anthropologische Stütze unserer Existenz.

Doch der Blick auf unsere globale Zivilisation zeigt ein zerrissenes Bild. Hochhäuser und Blechhütten, Prachtboulevards und Slums in unmittelbarer Nachbarschaft sind vielerorts das sichtbare Symbol einer gespaltenen Welt. Megastädte und Ballungsgebiete, in denen schon über die Hälfte der Menschheit lebt, auf der einen Seite, auf der anderen entleerte Regionen, ausgezehrte Landschaften. Die Wohlstandskluft trennt nicht nur Länder und Regionen voneinander. Viele Gesellschaften vereinen Zonen der Ersten und Dritten Welt in ihrem Inneren. Die Grenzen zwischen Arm und

Reich sind mancherorts so scharf bewacht wie Gefängnismauern. Die Villen der Reichen werden durch Stacheldraht, Wachhunde und bewaffnetes Schutzpersonal gesichert. Gefängnismauern dienen der Verhinderung von Ausbrüchen der Gefangenen, die Mauern um die »gated communities« der oberen Zehntausend sollen die Einbrüche der Armen abwehren. Wer von beiden, die Reichen oder die Armen, sind eigentlich eingesperrt, wer ist »gefangen«? Im Gegenzug findet kaum ein Organ staatlicher Daseinsvorsorge in die Mega-Slums. Ohne Wasser und Kanalisation vegetieren die Ärmsten der Armen im eigenen Dreck. Die nächste Schule ist so unerreichbar wie der Mars. Irgendwann kapitulieren auch die wohlmeinendsten Ärzte vor den hygienischen Missständen. Und schon lange vorher haben Polizei und Justiz solche Gegenden der Anarchie und dem organisierten Verbrechen überlassen.

Es ist schizophren: Der eine Teil der Welt wird vom Mangel bedroht, der andere vom Überfluss. Die einen leiden unter Schwindsucht, die anderen unter Fettsucht. Millionen Kinder sterben, weil sie nichts zu essen haben, Millionen von Wohlstandskindern werden krank, weil sie zu viel essen. Oder, wie der amerikanische Politikwissenschaftler Benjamin Barber in seinem Buch »Consumed« allgemeiner feststellte: Im reichen Teil der Welt haben die meisten Menschen Geld, aber kaum noch unbefriedigte Bedürfnisse, aus denen Unternehmen Umsätze generieren könnten; dafür haben die Menschen im armen Teil der Welt haufenweise Bedürfnisse, aber keinen »Pfennig« Geld, um auch nur die elementarsten davon zu befriedigen. Die einen werden des Bevölkerungswachstums nicht Herr, die anderen erkennen schon in einem moderaten Bevölkerungsrückgang den Weltuntergang. In jeder Stunde wächst die Weltbevölkerung um 12.000 Menschen, von denen unter den bestehenden Verhältnissen höchstens 1000 Aussicht auf einen anständigen und sicheren Arbeitsplatz haben.

Arbeitslosigkeit hat gesellschaftliche Gründe. Sie ist nicht Folge wirtschaftlicher oder gar technischer Sachzwänge. Wie könnte es sonst sein, dass gleichzeitig die Arbeitslosigkeit von Erwachsenen und die Kinderarbeit zunimmt? In den gleichen Regionen, in denen 250 Millionen Kinder schuften, ist eine Milliarde Menschen ganz oder teilweise ohne Arbeit. Kinderarbeit entspringt also nicht einem Mangel an erwachsenen Arbeitskräften, sondern ausbeuterischen Verhältnissen. Kinder schuften in den Steinbrüchen Indiens, werden in den Teppichhöhlen Marokkos ausgequetscht oder als Tragesel in den Markthallen Bogotas missbraucht, Kinder malochen in den Ziegeleien Perus. All das habe ich nicht irgendwo gelesen, ich habe es selbst gesehen. Und an keiner Stelle sah ich einen Hoffnungsschimmer, der das Ende solcher Ausbeutung ankündigte. Man muss diese Schinderei gesehen, gerochen, gefühlt haben, um ihre Härte und Aussichtslosigkeit zu ermessen. Wahrscheinlich kommt man auch erst dadurch an den Punkt, an dem man sich lieber eine Hand abhacken ließe, als mit ihr ein Produkt zu kaufen, hinter dem man Kinderarbeit vermutet.

Doch selbst wenn westliche Firmen und Konsumenten hier langsam aufwachen und sich um etwas mehr Fairness im Welthandel bemühen – der Kampf gegen die Entwürdigung der Arbeit durch Unterdrückung und Arbeitslosigkeit wird immer noch halbherzig geführt. Die globalen Sozial-Agenturen der Arbeit sind Versager. Die Internationale Arbeitsorganisation (ILO) bedruckt Papier, veranstaltet Meetings und beschäftigt Berater und ganze Kolonnen professioneller Quasselstrippen. Die weltweite Ausbeutung stört sie nicht. Genf, der Sitz der ILO, ist die Hauptstadt eines folgenlosen Sozialpalavers. Bei der ILO-Vollversammlung, zu der Jahr für Jahr massenweise Regierungs-, Gewerkschafts- und Arbeitgebervertreter strömen, sind die abendlichen Empfänge der Mittelpunkt und die Konferenz das Rahmenprogramm.

Arbeitslosigkeit ist die Quelle von Armut. Aber Armut ist auch die Ursache von Arbeitslosigkeit. Dieser Teufelskreis ist in Wahrheit eine stetig abwärts führende Todesspirale. Denn weil die Armen keine Kaufkraft haben, schaffen sie auch keine Arbeitsplätze. Dieser leider allzu simple Missstand ist denn auch der Grund für das Scheitern der neoliberalen Angebotspolitik in den Entwicklungsländern. Eine Wirtschaft ohne Kundschaft zu besten Bedingungen mit billigem Geld zu versorgen und dem Staat gleichzeitig harte Spardiktate aufzuzwingen, was meist nur heißt, dass die öffentliche Hand den Geldhahn für Infrastruktur, Gesundheit und Bildung zudrehen muss, verschärft das Elend, statt es zu überwinden. Denn das Kapital der Reichen landet meist wieder bei den gleichen Auslandsbanken, von denen es kam. Und wenn es im Inland investiert wird, dann in wilden Raubbau an Natur und Rohstoffen oder in ausbeuterische Billigarbeit. Derweil wird den Armen durch mangelnde Bildung oder Gesundheitsfürsorge jede Chance genommen, ihr Leben in die eigene Hand zu nehmen.

Angebotspolitik hat kein Angebot für die Armen. Sie vermindert ihre Armut nicht. Denn sie bietet kein Angebot für diejenigen, die keine Nachfrage hervorbringen. Angebotspolitik ist auch keine Antwort auf das Nachfragegefälle zwischen Reich und Arm. Das Angebot im Regierungskrankenhaus der Dritten Welt, das in der Lage ist, Herzen zu transplantieren und Busen zu verschönern, beseitigt nicht die Amöbenruhr, die aus den verrosteten Wasserleitungen oder stinkenden Gräben der Favelas quillt. Es ist konsequente Angebotspolitik, wenn die Pharmaindustrie doppelt so viel in die Entwicklung von Mittelchen gegen Haarausfall und Potenzschwäche investiert, wie sie für die Bekämpfung von Aids, Bilharziose und Gelbfieber ausgibt. Denn die Käufer von Viagra und Propecia sind in aller Regel zahlungskräftiger als todkranke Patienten in der Dritten Welt.

Was bedeutet das für die Zukunft der Arbeit? Wer Gewalt, Terror, Krieg beenden will, mus für die Teilhabe aller Menschen eintreten. Die elementare Form der Teilhabe aber ist Teilnahme durch Arbeit. Die Armen brauchen keine Almosen, mit denen eine gutwillige Oberschicht ihr Gewissen beruhigt, sondern Arbeitsplätze, die ihnen die Chance geben, Einkommen zu erzielen, wenigstens ihren elementaren Konsum anzukurbeln, langsam allerbescheidenstes Vermögen zu bilden – und sich dann eines Tages vielleicht auch selbst die Arbeit zu schaffen, die ihnen eine raffgierige Oligarchie nicht bieten will.

Eines ist für mich jedenfalls sonnenklar: Angesichts des nach wie vor großen Elends in weiten Teilen der Welt gibt es genug zu tun. In der Dritten und in der Ersten Welt. Weite Felder der Arbeit liegen immer noch brach. Da ist die Verkündigung des Endes der Arbeit kaum mehr als ein snobistischer Autismus der Wohlhabenden. Aber auch diesseits der Armutsbekämpfung in den Elendszonen der Welt gibt es in den Wohlstandsgesellschaften genügend unerledigte Aufgaben. Wir müssen sie auch gar nicht erfinden, wir müssen sie nur wollen. Dem Herstellen, nämlich dem Wollen, uns selbst gegenständlich zu werden, ist, solange Menschen leben, eine größere Aufgabe gestellt, als nur unser Überleben zu sichern. Auch wenn wir die Welt nicht mit Hergestelltem zustellen sollten – schon auf dieser Ebene geben wir uns letztlich nie mit dem Erreichten zufrieden. Einzelne werden sich immer Neues einfallen lassen, die Vielen werden dann entscheiden, ob damit ein reales Bedürfnis befriedigt oder bloß ein scheinbares gekitzelt wird. Gleichwohl sind die räumlichen und zeitlichen Möglichkeiten des Herstellens begrenzt. Anders als die Möglichkeiten des Handelns, der Arbeit von Mensch zu Mensch. Dieses Feld ist weit, und große Teile von ihm sind noch kaum beackert. Handeln ist eine Bewegung, die nie durch Wohlstandssättigung an ein Ende kommt. Denn das Bedürfnis, mitcinander zu kommunizieren, konstituiert das menschliche Leben. Die Kultur ist immer zu neuen Anfängen fähig. Aber dazu bedarf sie der Arbeit.

Der Nihilismus der Langeweile

Die Arbeit bietet dem Menschen die elementare Möglichkeit zur Selbsterfahrung. In der Überwindung von Widerständen wird der Mensch sich selbst gegenständlich. Arbeit wird so zu einer besonderen Form der praktischen Reflexion, in der der Weg zu sich selbst über die Entäußerung durch Arbeit führt.

Arbeit bewahrt uns vor der Erniedrigung durch Elend und schützt uns vor der Hybris eines anstrengungslosen Lebens.

Die Arbeit verbindet die Menschen untereinander. Sie schafft eine Basis wechselseitiger Anerkennung, die zugleich Quelle der Selbstachtung ist.

Und schließlich: Ehrliche Arbeit bewahrt uns vor dem finsteren Nihilismus der Langeweile. »Nichts«, heißt es in den Pensées des großartigen Blaise Pascal, »ist dem Menschen so unerträglich wie die völlige Untätigkeit, wie ohne Leidenschaften, ohne Geschäfte, ohne Zerstreuung, ohne Aufgaben zu sein. Dann spürt er seine Nichtigkeit, seine Verlassenheit, seine Unzulänglichkeit, seine Abhängigkeit, seine Ohnmacht, seine Leere. Allsogleich wird dem Grunde seiner Seele die Langeweile entsteigen und die Düsternis, die Trauer, der Kummer, der Verdruss, die Verzweiflung.«

Das Schlaraffenland ist in Wahrheit keine Miniaturversion des Paradieses. Es wäre die Hölle.

3. Arbeit im Wandel – Chancen und Gefahren

Die Epochen der Wirtschaftsgeschichte lassen sich nach verschiedenen Gesichtspunkten unterscheiden. Marx hielt die Produktivkräfte und die sie abbildenden Produktionsverhältnisse für die treibenden Kräfte der Entwicklung der Welt. Er orientierte seine historische Abfolge an den seiner Meinung nach jeweils herrschenden Klassen: Sklavenhaltergesellschaft, Feudalgesellschaft, Kapitalismus, dann der Sozialismus, schließlich die »klassenlose Gesellschaft«, der Kommunismus.

Den ungarisch-amerikanischen Wirtschaftswissenschaftler Karl Polanyi interessierte, und zwar durchaus in Abgrenzung zum orthodoxen Marxismus, mehr die Form, in der Gesellschaften die *Verteilung* ihrer Arbeitsprodukte organisieren. Dementsprechend unterschied er zwischen »reziproken« und »redistributiven« Gesellschaften. Erstere beruhen auf direkten und wechselseitigen Tauschbeziehungen, vor allem zwischen Sippen oder Clans. In der Redistribution sah er das Grundprinzip antiker und mittelalterlicher Ökonomien. »Zentralen«, zum Beispiel Tempel, Paläste oder Burgen, sammelten zunächst das gesamte Mehrprodukt ein, lagerten es, um es sodann nach festen Regeln wieder an die Mitglieder der Gesellschaft zu verteilen. Auch die Phönizier, die erste Handelsnation der Geschichte, hatten laut Polanyi den Tausch dergestalt organisiert: An die Stelle der Paläste setzten sie bürokratisch organisierte Marktplätze, auf denen nicht etwa mithilfe von Geld, sondern gestützt auf eine schriftliche »Buchführung« getauscht wurde. Geldvermittelter Tausch auf echten

Märkten habe sich in der Antike dagegen nur begrenzt und umfassend erst ab dem 18. Jahrhundert durchsetzen können. Den epochalen Wandel zur echten Marktwirtschaft beschrieb Polanyi 1944 in seinem Buch »The Great Transformation«. Und den wesentlichen Grund für diesen Umbruch sah er nicht etwa in einer Erleichterung des Gütertausches, sondern im Interesse der entstehenden Industrie, Märkte für die »fiktiven Waren« Arbeit, Boden und Kapital zu schaffen – das, was die moderne Volkswirtschaftslehre »Faktormärkte« nennt.

In unserem alltäglichen Verständnis haben wir uns vor allem an die Unterteilung der Wirtschaftsgeschichte nach den jeweils dominierenden Tätigkeiten oder Wirtschaftssektoren gewöhnt. Die längste Zeit lebten die Menschen in Agrargesellschaften, die meist kaum über die Selbstversorgung bäuerlicher Familien oder Dorfgemeinschaften hinauskamen. Auf die Agrargesellschaft folgte das Industriezeitalter, in dessen Zentrum die fabrikmäßige Produktion von Gütern stand. Im 20. Jahrhundert, vor allem nach dem Zweiten Weltkrieg, traten in den »Wohlstandsgesellschaften« an die Stelle der Industrie als prägender Sektor die Dienstleistungsbranchen. Dort basieren Wirtschaft und Wohlstand nicht mehr hauptsächlich auf Sachgütern, sondern auf personengebundenen Leistungen. Während Waren in getrennten Sphären hergestellt, getauscht und konsumiert werden, fallen bei Dienstleistungen »Produktion«, Austausch und »Konsum« zeitlich und meist auch räumlich zusammen.

Gegenwärtig erleben wir einen weiteren Umbruch. Ein in der traditionellen Nationalökonomie lange übersehener Faktor rückt dabei ins Zentrum des wirtschaftlichen Fortschritts: Wissen. Als technisch-wissenschaftliche Forschung und Entwicklung, als Prozesswissen, als Design, aber auch als Marketing, Werbung oder Vertriebsorganisation werden Ideen wichtiger als Arbeit im herkömmlichen Sinne von Handarbeit. Und auch wichtiger als

Kapital. Um vom Produktionsfaktor Boden zu schweigen, der als Immobilie immer mehr zum Gegenstand reiner Finanzspekulation wird.

Alle genannten Tätigkeitsfelder bleiben gewiss im weiteren Sinne Dienstleistungen – aber eben Dienstleistungen von sehr spezieller, im Grunde abstrakter Natur. Denken wird wichtiger als Machen, praktische Arbeit immer stärker von Theorie geleitet. Ein stetig wachsender Teil der Arbeitszeit wird mit Konzepten und Konferenzen zugebracht. Immer mehr Beschäftigte organisieren die Arbeit, statt selbst im landläufigen Sinne zu arbeiten. Jeder, der in einer Firma ein bisschen was zu sagen hat, nennt sich »Manager«. Immer noch ist ein gewichtiger Teil des Kapitals in Maschinen und Anlagen gebunden. Doch das meiste, was die Wirtschaft treibt, »steckt« heute in Computern. In den Büros haben Datenbanken und Datenträger die Akte weitgehend abgelöst. Hochmoderne Maschinen werden nicht mehr von Hebeln, sondern von Großrechnern gesteuert. Software schlägt Hardware. Selbst in der Fabrikhalle trägt deshalb ein Großteil der Leute weiße Hemden statt Blaumänner. Und auch der Kunde hat in dieser virtuellen Wirtschaft inzwischen ganz andere Prioritäten: Er interessiert sich immer weniger für ein Produkt oder eine Dienstleistung als solche und immer mehr für die Gefühle, die sie in ihm auslösen.

Für all das haben wir nur noch nicht das richtige Wort gefunden. Informationsgesellschaft? Wissensgesellschaft? Erlebnisgesellschaft? Spaßgesellschaft? Kulturgesellschaft? Noch dürfen Sie sich ihr Lieblingswort aussuchen!

Der Weg von den Anfängen der Industrialisierung über die Dienstleistungs- zur Was-auch-immer-Gesellschaft ist jedoch kein kontinuierlicher gewesen. Bisweilen gab es qualitative Sprünge, meist ausgelöst von technischen Basisinnovationen und entsprechenden gesellschaftlichen Veränderungen. Dann gab es

Phasen relativer Stetigkeit. Und manchmal scheint nicht nur die »Konjunktur«, sondern auch die langfristige Entwicklung der Wirtschaft zu stocken. Statt zu mehr oder minder kurzen Einbrüchen von Umsätzen, Gewinnen und gesamtwirtschaftlicher Leistung kommt es dann zu schwersten Krisen, gefolgt von oft jahrelanger Stagnation.

Die langen Wellen der Konjunktur

Marx dachte, der Kapitalismus würde sich durch seine ständige Anfälligkeit für Krisen von selbst erledigen. Wenn die herrschende »Bourgeoisie« dann nicht mehr könne, wie sie wolle, und die ausgebeuteten und unterdrückten Arbeiter nicht mehr wollten, wie sie sollten, würde das »Proletariat« als Totengräber bereitstehen und der einzig auf den »Profit« zielenden Wirtschaft ihr historisches Grab schaufeln. Nach der Oktoberrevolution waren die Kommunisten felsenfest überzeugt, dem Kapitalismus habe sein letztes Stündlein nun wirklich geschlagen. Sein Untergang sei eher eine Frage von Jahren als von Jahrzehnten.

Doch noch bevor die Große Depression der Dreißigerjahre den linken Propheten vorderhand hätte recht geben können, fiel dem sowjetischen Wirtschaftsfunktionär und Ökonomen Nikolai Kondratjew auf, dass der von Marx, Engels, Lenin, Trotzki und Stalin mehrfach Totgesagte doch zäher war als gedacht. Aus der Entwicklung von Löhnen, Preisen, Zinsen, Aktienkursen und Außenhandelsströmen in England, Frankreich und den USA über die zurückliegenden 140 Jahre leitete er die Beobachtung ab, dass es in den westlichen Industrienationen neben kurzen, sieben bis acht Jahre umfassenden Konjunkturzyklen »lange Wellen« von rund 50 bis 60 Jahren gebe. In diesem Zeitraum entwickle sich die Wirtschaft zunächst sehr dynamisch. Nach einigen Jahren des Booms gehe es dann rasch, aber gründlich bergab. Und erst nach längerem Stillstand auf niedrigem Niveau folge die nächste Welle. Die erste sei ausgelöst worden durch die Erfindung und den flächendeckenden Einsatz der Dampfmaschine, der zweite Zyklus durch die Eisenbahn. Nach Kondratjew geben solche »Basisinnovationen« dem Kapitalismus zunächst einen großen Schub. Doch irgendwann würden sie Allgemeingut, womit sich ihre produktiven Vorteile erschöpften. Wenn dann die letzte Kleinstadt einen Bahnhof habe, sei es sinnlos, weitere Stecken zu bauen – die Krise ist da. In seinem 1926 veröffentlichten Aufsatz über »Die Langen Wellen in der Konjunktur« sagte Kondratjew erstaunlich präzise eine Weltwirtschaftskrise für das Ende der Zwanziger Jahre voraus. Dass er statt mit einem »gesetzmäßigen« Untergang des Kapitalismus eher mit der Möglichkeit seines periodischen Wiedererstarkens rechnete, sollte ihn 1938 auf dem Höhepunkt der stalinistischen Säuberungen den Kopf kosten.

1939 setzte der österreichische Ökonom Joseph Schumpeter Kondratjew ein Denkmal, indem er den Begriff der »Kondratjew-Zyklen« prägte. Darüber hinaus legte er eine genauere Begründung für das – rein statistisch übrigens bestreitbare – Modell vor. Zu den besagten Basisinnovationen käme es nämlich, weil die wirtschaftliche Entwicklung langfristig durch ebenso grundlegende Knappheiten gehemmt werde. So habe die Dampfmaschine, und zwar zunächst im Bergbau, dann in der Industrie, den Mangel an menschlicher Muskelkraft überwunden. Und die Eisenbahn habe den dramatischen Engpass der Transportkapazitäten zwischen Rohstoffquellen, Fabriken, Häfen und den Abnehmern von Industrieprodukten beseitigt.

Der Wirtschaftstheoretiker Leo A. Nefiodow, einer der Vordenker der Informationsgesellschaft und Mitglied des *Club of Rome*, hat diesen Denkansatz über die letzten 30 Jahre weiter vertieft und sich daran anknüpfend auch mit der Frage befasst, wovon künftige Zyklen getrieben werden könnten. Die Dampfmaschine leitete einen Zyklus ein, auf dessen Höhepunkt vor allem die Textilindustrie boomte. Der zweite Zyklus, der der klassischen Schwerindustrie, basierte auf der Eisenbahn und Stahlproduktion. Dadurch nahmen Produktion und Verbreitung einer Vielzahl völlig neuer Investitionsgüter einen riesigen Aufschwung. Der dritte Zyklus gründete auf der Elektrotechnik und der Werkstoffchemie. Er schuf erst die Voraussetzungen für die rasante Entwicklung des Massenkonsums. Der »vierte Kondratjew« stand wieder im Zeichen gewachsener Anforderungen an die Mobilität. Seine »Basisinnovation« war das Automobil. Als Lkw beseitigte es die Engpässe beim Transport und bei der »Feinverteilung« der gigantischen Warenmengen, als Pkw machte es die Wende vom Massen- zum Individualverkehr möglich. Der fünfte Kondratjew-Zyklus setzte in der zweiten Hälfte des 20. Jahrhunderts mit der Informationstechnik ein. Die »Maschine« dieses Zeitalters der Information und der Kommunikation ist der Computer. Ihr »Stoff« ist das Wissen. Und nötig wurden diese Innovationen, weil eine hoch komplexe und globale Wirtschaft nicht mehr durch personale Hierarchien, sondern nur mithilfe breit verteilter Informationen und durch eher flache, flexible und netzwerkartige Entscheidungsstrukturen gesteuert werden kann.

Wie überhaupt jede lange Welle der Konjunktur immer auch eine für sie typische Basisinnovation der Medien- und Kommunikationstechnik kennt: Nicht umsonst beginnt die Wissensrevolution der Neuzeit mit dem Buchdruck. Mit dem Industriezeitalter wurde die Zeitung zum Massenmedium. Direkt neben den Eisenbahngleisen entstand das Telegrafennetz. Das Zeitalter des Massenkonsums braucht die Massenmedien Radio, Film und Fernsehen fast so sehr wie der Mensch die Luft zum Atmen. Zum Auto in jeder Garage gehört der private Telefonanschluss für jedermann. Und zeitgleich mit der Erfindung des Computers dämmerte seinen Erfindern, dass er als Einzelgerät ziemlich wenig nutzt. So entstand zunächst das lokale Netzwerk, dann das Internet als Medium für Forscher, Freaks und EDV-Spezialisten, schließlich das World Wide Web für jedermann.

Was die nächste und vorerst letzte lange Welle der Konjunktur antreiben könnte, wird unter den Anhängern der Kondratjew-Theorie noch lebhaft diskutiert. Eine Möglichkeit: die Biotechnologie. Weiter gefasst könnten Gesundheit und Wellness insgesamt im Focus der neuen Wirtschaftsetappe stehen. Gut möglich, dass auch den erneuerbaren Energien eine zentrale Rolle zukommt. Oder dass, ähnlich wie zu Beginn des 20. Jahrhunderts die Werkstoffchemie, zu Beginn des 21. die Nanotechnik völlig neue Produkte gebären wird. Denkbar ist aber auch, dass wir die entscheidende Innovation bisher übersehen haben – oder dass wir sie noch gar nicht kennen.

Der entscheidende Paradigmenwechsel des wirtschaftlichen Fortschritts wird für mich allerdings deutlich, wenn ich die Dampfmaschine, den Hochofen und den Motor mit dem Computer oder der Biotechnologie vergleiche. Der Blick der »alten« Technik war nach außen, auf Expansion gerichtet. Die neue Blickrichtung geht nach innen und hat den Menschen selbst im Visier. Gesundheit und Wellness wären in dieser Sichtweise dann nur das Übungsfeld, auf dem der Wechsel der Perspektive ausprobiert wird. Denn Technik und Wirtschaft entwickeln sich nicht im luftleeren Raum. Erfindungen und Ideen, die den Menschen nichts nützen, die sie nicht wenigstens erfreuen, verschwinden stets so schnell, wie sie aufgetaucht sind. Im Hinterzimmer der Geschichte des technischen Fortschritts türmt sich deshalb auch jede Menge Gerümpel: das Dampfauto, das zivile Amphibienfahrzeug, das Bildtelefon, der Roboterhund, der Senkrechtstarter oder der »Cargolifter«, demnächst sicher auch der Kühlschrank mit Internetanschluss. Hinter jedem Carl Benz stehen eben mindestens zwei oder drei Daniel Düsentriebs.

Umgekehrt muss auch die sinnvollste Erfindung auf gesellschaftliche und wirtschaftliche Rahmenbedingungen treffen, die sie erst zu einer sinnvollen Erfindung machen. Angenommen, ein Genie wie Leonardo hätte den Verbrennungsmotor und das Auto schon in der Renaissance erfunden. Was, außer ein paar Exzentrikern, Diplomaten und Fürsten hätte man damit transportieren wollen? Das Mittelalter hatte schlicht keinen Bedarf an derartiger Mobilität. Weder gab es genügend große Warenströme, noch hatte jedermann das Bedürfnis, schnell von A nach B zu kommen. Die Zeit wäre schlicht nicht reif für diese Erfindung gewesen, selbst wenn jemand sie gemacht hätte. Technologie bestimmt nicht nur die Produktion und die Produktionsmittel, sondern ist auch eine Form des Weltzugangs. Die Produktionsverhältnisse werden nicht nur durch die Produktivkräfte dominiert, wie Marx annahm, sondern beide ebenso durch die kulturellen Präferenzen der Menschen. Die Gesellschaft ist nicht zuletzt ein Produkt von Kultur. Jede Technologie muss daher auf Fragen antworten, die zu ihrer Zeit auch gestellt werden. Zugleich stellt sie dann selbst Rückfragen an die Gesellschaft, auf die sie trifft: Brauchen wir das wirklich? Wollen wir es? Inwiefern wird unser Leben besser, wenn wir es haben?

Die Wellness-Welle

Gegenwärtig bewertet die Wirtschaftswissenschaft das Thema Gesundheit völlig neu. Lange tauchte sie vor allem als Krankheit in der volkswirtschaftlichen Gesamtrechnung auf. Und damit als ärgerlicher, durch den medizinischen Fortschritt zudem ständig explodierender Kostenfaktor. Ärzte, Apotheker, Krankenhäuser, Pharmaindustrie, Kurorte – jeder schneidet sich immer größere Stücke vom immer größeren Kuchen ab. Der Patient schluckt alles, was Experten ihm verordnen, jammert aber sofort, wenn er bei Erkältung mehr als seine Schnupftücher zahlen soll. Derweil stöhnt er als Beitragszahler angesichts munter wachsender Abzüge auf dem Gehaltszettel. Ohne dass Kassen und kommunale Kliniken je auf einen grünen Zweig kämen.

Doch allmählich verändert der Gesundheitssektor sein wirtschaftliches Gesicht. Statt als Klotz am Bein des Wachstums zu gelten, erkennt man in der Nachfrage nach Gesundheitsdienstleistungen endlich den Wachstumsmotor. Gesundheit ist nämlich nicht allein durch Abwesenheit von Krankheit definiert. Sie umfasst einen weiten Bereich, den die Weltgesundheitsorganisation WHO als »physisches, psychisches und soziales Wohlbefinden« definiert.

In dieser Perspektive könnte der Gesundheitsbereich in Zukunft das ökonomische Feld mit der größten Ernte werden. Hier entsteht eine boomende Nachfrage, und ihr folgen viele neue Arbeitsplätze. In Deutschland erreichten die Gesundheitsausgaben 2008 ein Volumen von rund 300 Milliarden Euro. Das entspricht 11 Prozent unseres Bruttoinlandsprodukts. Die Gesundheitsbranche zusammengerechnet ist mit 4,4 Millionen Beschäftigten (Stand: 2008) der größte Arbeitgeber des Landes. Auch weltweit ist der größte Zuwachs an Arbeitsplätzen keineswegs – wie häufig vermutet – im Kommunikationssektor zu verzeichnen, sondern im weiten Sektor der Gesundheit. Zwischen 2001 und 2009 entstand zum Beispiel in den Vereinigten Staaten mehr als die Hälfte aller neuen Arbeitsplätze im Zusammenhang mit Gesundheitsdienstleistungen. Bedenkt man, dass das Bedürfnis nach Gesundheit und Wohlbefinden – ganz im Unterschied zur Nachfrage nach Autos, Kühlschränken oder Fernsehern – fast unbegrenzt ist, dann lässt sich leicht nachvollziehen, warum hier viele Hoffnungen ruhen. Der Gesundheitssektor und die zahlreichen Wellness-Branchen sind dabei nur Beispiele für eine Tendenz: Der Anteil der Produktion »harter« Industrie- und Konsumgüter an der gesamten Leistung Weltwirtschaft nimmt ab. Damit auch ihr Anteil am Arbeitsmarkt. Permanente Produktivitätssteigerung erlaubt es, immer mehr Dinge mit immer weniger Personal zu produzieren. Und die meisten Märkte für physische Güter sind längst gesättigt, jedenfalls dort, wo es Geld und ergo Hoffnung auf Nachfrage gibt. Sicher kann man versuchen, den Kunden auch noch einen Drittwagen aufzuschwatzen. Man kann sich Träumen hingeben, eines Tages werde auch jeder chinesische Haushalt ein bis zwei Pkw vor der Haustür parken. Die Industrie kann dafür sorgen, dass ihre Produkte schneller verschleißen, schneller technisch veralten oder noch schneller aus der Mode kommen. Wir können uns sogar weiter der Illusion hingeben, unser Planet werde die Folgen dieses toten Rennens sicher bis zum Tag des Jüngsten Gerichts verkraften. Dennoch: Irgendwann ist Schluss. Dann sind alle Schränke, alle Wohnungen, selbst alle Ferienhäuser und Villen voll. Dann wissen selbst die, die sich alles leisten können, nicht mehr, was sie sich noch leisten wollen.

Ganz anders ist es mit Gesundheit und Wohlsein. Das Reich der menschlichen Befindlichkeiten, ihre Steigerungen und Störungen, ist weit und breit wie das Feld des menschlichen Handelns mit- und füreinander, das sich darin auftut.

Die Epoche der Gesundheit wird zumindest weniger von technischen Produktionsbedingungen abhängig sein als das Industriezeitalter. Ähnlich dem Informationszeitalter werden Forschung und Wissen eine große Bedeutung haben. Gesundheit und Wohlbefinden sind aber vor allem eine Funktion der bestmöglichen Einbindung von Menschen in soziale Zusammenhänge. Die »Gesundheitsgesellschaft« wird deshalb deutlicher als ihre Vorgänger von gesellschaftlichen Strukturen und verbreiteten Ideen und Vorstellungen bestimmt sein. Gesundheit ist vor allem ein soziokulturelles Konstrukt, keineswegs nur ein medizinisches Phänomen. Wer definiert, was »Gesundheit« bedeutet, der macht zugleich eine Aussage über sein Menschenbild und seine Vorstellung von einem »guten Leben«.

Eine entscheidende Frage wird dabei sein, ob wir unsere Gesundheitsbedürfnisse allesamt Produkten und Apparaten anvertrauen. Oder ob wir dafür sorgen, dass wieder der einzelne Mensch im Mittelpunkt des Bemühens um die Gesundheit steht. Und zwar als »ganzer« Mensch aus Körper, Geist und Seele, nicht nur als Träger isolierter Leiden.

Lauert hinter der Dienstleistungsgesellschaft rund um Gesundheit und Wohlbefinden auch weiterhin der medizinisch-technologisch-pharmazeutische Komplex? Oder gelingt die Wende zur Dienstleistung als kommunikative, zwischenmenschliche Beziehung? Krank zu sein, sich schlecht zu fühlen, das lässt sich nicht allein durch Produkte und Geräte kurieren. Gewiss wird der Kranke immer auch Pillen konsumieren. Wie ja auch eine Praxis oder eine Klinik nicht allein aus kompetenten Ärzten, zugewandten Pflegekräften und warmen Worten besteht, sondern aus Wänden, Tischen, Stühlen und medizinischen Geräten. Dennoch: Konsum allein macht nicht gesund. Im Zentrum steht die menschliche Interaktion. Ein Arzt ist kein Verkäufer, ein Patient niemals nur ein »Kunde«. Denn zu guter Letzt geht es im Gesundheitssystem immer ums Ganze, um Dinge, die uns unendlich mehr berühren als die Wahl des richtigen Sofabezugs. Manchmal geht es sogar um Leben und Tod.

Doch ob auch künftig Technik und Konsum dominieren oder Handeln als Arbeit von Mensch zu Mensch, das ist nicht nur eine Frage ans »Gesundheitssystem«. Im Übrigen ein furchtbares Wort! Es ist vielmehr eine Frage nach dem künftigen Sinn und der Funktion von Arbeit insgesamt.

Der Gesundheitsbereich beschäftigt sich mit unserer Natur. Aber er ist selbst kein Teil der Natur. Das System ist von Menschen gemacht. Folglich kann es so oder anders gestaltet werden. Welche Rolle wird also der Mensch im Gesundheitssektor der Zukunft spielen? Ist der Arzt nur Produzent und der Kranke nur Konsument? Wie wird Gesundheit »hergestellt«? Ist der »Krankenpfleger« der Zukunft ein Tabletten austeilender und Blutdruck messender Roboter? Wird es – wie heute schon in Japan – in Krankenhäusern automatisierte »Waschanlagen« für Patienten geben? Wird man bei seiner Rehabilitation durch Telelernprogramme angeleitet statt durch Ärzte und Pfleger aus Fleisch und Blut – so wie man es schon jetzt in der Berliner Charité erprobt? Keine Frage: Eine Dienstleistungsgesellschaft ohne Diener wäre theoretisch möglich. Aber die Fahndung nach dem Menschen zwischen all den Automaten wird dann schwierig.

Wie man schon heute am Bahnhof in aller Regel länger warten muss, um am Schalter von einem Menschen Auskunft und Fahrkarte zu erhalten. Meist ist ja der Erste, von dem man angesprochen wird, der Mensch (vermutlich ein Praktikant!), der einen darauf verweist, dass es am Automaten doch viel schneller gehe. So wie es schon seit längerem Geld kostet, wenn man Geld am Schalter statt am Bankautomaten abheben will. So wie heute schon feststeht, dass es in wenigen Jahren keine »Postämter« mehr geben wird. Wenn der Betreiber des »Paketshop« die Chance zur echten Dienstleistung ergreift, soll es mir recht sein. Wenn ich aber in neun von zehn Fällen bei einer »Packstation« lande – nein Danke! So wie ich es auch in Zukunft bevorzugen werde, mich in einem Kaufhaus mit meinen Fragen und Wünschen an einen fachkundigen und freundlichen Verkäufer zu wenden und nicht an ein »Info-Terminal«. Noch grauenhafter: Die Vorstellung, dass mich in einer Kabine ein Computer vermisst, ich mir dann an einem »Touchscreen« meine neue Garderobe zusammenklicke, die einige Zeit später automatisch aus einem Transportschacht purzelt, während der Preis zugleich automatisch von meiner Kreditkarte abgebucht wird. Dann fehlt nur noch die virtuelle Gattin, die mit butterzarter Computerstimme verkündet, wie ausgezeichnet mir das neue Sakko steht.

Die Antworten auf solche und ähnliche einfache Fragen entscheiden darüber, ob Dienstleistung eine neue Chance für die Arbeit von Mensch zu Mensch bekommt, oder ob sie ein Vehikel der weiteren sozialen Entfernung und Entfremdung wird. Man kann das sicher alles technologisch hochgerüstet perfekt organisieren, die Dienstleistungsgesellschaft sozusagen als Mega-Betreuungs-Maschine installieren. Doch dann wäre sie ein Gehäuse neuer Hörigkeit, in schickem Design verpackt, hoch funktionell, aber vor allem kostensparend und kalt.

Das ist denn ja auch das schmutzige Geheimnis hinter dem Glanz des riesigen Automatenparks in Geschäften, Banken, Hotels, Bahnhöfen, Flughäfen, demnächst wahrscheinlich auch in Restaurants und Freizeiteinrichtungen: Kostensenkung. Wenn der Kunde es selbst macht, muss ich niemanden mehr einstellen, der ihn bedient oder ihm hilft. Und kann ihm für meine »Leistung« ohne Dienst dennoch Geld abknöpfen. Es ist die Verlängerung der altbekannten Ideen industrieller Produktivitätssteigerung und der Senkung der Lohnstückkosten in den Bereich der Dienstleistung hinein. Ersetze Arbeit durch Kapital. Mensch raus, Maschine rein, Gewinn nach oben. Leider ist das alles ein bisschen so, als würde man bis auf den ersten Geiger alle Violinen durch eine Soundmaschine ersetzen. Gewiss ließe sich eine Beethoven-Sinfonie so billiger produzieren. Das Orchester wäre produktiver, der Konzertbetrieb rentabler. Nur dass es eben keine Konzerte mehr wären, was man da hört.

Das Projekt einer menschlichen Dienstleistungsgesellschaft ist der Gegenentwurf zur Strategie einer totalen Kapitalisierung der Wirtschaft. Humane Dienstleistungen werden dabei keineswegs technikfrei sein, die Servicewüste sich nicht in ein Hippie-Paradies verwandeln. Genauso wenig wird die Industrie vollständig verschwinden. So wie ja auch die Landwirtschaft nicht verschwunden ist, seit es Fabriken gibt. Die wird sogar eher eine Renaissance erleben, da wir allmählich verstehen, dass gesunde Ernährung, Bewahrung der Schöpfung und industrialisierte Produktion von Lebensmitteln nicht unbedingt zusammenpassen. Die entscheidende Frage für die Zukunft der Dienstleistungs-Arbeit wird sein, ob die Technik dabei eine Prothese des Menschen oder der Mensch ein Anhängsel an die Technik sein wird. Das Innovationspotential der humanen Dienstleistungsgesellschaft beschränkt sich eben deshalb nicht auf Gesundheit und Wellness. Es geht weit darüber hinaus und umfasst Bildung, Kommunikation, Informationsverarbeitung, Umwelt, Naturschutz. Soziale Dienste schaffen einen weiten Rahmen, innerhalb dessen sich auch Dienstleistung mit und für den Menschen entfalten kann. Der Mensch, der Technik nutzt, muss nicht notwendig den Preis bezahlen, dass er selbst sich dabei abschafft.

Eine vollautomatische Dienstleistungsgesellschaft würde einer Isolierstation ähneln. Eine von Arbeit befreite Gesellschaft verändert nicht nur die Außenwelt, sondern auch das »Innenleben«, zum Beispiel das Gehirn. Die Botenstoffe im Gehirn, welche unser Wohlbefinden stimulieren, trocknen ohne menschliche Kontakte aus. Der neue Kaspar Hauser, allein gelassen zwischen Fahrkarten-, Geld- und Info-Automaten, wäre wahrscheinlich ein ebenso gestörter Mensch, wie es sein Vorgänger vor fast 200 Jahren war. Ohne menschlichen Kontakt, der Sprachlosigkeit ausgeliefert, verenden Menschen am Ende auch physisch. Schon im Mittelalter experimentierten Gelehrte im Dienste Friedrichs II.

mit der »Aufzucht« von Kindern, denen menschliche Kontakte und Spracherwerb vorenthalten wurden. Die Kinder starben früh. »Denn sie mochten nicht leben, ohne Koseworte ihrer Mütter und Ammen«, berichtete der italienische Chronist Salimbene von Parma.

Das Verschwinden des Menschen aus der Wirtschaft, seine Degeneration zum autistischen Anhängsel der Automaten wäre das Ende der Arbeit als zwischenmenschliches Handeln im Sinne Hannah Arendts – als höchste Entfaltung menschlicher Tätigkeit im Tätigwerden für andere. Eine Vision, die an Schwärze dem atomaren Super-GAU kaum nachstünde: Rationalisierung als ökonomische Neutronenbombe. Die schlimme Ironie dieser Geschichte bestünde darin, dass der Mensch, der einst in einer schmalen Lücke der Natur das Licht der Welt erblickte, im riesigen Abgrund der von ihm selbst geschaffenen Kunstwelt wieder verschwände. Am Charakter der entstehenden postindustriellen Dienstleistungsgesellschaft entscheidet sich also auch die Frage nach den Überlebensbedingungen der Menschheit.

Was leistet die Dienstleistungsgesellschaft?

1970 trug das produzierende Gewerbe – das heißt, Industrie, Energiewirtschaft und Baugewerbe – noch 46 Prozent zur gesamten Bruttowertschöpfung der deutschen Wirtschaft bei. Bis 2004 sank dieser Anteil auf 29 Prozent. Länder wie die USA und Frankreich mit 22 oder Großbritannien mit 24 Prozent hatten den Wandel von der Industrie- zur Dienstleistungsgesellschaft bis dahin noch radikaler vollzogen als wir. Und dort ist der Industrieanteil in den letzten Jahren sogar weiter gesunken, während er sich bei uns in den letzten zehn Jahren bei einem knappen Viertel der Wirtschaftsleistung stabilisiert hat. Umgekehrt heißt das aber: In allen entwickelten Volkswirtschaften arbeiten drei Viertel der Beschäftigten im Dienstleistungssektor, der auch für ungefähr drei Viertel der Wirtschaftsleistung steht. Schon 1973 hatte der amerikanische Soziologe Daniel Bell die Triebkräfte der von ihm erstmals so bezeichneten »nachindustriellen Gesellschaft« als dreistufigen Prozess beschrieben.

Die erste Stufe nannte er »Tertiarisierung«. Auf die Agrargesellschaft (Volkswirte bezeichnen die Landwirtschaft vornehm als »primären Sektor«) folgte die Industriegesellschaft (»sekundärer Sektor«), diese wurde schließlich durch die Dienstleistungsgesellschaft (»tertiärer Sektor«, deshalb »Tertiarisierung«) beerbt. Während in der Agrargesellschaft der Boden der Hauptproduktionsfaktor war, wurde das Industriezeitalter durch den Faktor Kapital bestimmt. Deshalb kann man diese Epoche auch als »Kapitalismus« bezeichnen, ohne das abwertend zu meinen.

In der Dienstleistungsgesellschaft spielt der Faktor Arbeit die Hauptrolle. Allerdings verändern sich im Vergleich zur industriellen Produktion auch dessen Art und Bedeutung. Die Arbeit steht nicht mehr vorwiegend im Dienste des Herstellens, sondern des Miteinander-Handelns. Das idealtypische Modell der Dienstleistungsgesellschaft ist nicht Produktion, sondern Kommunikation. Salopp gesagt: Schwätzen statt Schwitzen.

Im zweiten Schritt wird die Dienstleistungsgesellschaft zur Wissensgesellschaft. Die Macht des Produktionsfaktors Kapital hat ihren Zenit überschritten. Er wird abgelöst durch den Faktor Wissen. Innovation wird wichtiger als Kapital. Die optimale Vermögensform ist nicht mehr Geld, sondern Talent bzw. bestmögliche berufliche Qualifikation. Sachgüter werden von Geistesgütern zurückgedrängt. Folge: Der relative Kapitalbedarf vermindert sich.

Daraus resultiert im dritten Schritt das, was Bell »postmateriellen Wertewandel« nannte. Materielle Werte – Konsum, Besitz, Einkommen – verlieren ihre Dominanz. Die Nachfrage nach »stofflichen Produkten« geht zurück. Und irgendwann stößt sogar der Faktor Wissen an Kapazitätsgrenzen. Wir kennen das als »Informationsüberflutung«. Einerseits drängen immer mehr, häufig auch noch unzusammenhängende Informationen auf uns ein, andererseits veralten Wissen und Know-how immer schneller. Die Entsorgung von Wissensmüll wird zu einem Problem, das durch Wissen nicht gelöst werden kann. Was wichtig ist und was nicht, was noch gilt und was nicht mehr, ist keine reine Wissensfrage. Es ist auch und vor allem eine Bewertungsfrage. Die Wissensmenge ist eine stumme Masse, wenn sie nicht in Frage gestellt wird. Die wichtigen Fragen zu stellen aber gehört zum Kompetenzbereich der Bildung. »Bildung ist das, was übrig bleibt, wenn man vergessen, was man gelernt hat.« In diesem Kalauer hat sich ein Quäntchen Lebensweisheit versteckt.

Dienstleistungen vollziehen sich zudem auf einem anderen Wertefundament als die Produktion. Dienstleistungen kann man nicht »besitzen«, wie man ein Haus besitzt oder ein Auto kauft. Dienstleistungen zielen nicht auf Haben, sondern auf Handeln, und sie ermöglichen Zugang. Teilnahme wird dadurch wichtiger als Teilhabe, Mitwirken wichtiger als Konsumieren. Auf der Ebene der Lebenseinstellungen zählen nun weniger die harten Tugenden der Selbstbehauptung und mehr die weichen Vorzüge der Selbstentfaltung oder, neudeutsch, »Selbstverwirklichung«. In Anlehnung an das berühmte Buch von Erich Fromm verschiebt sich die gesellschaftliche Wertschätzung vom Haben zum Sein. Gut zu leben wird erstrebenswerter, als viel zu haben. Das verändert auch das Statusdenken, ohne das dieses verschwinden würde. Nicht mehr die ständige Steigerung des Lebensstandards steht im Mittelpunkt, sondern die Erweiterung von Lebensmöglichkeiten und die Verbesserung von Lebenschancen. Zeit wird kostbarer als Dinge, Kaufkraft ist nicht mehr der allein dominierende Maßstab für Wohlstand. Die Parole »Bereichert euch!« ist out, die alte Einsicht, dass Geld nicht glücklich macht, kommt zu neuen Ehren. Denn Glück ist kein materieller Gegenstand. Es hat andere Quellen als das Bruttosozialprodukt.

Der Weg zu einer humanen Dienstleistungsgesellschaft führt allerdings auch an einigen Absturzstellen vorbei. Machtkämpfe und Prestige-Querelen etwa verschwinden ja nicht, ebenso wenig wie Hochmut, Habgier und die anderen fünf Hauptlaster des Menschen: Wollust, Rachsucht, Völlerei, Neid und Trägheit. Sie suchen sich nur neue Betätigungsfelder. »Mehr« muss nun nicht mehr unbedingt ein materiell wägbarer Zuwachs sein. Ebenso kann man den »Kick« jetzt in einem Mehr an Erlebnissen suchen. Der Prototyp dieses Kunden ist der meist außengeleitete Mensch, der auf beinahe beliebige Reize reagiert – und dann nach ihnen süchtig wird. Das »Objekt« seiner Begierde mag mit der Mode wechseln, dem Marketing wie dem Absatz kommt solche Kurzatmigkeit nur entgegen: »Öfter mal was Neues!« So lautet die Lebensmaxime der kurzweiligen Gesellschaft, der die Zeit zur Besinnung ausgeht. Der Wandel vom »mehr Haben« zum »mehr Sein« biegt auf den Holzweg des öfter High-Seins ab. Dabei zeigt sich, dass sowohl die technologisch hochgerüstete Dienstleistungsgesellschaft wie auch die Erlebnisgesellschaft beide versuchen, ohne Arbeit auszukommen. Die Technologen delegieren die Arbeit an die Automaten, die Erlebnishungrigen versuchen, Arbeit möglichst unterschiedslos in Spaß aufzulösen.

In der Tendenz hat sich Bells Prognose zwar als richtig erwiesen, generell macht es sich der Lobgesang auf die postindustrielle Moderne aber zu einfach. In der Geschichte räumt ein Zeitalter das vorhergehende nicht ab wie der Bulldozer ein Haus. Das Alte bleibt im Neuen aufgehoben, und zwar im dreifachen Hegel'schen Sinne: aufgelöst, aufbewahrt und emporgehoben. Manchmal erweist sich das Alte dabei sogar zäher als das Neue, das es ablösen will. So sterben etwa entgegen manch euphorischer Prognose die »langweiligen« Berufe nicht allesamt aus, um einer wunderbaren Arbeitswelt aus Schaffensrausch und Spannung Platz zu machen. Neben den »Wissensarbeitern« und »Kreativen« wirken weiterhin Horden von routinierten Datenverarbeitern, die relativ stupide und abwechslungsfreie Tätigkeiten verrichten müssen. Nicht nur auf Finanzierungskonzepte muss ein menschliches Auge seinen Blick richten. Auch über meine Kreditkartenabrechnung sollte wenigstens ab und an einer drübersehen. Gewiss beschäftigt eine Werbeagentur lieber einen virtuosen Texter als einen faden Phrasendrescher. Aber für die Sachbearbeiterin bei der Bestellannahme reicht es, dass sie freundlich ist, ein Kommunikationsgenie muss sie nicht sein.

Im Gegenteil, sie und ich, wir müssen beide der Gefahr ins Auge sehen, dass uns bei der Bestellung ständig der »große Bruder« über die Schulter schaut. Statt edle Werte wie Selbstentfaltung und Kreativität zu befördern, kann Dienstleistung im Bündnis mit Informationstechnik auch zum Bündel perfekter Kontrollmechanismen werden, aus dem es kein Entrinnen mehr gibt. Das CRM-System (Customer Relationship Management) des Call Centers stoppt nicht nur genau mit, wie lange die nette Dame am Telefon braucht, um meine Bestellung aufzunehmen. Es erinnert sie auch, dass sie mich danach noch auf das Thema Zahnzusatzversicherung ansprechen muss. Unser Gespräch wird »zu Zwecken der Qualitätssicherung« selbstredend mitgeschnitten. Und wenn die Dame mal muss, muss sie sich dafür erst »ausloggen«. Umgekehrt weiß das »System« nicht nur, was ich speziell jetzt und im Allgemeinen so bestelle. Es erkennt an meiner Postleitzahl auch gleich, ob in meiner Nachbarschaft zu viele Leute mit Zahlungsschwierigkeiten wohnen. Dann muss ich nämlich Vorkasse leisten, falls ich überhaupt etwas bestellen darf. Dafür, dass er so streng ist, beschützt mich Big Brother aber auch. Taucht nämlich meine Kreditkarte plötzlich in Kairo auf, obwohl ich sonst fast nur in Köln einkaufe, dann findet er das unplausibel – und verweigert so lange die Zahlung, bis ich anderweitig beweisen kann, dass wirklich ich und nicht jemand anders mit meiner Karte nach Ägypten gereist bin. Und ehe wir uns versehen, haben sich all die elektronischen Erfassungsorgane im Netz unserer ständigen Erreichbarkeit als sublime Art von Rund-um-die-Uhr-Überwachung entpuppt, ähnlich der elektronischen Fußfessel, die für den Strafvollzug entwickelt wurde. Das Regime der guten alten Stechuhr war demgegenüber begrenzt und überschaubar, war sie doch eine Standuhr. Die elektronischen Dienstleister sind dagegen ständige Begleiter.

Die neuen Hierarchien der Dienstleistungsgesellschaft

Die verschiedenen Arten postmoderner Dienstleistung krempeln nicht nur die Beziehungen zwischen Verkäufer und Käufer, Produzent, Händler und Kunde um. Sie verändern auch die Strukturen und Hierarchien der Arbeitswelt. Alte Berufe und Beschäftigungsformen verschwinden, und ständig entstehen neue. Jenseits etablierter ideologischer Frontlinien wie Oben und Unten, Reich und Arm, Mächtigen und Machtlosen, Arbeitslosen und Arbeitsplatzbesitzern, Hand- und Kopfarbeitern oder Produzenten und Dienstleistern graben sich neue Unterscheidungen in die Arbeitswelt ein. Berufsbilder verschwimmen, vertraute Berufsgruppen werden durcheinander gewürfelt, ehemals sichere Laufbahnen zerrissen. Die amerikanische Beschäftigungsstatistik unterschied mehr als hundert Jahre lang zwischen »white collar« und »blue collar«. Heute unterscheidet diese Unterscheidung nichts mehr. Die Trennung von Arbeitern und Angestellten ist passé. Nicht umsonst hat auch die Deutsche Rentenversicherung vor einigen Jahren die Trennung in zwei Träger, einen für Angestellte, einen anderen für Arbeiter, aufgegeben. Ebenso kann heute jeder, unabhängig von Beruf oder Status, Mitglied jeder Krankenkasse werden.

Auch die alte Hierarchie von Hand- und Kopfarbeit gilt nicht mehr. Viele Bürojobs sind monoton bis zum Abwinken. Dafür können moderne Maschinen meist nur noch hochqualifizierte Facharbeiter bedienen, wenn nicht gleich ein Ingenieur ran muss. Und entgegen dem Negativimage des Dienstleistungssektors gibt es dort nicht nur mies bezahlte Verkäuferinnen und Verkäufer, Putzfrauen, Paketboten und Wachmänner. Die gibt es auch, und zwar allzu zahlreich. Aber Dienstleister sind beinahe ebenso häufig akademisch qualifizierte Spezialisten.

Robert Reich, unter Bill Clinton US-Arbeitsminister, unterscheidet Dienstleistungen in seinem Buch »Die neue Weltwirtschaft« wie folgt:

1. Routinemäßige Produktionsdienste
2. Kundenbezogene Dienste
3. Symbol-analytische Dienste

In der Routine des Produktionsdienstleisters scheint immer noch der alte Fließbandarbeiter durch. Auch in der Steuerung und Kontrolle der Produktion fallen monotone, sich wiederholende Tätigkeiten an. Längst nicht jeder »Manager« ist auch ein »Entscheider«. Auf den unteren und mittleren Ebenen von Unternehmen ist auch im postindustriellen Zeitalter der »Dienst nach Vorschrift« keineswegs verschwunden. Vorarbeiter, Produktmanager und selbst Abteilungsleiter bearbeiten überwiegend Routineangelegenheiten. Die Buchhaltung oder der EDV-Support werden nicht automatisch zu »Kreativbranchen«, nur weil statt Kontenbüchern und Stempelkissen SAP-Systeme und statt Schraubenzieher und Ölkännchen eine Tastatur verwendet wird. Codierungen von Software sind ebenso Routinearbeiten wie die Beschäftigung im Call-Center. Datenverarbeitung ist eine Potenzierung von Routine. Die Berge von Routinedaten müssen auf eine monotone Weise verarbeitet werden, die dem Zusammenfügen von Einzelteilen am Fließband gleicht.

Auch Beschäftigte in der kundenbezogenen Dienstleistung müssen im Allgemeinen keine höhere Bildung genossen haben. Zu dieser Gruppe gehören Einzelhandelsverkäufer, Hausmeister, Kassierer, Krankenschwestern, Kindergärtner, Hauspflegekräfte, Hausangestellte, Taxifahrer, Sekretärinnen, Friseure, Automechaniker, Makler, Stewardessen, Heilgymnastiker und andere. Und ein Beruf mit hohen Zuwachsraten: Wachpersonal.

Die Leistungen der kundenbezogenen Dienstleister werden in aller Regel von Person zu Person, also in räumlicher und zeitlicher Nähe zum Kunden erbracht. Der Vorteil: Diese Arbeitsplätze können nicht exportiert werden. Das heißt, sie stehen nicht wie die Produktionsarbeit in einem globalen Wettbewerb. Ein Auto, das in Pforzheim einen Unfall hatte, wird selten in New Delhi repariert. Die Kehrseite der Medaille: Wenn der Kunde nicht bereit ist, für diese Leistung einen Preis zu bezahlen, von dem man in einem Hochlohnland wie Deutschland auch leben kann, dann haben wir plötzlich mitten in der Ersten Welt Dritte-Welt-Löhne.

Die dritte Gruppe nennt Robert Reich die »Symbol-Analytiker«. Sie sind die wahren Herren der postmodernen Dienstleistungsgesellschaft. Denn ihr »Produkt« sind die Konzeptionalisierung von Problemen, das Finden und Entwerfen von Lösungen und die Überwachung ihrer Ausführung. Ihr Berufsbild zeichnet sich durch ein hohes Maß an Kreativität aus, weshalb ein »Dienst nach Vorschrift« mangels Masse an Vorschriften entfällt.

Die Symbol-Analytiker sind die hoch bezahlten Pfadfinder einer neuen, komplexen, virtuellen Arbeitswelt. Entweder stehen sie in den Hierarchien weit oben oder sogar völlig außerhalb derselben. Der Prototyp des Symbol-Analytikers agiert oft wie der Freiberufler: Er bekommt kein Gehalt, er stellt eine Rechnung. Sein Einkommen ist arbeitszeitunabhängig. Und sein Dienst kann weltweit in Anspruch genommen werden. Deshalb steht er auch in einer globalen Konkurrenz. Symbol-Analytiker haben in der Regel einen hohen Bildungsabschluss. Den Hochadel der Symbol-Analytiker bilden die Finanzexperten, die Juristen und die Unternehmensberater. Sie entscheiden, was gilt und was nicht, was Wert hat und was nicht, wer dazugehört und wer nicht, wie etwas gemacht wird und wie auf keinen Fall. Oft mit nur einem Federstrich entscheiden sie über Geldströme, rechtliche Spielräume, Prozesse, Strukturen – und menschliche Schicksale. Einschluss und Ausschluss, Anerkennung oder Ablehnung, sie treffen die wirklich diskriminierenden (wörtlich: unterscheidenden) Entscheidungen.

Damit sind, ganz im Gegensatz zu früher, wo die Herren Herren waren und die Diener Diener, auch Macht, Einfluss und Herrschaft zu Dienstleistungen geworden. Der alte Gegensatz von Kapitalisten und Arbeiterklasse ist passé. Denn längst sind auch die meisten Vertreter des Kapitals Angestellte. Sie nennen überhaupt kein Kapital ihr Eigen, sondern wirken als bezahlte Manager und Ratgeber. Aber diese Dienstleister können, ganz anders als die Übrigen, ganze Volkswirtschaften oder Staaten aushebeln. Sie *sind* quasi die neue Staatsmacht. Das Geld als Weltmacht ist eine Wiederauferstehung des Imperialismus im neuen Gewande. Es werden nicht mehr Gebiete erobert, sondern Märkte.

Der neue Berufstyp des Symbol-Analytikers verzeichnet die größten Zuwachsraten. Das betrifft sowohl die Zahl der Beschäftigten wie auch ihre Einkommensverhältnisse. Reich rechnet vor, wie sich in der kurzen Zeit zwischen 1971 und 1989 allein die Zahl der juristischen Dienstleister in den Vereinigten Staaten beinahe verdreifacht hat, nämlich von 343.000 auf knapp eine Million. Ähnlich stieg die Zahl der finanzwirtschaftlichen Symbol-Analytiker, also der Investmentbanker, Finanzberater und Wertpapierhändler. Im Zeitraum von 1979 bis 1987 verdoppelte sich die Anzahl der Wallstreet-Beschäftigten. Aber dies war nur der Beginn einer neuen Wirtschaft, deren Betätigungsfeld von Symbolen besetzt ist, für welche die Realität nur eine ferne Erinnerung ist.

Wie verhindern wir es, dass diese Berufe, die ihr Arbeitsfeld im Virtuellen haben, sich von allen Regeln befreien und sich selbstständig machen wie der Besen des Zauberlehrlings. Soll der Markt ihnen Grenzen setzen? Der Markt steht unter dem Diktat von Gegenwartsbedürfnissen. Wer vertritt die zukünftig Lebenden? Wer analysiert die Zukunftssysteme? Wie groß müsste der Staat sein, dessen Herrschaft die Welt umspannt? Der Weltstaat ist ein Phantasieprodukt und dazu noch ein schreckliches.

Robert Reich zieht aus der Überschwemmung der Wirtschaft mit Symbol-Analytikern den Schluss, ihr Wirken gleiche dem von Waffenhändlern. »Wenn andere bereit sind, für solch teure Munition zu zahlen, dann muss sie ja den Preis wert sein, und wenn man sich in einer derart bewaffneten Welt verteidigen will, muss man dem Beispiel eben folgen.« Ob die finanzwirtschaftliche Abrüstung mehr Erfolg hat als die militärische?

Die Zukunft der Dienstleistung

Wir können nicht ausschließen, dass die Hoffnungen für die Zukunft der Arbeit, die sich hinter dem weit gefassten Begriff der »postmodernen Dienstleistungsgesellschaft« verbergen, sich im Nebel einer großen Enttäuschung auflösen. Einer »Enttäuschung« im doppelten Sinne: des Endes einer Täuschung und des Endes einer Hoffnung. Eine weitgehend automatisierte Roboter-Gesellschaft würde kaum noch Nachfrage nach Dienen und

Bedienung entwickeln. Viele »Dienstleistungen« würden in ihr online erbracht, gesteuert von Datenbanken und »intelligenten« Systemen für das so genannte »Customer Relationship Management«. Kundendienst als anonyme Abwicklung von Bestellungen und Anfragen aller Art, ohne dass im Normalfall irgendein Mensch beteiligt sein müsste. Sicher, wo noch physische Waren bewegt werden, da müssen immer noch ein paar Lageristen, Packer und Paketboten arbeiten. Wo es zu größeren Problemen kommt, da wird eine Sachbearbeiterin eingreifen müssen. Am Ende jeder Telefonschleife wird es noch die Möglichkeit geben: »Wenn Sie mit einem unserer Mitarbeiter sprechen möchten, dann wählen sie die 3.« Aber einen immer größeren Teil der Arbeit wird im Netz oder an einem »Terminal« der Kunde selbst erledigen müssen. Die Grenzen zwischen dem Ich und den Systemen werden dabei diffus. Denn wo es kein Du gibt, gibt es auch kein Ich. Und wo es beide nicht gibt, gibt es weder Dienen noch Bedienung.

Die Informationsgesellschaft überflutet uns mit immer mehr Informationen. Den Zusammenhang zwischen ihnen müssen wir jedoch selbst herstellen. Denn Information ist nicht gleich Wissen, das heißt eingeordnete und bewertete Information. Nachbarn, Freunden, dem Bäcker an der Ecke oder dem Urteil eines bekannten Kritikers einer seriösen Zeitung kann ich vertrauen. All den mir völlig fremden »Menschen«, deren »Kundenbewertungen« ich irgendwo lese, denen kann ich bestenfalls glauben. Informationen werden zur entpersonifizierten Mitteilung.

Ein Gespräch ist ja weit mehr als ein Informationsaustausch. Es besteht nicht nur aus Worten. Gespräche sind Ereignisse, an denen mehrere Sinne beteiligt sind: Wir hören den Klang einer Stimme, nehmen Gesten, Gerüche und viele andere Eindrücke wahr, bewusst oder unbewusst. Wie etwas gemeint ist, erfahre ich oft mehr durch den Tonfall oder ein kleines Stirnrunzeln meines

Gegenübers als durch das Gesagte selbst. Von all dem versteht ein Computer wenig bis nichts. Deshalb ist »Information« etwas ganz anderes als das Gespräch mit einem kompetenten Berater. Doch solche personalen Dienste nimmt die technisierte Dienstleistungsgesellschaft immer weniger in Anspruch.

Tatsache ist: Wir werden immer seltener bedient und immer öfter nur noch abgefertigt. Die großen Dienstleister der Vergangenheit, wie Bahn oder Post, sind jedenfalls durch Privatisierung und digitale Modernisierung nicht unbedingt »bedienungsfreundlicher« geworden. Privatisierung wurde vornehmlich als Kostensenkung betrieben, meist in der einfallslosesten Art, der schlichten »Wegrationalisierung« von Arbeitskräften.

Nur selten sieht man noch den »Aufsichtsbeamten« auf dem Bahnsteig, der auf Fragen nach Fahrplan, Umsteigemöglichkeiten oder Verspätungen antwortet. Und wenn es Probleme mit Zugverbindungen gibt, dann oft gleich in einem Ausmaß, dass die verbliebenen wenigen Bahnmitarbeiter sofort völlig überlastet sind. Sie dürfen dann den Prellbock für empörte Fahrgäste abgeben.

Dem Postboten ist kein festes Quartier mehr zugeordnet, in dem er seine tägliche Tour macht. Der »Zusteller« wird heute hier, morgen dort eingesetzt – und immer in einem viel zu großen Sprengel. Seine Dienstleistung wird in enge Taktzeiten gequetscht. Trifft er in seiner Not den Empfänger nicht sofort an oder wohnt der unterm Dach, dann wird schnell eine »Benachrichtigung« in den Kasten gestopft. Der Kunde darf sich dann auf den Weg zur Paketausgabe machen. So werden aus Empfängern Abholer, aus Kunden kostenlose Mitarbeiter, die einen Teil der Arbeit, nämlich die Zustellung, für die sie vorher bezahlt haben, nachher selbst erledigen.

Überhaupt wird der persönliche Kontakt zum Empfänger von der Regel zur Ausnahme. Er ist für die Post nur Geldverschwendung, denn Zeit ist Geld. Der gute alte Postbote war immer auch ein wenig ein Sozialarbeiter. Undenkbar, dass seinerzeit eine Witwe – wie in München geschehen – sechs Wochen tot in ihrer Wohnung liegt, und niemand es bemerkt. Ein, zwei Tage hätte der Briefträger sich vielleicht nur gewundert, dass die alte Dame nicht auf ein Schwätzchen vor die Wohnungstür tritt. Doch spätestens, wenn ihr Briefkasten überfüllt gewesen wäre, hätte er etwas unternommen.

Oder: Ein kleiner Fehler in der Anschrift, und eine Sendung geht heute erst einmal in die Suchschleife. Früher wusste der Briefträger selbst, dass Frau »Meier« eigentlich »Mayr« heißt und nicht in Nr. 7, sondern in Nr. 17 wohnt. Die Perfektion der Systeme dagegen vermehrt die Fehleranfälligkeit – und vermindert die Fähigkeit zur Korrektur. Menschen verstehen Begriffe wie »ungefähr«, »manchmal«, »ausnahmsweise« oder »in diesem Fall«. Maschinen nicht. Die eigentlich überhaupt nicht lustigen Erfahrungen, die jeder von Ihnen schon beim Anruf bei einer beliebigen »Hotline« gemacht haben dürfte, gehören deshalb ja auch zum festen Repertoire aller Comedy-Sendungen.

Es bleibt wenig mehr, als zu hoffen, dass kreative Anbieter künftig die »Marktlücke Mensch« wieder entdecken und besetzen.

Die modernen Informations-Dienstleistungen gleichen die Defizite einer Gesellschaft nicht aus, in der jeder sich selbst der Nächste ist. An 1.048 »Freunde« sandte am Heiligen Abend 2010 in Brigthon Simone Back die Nachricht: »Hab' all meine Pillen genommen, bin bald tot, also bye-bye an alle.« Acht Minuten später begann auf der Facebook-Seite eine interessante Diskussion zwischen den Empfängern über die möglichen Befindlichkeiten der Absenderin. Einen Notruf setzte niemand ab. Simone starb 18 Stunden später. Facebook schafft zwar mehr Kontakte, aber offensichtlich nicht Kommunikation. So wie auch Twittern nicht das Miteinander intensiviert. So schafft die Informations-Dienstleistung »Dabeisein ohne Teilnahme«.

Reamateurisierung der Expertokratie?

Gibt es einen Überdruss der expertokratisch verstellten Welt? Bahnt sich gar ein Abschied von der total professionalisierten Arbeitswelt an? Erhalten Amateure wieder mehr Gewicht gegenüber der Arroganz einer auswuchernden Expertokratie, die sich nicht nur anmaßt, die Probleme zu definieren, sondern sie auch zu lösen? Was die Experten nämlich nicht als Problem definiert haben, ist auch keines und wird deshalb auch nicht gelöst.

Die neue Macht der Experten geriert sich »einwandfrei«. Ihre Herrschaft stützt sich nicht auf Herkunft, Privilegien oder gar Gewalt. Ihr Thron ist das »objektive Wissen«. Ihr Befehlsbote der »Sachzwang«. Herrscher erwarten, dass ihr Wille Gesetz ist. Experten erwarten dasselbe, behaupten aber freundlich, dass die Dinge so liegen, wie sie liegen, und folglich keine andere Lösung denkbar sei. Ihr Lieblingswort ist »alternativlos«.

Die Expertokratie verengt Weltzugang, indem sie die Kompetenz des »gesunden Menschenverstandes« untergräbt. Kaum eine Mutter, kaum ein Vater traut sich mehr eine Erziehungsentscheidung zu, ohne vorher mindestens drei pädagogische Experten befragt zu haben, von denen jeder etwas anderes rät. Die Wunschvorstellung der Erziehungsberatung ist offenbar, dass sich 40-jährige Mütter an 20-jährige Sozialpädagoginnen wenden, um von ihnen zu erfahren, wie sie ihr sechstes Kind erziehen sollen.

Mag sein, dass mit Reamateurisierung der Gesellschaft das Innovationstempo langsamer wird. Was aber wäre dadurch verloren? Beschleunigung erspart nicht immer Zeit. Sinnlose Beschleunigung ist mit Zeitverlust verknüpft. Je schneller die Autos fahren, umso mehr bleiben sie im Stau stecken.

Erfahrung ist ein Zeitdämpfer. Sie verhindert »Schnellschüsse«. Erfahrung ist langsamer Wissenserwerb. Sie verhindert, dass man einen Fehler zum dritten Mal macht. Diese Fähigkeit wächst mit dem Alter. Die Jungen machen ihre Fehler allesamt zum ersten Mal. Erfahrung verschleißt Besserwisser, Erfahrung ist der Rost der Ideologie.

Mit Erfahrung gewänne die Politik vielleicht mehr Lebensnähe. Wenn dem Beruf des Politikers eine mehrjährige Erprobungs- und Bewährungsphase im alltäglichen Berufsleben vorausginge, würde sich das Ergebnis der politischen Personalauswahl stark verändern. Wieso ist Jungsein ein Eignungskriterium für den Politikerberuf? Der kurze Weg von der Universitätsbank zum Abgeordnetensitz ohne Zwischenschritte und -stopps erscheint mir eher ein Umweg zu einer gereiften Einsicht in die vielen Wichtigkeiten, welche der Politiker unterscheiden und »gewichten« muss. Nicht alles ist nämlich gleich wichtig. Ich jedenfalls würde mich auf stürmischer See eher einem erfahrenen Kapitän anvertrauen als einem jungen Navigationsexperten, selbst wenn dieser gerade sein Examen mit Auszeichnung bestanden hätte. Nicht ohne Lebensklugheit empfahlen Plato und Aristoteles, den Zugang zu höheren Staatsämtern an ein höheres Lebensalter zu knüpfen.

Rettende Widerstände

Drei Widerstände stehen dem gesichtslosen Imperialismus einer Arbeitswelt ohne Arbeit entgegen. Der erste will den Marsch in eine abstrakte Globalität stoppen, in der Menschen, egal wo auf der Welt und wie sie gerade leben, wenig mehr sind als die billigsten Rädchen für das Getriebe der weltumspannenden Kapitalverwertung. Der zweite Widerstand richtet sich gegen die anonyme Herrschaft der Experten, die sich auf ein von ihnen selbst vorselektiertes Wissen stützen und sich dann dahinter gegen jede demokratische Kontrolle verschanzen. Der dritte und stärkste Widerstand wendet sich gegen das irrige Versprechen, eine anstrengungslose Leichtigkeit des Seins sei möglich. Denn in einer Welt ohne Widerstände, und nichts anderes würde eine Welt ohne ehrliche Arbeit bedeuten, würde sich der Mensch selbst nicht mehr spüren.

Wenn es gelingt, die konstruktiven Potentiale der »neuen Arbeit« zu fördern und ihre destruktiven zurückzudrängen, dann besteht eine Chance, dass die drei genannten »Widerstandsbewegungen« obsiegen.

4. Die Verflüssigung der Arbeit und die Verflüchtigung des Unternehmens

Die Geschichte der Arbeit ist auch eine Geschichte der veränderten Arbeitsprozesse, Arbeitsziele und Arbeitsmittel. Dieser Paradigmenwechsel beschleunigt sich in der modernen Zeit. Grob lässt sich diese Entwicklung in drei Phasen einteilen:

Der Fordismus: Die zerlegte Arbeit. Der Fordismus ist das Arbeitskonzept der entwickelten Industriegesellschaft. Diese Epoche ist gekennzeichnet durch weitgehend standardisierte Massenproduktion bei strenger Kontrolle der Arbeitsdisziplin, die von der Technik selbst vorgegeben wurde. Die Arbeitsvorgänge wurden in Einzelschritte zerlegt, geplant und berechnet. Frederick Winslow Taylor, von dem das wissenschaftliche Konzept stammt, das den Fordismus prägte, betrachtete die Arbeit des Menschen wie die Tätigkeit einer Maschine. Aus beider Bewegungen musste jeder Leerlauf eliminiert werden. Der Arbeiter wurde zur Maschine mit zwei Beinen. Seinen zynischen Offenbarungseid leistete Taylor mit dem Spruch: »Wir lassen nicht die Arbeiter denken. Wir denken selbst.« Die ironische Ikone dieses Systems ist Charlie Chaplins überschnappender Fließbandarbeiter im Film »Moderne Zeiten«.

Taylor beschränkte die industrielle Arbeit auf eine Lückenbüßerfunktion im Fabriksystem mit seinen getakteten Maschinen und Anlagen. Die Lücken wurden dabei immer kleiner. Arbeiten, die auch abgerichtete Affen hätten erledigen können, wurden automatisiert. Der klassische Taylor-Arbeiter wurde zur Restgröße, zum Anhang der Maschine. Die technologische Revolution fraß ihre industriellen Kinder. Die Anforderungen an die Arbeit wechselten mit den Produktionsbedingungen. Meist bedeutete das: Modernere Maschinen verdichteten den Arbeitstakt immer stärker.

Das Toyota-System: Selbstorganisation der Arbeit. Im letzten Drittel des 20. Jahrhunderts verschob sich die Leitorganisation der industriellen Massenanfertigung von der »Zerlegung der Arbeit« zur maximalen Selbstorganisation der Arbeitsgruppe. Das Ford-System wurde durch das Toyota-System verdrängt. Japan trat als Vorreiter an die Stelle der Vereinigten Staaten.

Im Kern besteht das Toyota-System aus zwei Bestandteilen: der »Autonomie der Arbeitsgruppe« und einer mehr oder minder komplexen Folge »bedarfsgesteuerter Fabrikationsabläufe«.

Das Toyota-System ebnete die Betriebshierarchien ein. Die Arbeitsgruppe ist der Nukleus einer neuen Arbeitsorganisation, in der die Arbeitsabläufe ständig durch die Beteiligten selbst optimiert werden. Innerhalb der Gruppen wechseln systematisch die Funktionen. Die Idee dahinter: Im Rahmen eines größeren Teilablaufs muss jeder Arbeiter fast alles können. Er muss alles zugleich sein: Hersteller, Techniker, Verwalter. Zwar leiten Manager den Produktionsprozess als Ganzes. Aber die Arbeitsgruppe organisiert sich selbst. Sie ist quasi ihr eigener Chef.

Der amerikanische Soziologe Richard Sennett hat schon früh auf die Schwäche eines solchen Gruppensystems hingewiesen: »Gruppen neigen dazu zusammenzuhalten, indem sie sich auf die Oberfläche beschränken. Eingespielte Oberflächlichkeit hält die Leute durch Vermeidung schwieriger, umstrittener persönlicher Fragen zusammen. Teamarbeit scheint daher nur ein weiteres Beispiel für die Bildung von Gruppenkonformität zu sein.« In der Folge beginnt sich auch in diesem System die tiefere Identifizierung mit der Arbeit aufzulösen. Dabei sein, ohne zu stören, ist alles. Verschwand der Arbeiter im Taylorismus hinter der Maschine, so versteckt er sich im Toyota-System tendenziell hinter der Gruppe.

Der zweite Baustein des Toyota-Systems ist die Organisation der Produktion durch den aktuellen Bedarf. Die erste Frage ist, wie viele Teile für die Endproduktion zum jeweiligen Zeitpunkt am jeweiligen Ort benötigt werden. Es wird nur die Menge von Teilen produziert bzw. vom Lager abgerufen, die aktuell gebraucht wird. Dadurch wird die Lagerhaltung auf ein Minimum reduziert. Selbstgefertigte Komponenten werden überhaupt nicht auf Lager produziert. Und auch die Zulieferer liefern »just in time«. Das Lager schrumpft zum Puffer. Der Auftragseingang bestimmt die Produktionszahlen. Der ehemalige Porsche-Chef Wendelin Wiedeking gab als Ziel für die Produktion aus, immer genau einen Wagen weniger als die aktuelle Bestellmenge zu produzieren. »Just in time« gilt in diesem System für Mensch *und* Material. Alles steht auf Abruf bereit. Die dahinter stehende Unternehmensphilosophie wird auf Japanisch als »Kaizen« (»Veränderung zum Besseren«) bezeichnet. In westlichen Unternehmen hat sich dafür der Begriff »Kontinuierlicher Verbesserungsprozess« (KVP) durchgesetzt. Die Kernelemente des Systems sind eine ständige Optimierung der Arbeitsabläufe, permanentes Qualitätsmanagement, betriebliche Weiterbildung und die Etablierung eines Vorschlagswesens unabhängig von Position oder formeller Qualifikation. Die kultische Formel der Qualitätssicherung in diesem System lautet »Six Sigma« – Senkung des Ausschusses auf weniger als 0,1 Prozent der Produktion.

»Business Re-Engineering«: Die permanente Innovation als kapitalistischer Maoismus. Der Prozess ständiger Verbesserung, einmal begonnen, lässt sich selbstredend radikalisieren. Ähnlich wie Trotzki oder

Mao glauben die »Revolutionsführer« der Prozessoptimierung, dass es nicht genügt, die alte Ordnung zu stürzen und eine neue, bessere Gesellschaft zu errichten. Vielmehr ist das Bessere Tag für Tag des Guten Feind. Der »neue Mensch« soll sich ständig neu erfinden. Ziel ist es also nicht nur, einen gegebenen Prozess der Produktion so lange zu verbessern, bis seine Fehlerrate nahe Null liegt. Ziel ist vielmehr, ständig neue Produkte und Prozesse hervorzubringen. Nicht wer es im Detail *besser* macht als sein Wettbewerber, gewinnt den »Krieg« um Marktbeherrschung, sondern der, der es *ganz anders* macht, der ständig alles umkrempelt und sich nie mit einmal Erreichtem begnügt. Innovation wird zur permanenten Revolution. Bis ins letzte Drittel des 20. Jahrhunderts war es eine dezidiert antikapitalistische Parole, »revolutionär« zu sein. Doch Anfang der Achtzigerjahre setzte eine Entwicklung ein, in deren Zug kein Stein in einem Unternehmen länger als zwei, drei, vielleicht vier Jahre auf seinem Platz bleiben durfte. »Revolutionär« wurde zu einer Worthülse, die noch der konservativste Manager oder Unternehmer auf jede beliebige Neuerung pappen konnte.

Der »Taylor-Mann« und der »Toyota-Mann« verschwanden damit als Leitfiguren aus der Arbeitswelt. Der neue Typ ist gar kein Mann, sondern geschlechtsneutral. Vielleicht ist er nicht mal mehr ein Typ, sondern nur noch eine virtuelle Figur, die durch Berufs- oder Funktionsbezeichnungen nicht mehr identifiziert werden kann.

Das Ende der »Berufe«

Selbstverständlich fiel der ökonomische Neuerungswahn nicht vom Himmel. Ebenso wenig hatten Amerikas Management-Gurus zu viel im roten Büchlein des Großen Vorsitzenden geblättert. Vielmehr hatte sich die Industriegesellschaft selbst dramatisch verändert. »Mehr« konnte nicht länger eine Frage der Quantität sein, es wurde eine Frage der Qualität. Denn nach der relativen Sättigung des Massenkonsums konnte Wachstum in den Industrienationen nicht mehr auf dem Weg einer Kapazitätsausweitung erreicht werden, mit welcher das Bekannte einfach vermehrt worden wäre. Die Kapazitäten konnten nur durch ständige Neuheiten ausgelastet werden. Es galt, die Flüchtigkeit der Moden und die Hast der Wechselhaftigkeit der Wünsche zu verstärken, also Trends nicht nur im Voraus zu ahnen, sondern sie sogar selbst zu produzieren und zu potenzieren. Die Produktzyklen wurden immer kürzer.

Während heute die Neuheiten schon auf dem Weg zum Kunden sind, liegen viele Produkte von gestern noch auf Halde. Und während die Werbung den neusten Schrei tut, ist die Entwicklungsabteilung schon bei der übernächsten Generation. So begann das Zeitalter des atemlosen Wechsels.

Allerdings sind die meisten Neuigkeiten bloße Produktvarianten. Die großen Basisinnovationen der letzten fünfzig Jahre lassen sich wohl mit zwei Händen abzählen. Die durchschnittliche Absatzzeit japanischer Elektrogeräte beträgt heute sechs Monate, dann kommt das nächste Modell. Am weitesten hat den Neuerungswahn jene Branche getrieben, die überhaupt keine physischen Produkte mehr herstellt: die Software-Industrie. Ihre ständigen »Updates« machen aus Konsumgütern tagesfrische Ware, egal, ob bloß Fehler behoben oder neue Funktionen eingefügt werden. Computerprogramme gleichen damit einem Auto, dessen Hersteller verspräche, funktionierende Bremsen rechtzeitig zum kommenden Herbst einzubauen.

Im Tumult der Veränderung können jedoch Basis und Überbau, substanzielle Veränderungen und minimale Varianten kaum noch unterschieden werden. Auch die beruflichen Qualifikationen unterliegen einem beschleunigten Verfallsprozess. Identitäten durch Berufsbildung aufzubauen wird schwierig. Die Frage »Wer bist du?« mit einer Berufsangabe zu beantworten, sagt wenig aus. Berufe sind »vorübergehend«, wie die Existenz eines Menschen auf der Flucht.

Die neue Absatzlage erzeugte auch neue Berufe mit veränderter Arbeitsmotivation. Der eigentliche Trick dieser »Welt« jedoch bestand darin, die Aufmerksamkeit vom Produkt aufs Image zu lenken. Werbung verbreitet nicht länger Produktinformationen, sondern positive Lebensgefühle, die mit der Ware verbunden werden sollen. Dabei entwickelt sich eine Suggestion des Bedarfs. Image ist virtuell. Produkte sind real. Das Image lässt sich leichter manipulieren, als die Substanz eines Produktes sich verändern. Die virtuelle Welt des Images ist mobiler als die reale Sachenwelt. Werbung ist ein Versprechen, keine Nachricht aus der Realität.

In diesem Schauspiel des schnellen Wechsels, ob substanziell oder marginal, verfallen die beruflichen Fähigkeiten und Kenntnisse schnell. Lebensberufe sterben aus. Lebensziele werden annulliert. Karriere als Lebensplanung gibt es nicht mehr.

Die Transformation von der Realität zur Virtualität entwertet auch die Realität der Arbeit. Der klassische Arbeiter verlor seinen Status als unverzichtbares Glied einer Arbeitskette. Deutlich wird diese Transformation an der Auswechslung der Leitfiguren der jeweils typischen Arbeitsorganisation. Auf den Fließbandarbeiter als »Taylor-Mann« folgte der »Toyota-Mann«. Danach machte sich der Projektarbeiter selbstständig. Der Projektarbeiter wird nicht mehr durch einen festgelegten Arbeitsplatz, sondern durch eine Arbeitsaufgabe definiert. Der Toyota-Mann lässt sich leichter zum Job-Spieler umschulen als sein Vorgänger, der Taylor-Mann. Er muss sozusagen nur noch aus dem Kollektiv der organisierten Arbeitsgruppe, des festen »Teams«, herausgelöst werden, um als Solist agieren zu können.

Die Projektarbeiter stehen an der Spitze eines Prozesses, in dem die traditionellen Arbeitsverhältnisse zurückgedrängt werden. Projektarbeit wird für die Auflösung der alten Arbeitswelt symptomatisch. Projektarbeiten vollziehen sich nicht zu vereinbarten Arbeitszeiten, sondern unter gegebenen Arbeitszielen. In der Projektarbeit, die nicht mehr nach Mustern des alten Arbeitsverhältnisses abgewickelt wird, wird der Lohn nicht mehr nach Stunden oder Monaten bemessen. Entlohnung ist in der entwickelten Projektarbeit eine Form von Erfolgshonorar und kein Entgelt für Anwesenheit. Auch der Chef wandelt in diesem Beziehungsgeflecht seinen Charakter. Er ist nicht mehr »Vorgesetzter«, sondern »Team-Leiter« und »coacht« seine Mannschaft. Verantwortung kippt aus der Vertikalen in die Horizontale. Selbstständige und Arbeitnehmer sind nicht mehr geschieden. Die Grenzen zwischen ihnen fransen aus, was man daran sieht, dass man für neue Arbeitsverhältnisse Begriffe geprägt hat, die die Definitionsverlegenheit ihrer Schöpfer schon im Wort deutlich machen. Was ist beispielsweise ein »Scheinselbstständiger«? Wahrscheinlich etwas ähnliches wie ein »Scheintoter«.

Die spielerische Variante des Projektarbeiters sind die Job-Jongleure. In ihnen kulminiert ein Trend, in welchem sich die Arbeit verflüssigt und das Unternehmen verflüchtigt. Es kommt immer mehr zu einer Verwischung der Grenzen zwischen dem Ernst der Arbeit und der Leichtigkeit des Spiels. Arbeit wird zum Ausflug in eine Art kreativen Erlebnispark. Der Spaßfaktor wird zum Arbeitsfaktor, und zwar »pflichtgemäß«. Wehe, man bekennt, eine bestimmte Arbeit sei zwar notwendig oder man müsse sie um des Lohnes willen annehmen – aber »Spaß« habe man wohl kaum an ihr. Anders als bei Adalbert von Chamissos Peter Schlemihl bleibt vom neuen Arbeitnehmer nur ein Schatten, von dem man nicht weiß, wer ihn wirft oder woher er kommt. Gefragt ist nicht der Mensch, sondern nur sein Schein. Am Ende schwinden alle Sicherheiten. Nichts ist mehr verlässlich, dauerhaft und planbar.

»In der neuen flexiblen Kultur von Image und Information treten Vorhersagbarkeit und Verlässlichkeit als Charakterzüge weniger hervor«, schreibt Sennett. Die Spaßkultur ist unzuverlässig.

Der neue Arbeitnehmer ist ein Mann mit allen Möglichkeiten, aber ohne Eigenschaften, der deshalb einem Phantom ähnelt. Nichts Genaues weiß man von ihm. Er gehört nirgendwo dazu. Ein verzweifelter Kampf, im Spiel zu bleiben, kennzeichnet sein Außenverhältnis. »Gut drauf« zu sein ist Pflicht, stets ein Lächeln zu zeigen wird zur Arbeitskleidung, so wie früher der Blaumann oder der Kittel. So wie früher eiserne Disziplin oder Pflichterfüllung gefordert wurden, muss der neue Arbeitnehmer permanent »positives Denken« kultivieren. Probleme oder Konflikte werden aus dieser Arbeitswelt sprachlich verbannt. Wenn etwas nicht funktioniert, dann ist das ein »interessantes Phänomen«, besser noch eine »Herausforderung«. Niemand ist faul oder unfähig, es liegen bloß »nicht voll ausgeschöpfte Potentiale« brach. Oder das »Team« muss besser »motiviert« werden, wofür Heerscharen freiberuflicher »Trainer« und »Coachs« aufmarschieren, deren »Fortbildungen« oft kaum mehr sind als arbeitspsychologisch aufgerüstete Kindergeburtstage. Mehr und mehr verdummt die Arbeitswelt, wie Barbara Ehrenstein in ihrem Buch »Smile or die« eindrucksvoll beschreibt. Ein penetranter Optimismus wird Teil der Berufsausbildung. Die Grundhaltung ist eine auf Dauer gestellte Verkaufshaltung. Und selbst die Freundlichkeit eines Verkäufers ist nicht mehr Ausdruck seiner selbst, sondern eine geronnene Ware auf dem Arbeitsmarkt, in der Geltung über alles entscheidet.

Gesucht werden vorzugsweise nicht mehr Können und Wissen, sondern Verhalten und Verkaufen. Der Arbeitnehmer wird zum Unternehmer, der sein Produkt zu Markte trägt: sich selbst. Ständige »Optimierung« inbegriffen. Das Ergebnis der »alten« Arbeit war feststellbar. Wenn die Maschine nicht lief, das Brot angebrannt war, der Tisch wackelte, merkte das jeder. Pfusch ließ sich nur mit Mühe vertuschen. Bei der neuen Arbeit fällt er als substanzieller Schaden nur selten auf. Defizite werden als Kommunikationsfehler abgebucht. Es ist wie in der Politik: Wahlniederlagen werden zum PR-Defizit umdefiniert (»Wir konnten unsere Ziele dem Wähler nur unzureichend vermitteln«). Dass das Programm nichts taugte, der Kandidat unfähig oder unglaubwürdig war – undenkbar! Verpackung ist alles. Inhalt und Produkt sind nichts.

Arbeit als Produktion heißer Luft

Bei einer großen Zahl neuer Dienstleistungen ist die Arbeitsleistung abstrakt. Sie besteht aus Konzepten, Studien, Entwürfen. Das sind alles Vorlagen, von denen nur der kleinere Teil überhaupt in die Realität umgesetzt wird.

Es liegt nahe, dass die Arbeitsweisen des Projektmanagements eine große Affinität zur Show besitzen und das »Auftreten« wichtiger ist als der Inhalt ihres Angebotes. Entsprechend hoch bewertet werden die »Soft Skills«. Zur gefragten sanften Geschicklichkeit gehört ein stehendes Repertoire von Signalbegriffen. »Kreativität« muss immer dabei sein. Selbst der Friseur bietet jetzt seine Leistung als »kreativen Haarschnitt« an. Ein mickriger Gaszähler-Verkäufer aus dem Badischen gibt seine großen Absatzziele für Russland als »Visionen« aus. Die Sprache ist so »hochgestapelt« wie das Geschäft, das er betreibt. »Vision«, ein Wort, welches die Mystiker erfanden, um ihrer ekstatischen Gottesschau Ausdruck zu verleihen, degeneriert zum Verkäufer-Geschwätz. Ein halbes Dutzend austauschbare Plattheiten, und schon hat man ein »Leitbild« formuliert, welches selbstredend Ausdruck einer tief durchdachten »Unternehmensphilosophie« ist. Ob Weltkonzern oder Pommesbude, wir haben ein »Unternehmensdesign«!

Oder: Statt einfach den Absatz zu erhöhen, werden »neue Marktsegmente erschlossen«. Wer in seinem Laden hellere Lampen anschraubt, schafft sofort ein »ganz neues Einkaufserlebnis«. Und wenn sich Manager, die ihrem Unternehmen ein Riesenproblem eingebrockt haben, zu einer langen Folge von Krisensitzungen treffen müssen, dann taufen sie sich zum »Lenkungskreis Qualitätsoffensive« um. Nicht dass sich bei der Bahn jemand wundern würde, dass es im Winter manchmal kalt und im Sommer manchmal sehr heiß werden kann. Nein, alle Temperaturen unter minus fünf und über zwanzig Grad sind eine »Sondersituation«. Mehr verbale Hochstapelei war nie. »Rede, und ich sage dir, wer du bist.« Die Dampfplauderer sind die Karriere-Favoriten unserer Zeit.

Flankiert wird die neue Arbeitsphilosophie durch ein Gewerbe praxisferner Unternehmensberater, die zum Teil noch nie ein Unternehmen von innen gesehen haben oder, wenn sie dort waren, gescheitert sind. Die Begriffe, welche sie verwenden, sind von aufgeblasener Angeberei geprägt. Prinzipien der Unternehmensführung werden zu Modeartikeln aus dem Versandkatalog der »Business Schools«. Rationalisierung, Leute feuern? Ach was. »Lean Production«! Aufgabe unrentabler Geschäftszweige? Niemals! Man »fokussiert« sich auf seine »Kernkompetenzen«. Und nächstes Jahr »diversifizieren« wir dann wieder. Immer mehr Zubehörteile billigst zukaufen, statt sie selbst herzustellen? Besser klingt doch »Outsourcing« – da versteht wenigstens nicht gleich jeder, was man vor hat. Und wie schick wird die Einkaufsabteilung erst, wenn sie sich dem »Global Sourcing« widmet. Dementsprechend ist jeder Zuarbeiter mindestens ein »Junior Manager«, die Sekretärin wird zur »Assistentin« geadelt und der Hausmeister zum »Facility Manager«. »Re-Engineering«, »Total Quality Management«, »Benchmarking«, »Management by objectives« – wenn es Englisch ist und es eine »Fallstudie«

der Harvard Business School gibt, dann hechelt die Herde der Entscheidungsträger hinterher wie Ziegen einem Salzstein.

Die Bombastik einer solchen semantischen Großoffensive verhüllt deren inhaltliche Leere. Und die Management-Moden wechseln schnell. Zweitausend Modelle sollen in den letzten 20 Jahren in Umlauf gebracht worden sein, viele davon lediglich alter Wein in neuen Schläuchen. Die einzige konsequent angewendete Management-Methode ist also vermutlich das »Management by the last book I've read«. Und wozu das alles? Natürlich, um mindestens »Marktführer«, besser noch »Global Champion« zu werden. Leider ist es für die gläubigen Anhänger all dieser Kulte nicht anders als für amerikanische Kinder. Jedes ist mit 14 fest davon überzeugt, dass es eines Tages Präsident werden kann – auch wenn maximal 25 pro Jahrhundert am Ende dieses Ziel erreichen können.

Was Schein und was Sein ist, spielt im allgegenwärtigen Beratungsgeschäft keine Rolle. Im Gegenteil: Es gedeiht umso besser, je weniger beides voneinander geschieden werden kann. Die »Consultants« beschreiben so wenig die Realität wie der Laubfrosch das Wetter oder eine Kartenlegerin die Zukunft. Das Problem ist nur: Indem ihre Kunden glauben, was die Scharlatane verkünden, verändern diese die Wirklichkeit.

Die »K-Klasse« der Selbstunternehmer

Den Kern einer neuen Schöpfung bildet eine eigene Spezies: Die »K-Klasse«. Diese Klasse ist eigentlich gar keine Klasse, sondern eine Summe von »Egos«, die sich als »kreativ« definieren. Sie sind coole, clevere und unabhängige Selbstunternehmer nebst Selbstdarstellern. Ihr Hauptwohnsitz sind die Metropolen der Erde, sofern sie sich nicht gerade auf Reisen zwischen diesen befinden. Der Schein dieses Berufes ist blendend, die Realität etwas trüber. Leben von ihrer Kreativität können die wenigsten. Das fällt nicht weiter auf. Die Kreativen sind jung, jedenfalls als Typ. Ein kleiner Teil wird noch von den Eltern durchgefüttert. Wer ohne Geldgeber als »Ego« durchkommen will, muss nicht nur Selbstunternehmer sein, sondern auch Selbstausbeuter. Die Selbstständigkeit der Kreativen ist in vielen Fällen eine Maske. Darunter tobt der harte Überlebenskampf. Man ist nicht nur seines Glückes Schmied, sondern auch seines Unglücks Schuldiger. Gott sei Dank ist die Gruppe fast eine Außenseitertruppe, die in ihrer Bedeutung überschätzt wird. Kreativität im emphatischen Sinn geht weit über das Berufsbild der »Kreativen Klasse« hinaus, einem Sammelsurium, das vom Künstler auf Hartz IV und vom hoffnungslosen Projekteschmied über Zeilengeld-Journalisten und rastlos selbstausbeuterische Werbegrafiker bis hin zu hoch bezahlten Ingenieuren, Beratern oder Popstars reicht. Richard Florida, der Erfinder der Kreativen Klasse, wollte damit nur eine neue Truppe fürs Geldverdienen rekrutieren. Doch die Reduzierung der Kreativität auf das ökonomisch Verwertbare ist zugleich ihr Tod.

Die neuen Berufsspieler haben den alten Wechsel zwischen Spiel- und Standbein außer Kraft gesetzt. Sie stehen auf zwei Spielbeinen. Vieles spricht dafür, dass die Flaneure der Arbeitswelt regelmäßig von tiefer Melancholie erfasst werden, bisweilen gar in die Depression abgleiten. Sie wandeln durch die Berufswelt wie verzogene Kinder, die mit nichts zufrieden gestellt werden können. Sie nippen hier und trinken da, ohne je ein Glas auszutrinken. Sozialarbeiter, Rechtsanwalt, Taxifahrer, sogar Lehrer, Unternehmensberater, Gärtner, Penner, Investmentbanker, das und noch viel mehr lässt sich in einem Berufsleben unterbringen. Die Rastellis des Selbst jonglieren nicht mit Bällen, sondern mit Möglichkeiten. Selbst Gegensätzliches wird miteinander verbunden, Völlerei mit Askese, Wohlstand mit zeitweisem Ausstieg.

Sozialengagement mit Boheme, geistige mit körperlichen Anstrengungen. Die postmodernen Job-Hopper hetzen hinter allen menschlichen Möglichkeiten her, um sie auszuprobieren. Aber sesshaft werden sie nie. Es gibt keine Arbeitsgewohnheiten. Unzuverlässig und flatterhaft sind ihre persönlichen Beziehungen. Der Arbeiter auf Zeit ist das Pendant zum Lebensabschnittspartner. Dasein wird zur Summe von Durchgangsstationen. Abgerechnet jedoch wird nie. Das Ende ist Auslauf.

Ein wenig erinnern all diese Job-Nomaden und Projektjäger aber eben auch an den Prinzen Valerio in Georg Büchners tief melancholischem Lustspiel »Leonce und Lena«. Auch für ihn ist Arbeit Spiel und Abwechslung Pflicht: »… und ich werde Staatsminister und werde ein Dekret erlassen, dass, wer sich Schwielen an den Händen schafft, unter Kuratel gestellt wird, dass, wer sich krank arbeitet, kriminalistisch strafbar ist, dass jeder, der sich rühmt, sein Brot im Schweiße seines Angesichts zu essen, für verrückt und der menschlichen Gesellschaft gefährlich erklärt werde, und dann legen wir uns in den Schatten und bitten Gott um Makkaroni, Melonen und Feigen, um musikalische Kehlen, klassische Leiber und eine kommode Religion.« Das Leben, das diese flotten, romantischen Blumenkinder suchen, ist nicht ein Arbeitsleben, sondern ein Leben voller spielerischer Optionen, die bewundert und genossen werden wie Blüten und Bonbons. Die Grenze zwischen der fröhlichen Beletage der Kreativen und Freien sowie den Kellergeschossen eines akademisch gebildeten Prekariats sind freilich fließend. Oft trennt nur ein schmaler Lichthof, ein ergatterter oder ein verlorener Auftrag das Vorder- vom Hinterhaus. Das ist die schlechte Nachricht aus der Schönen Neuen Arbeitswelt.

Freilich sollten wir nicht vergessen, dass es in einer »Ökonomie der Aufmerksamkeit« (Georg Franck) eben oft auch nur das Neueste, Interessanteste oder feuilletonistisch Auffälligste ist, das die meiste Aufmerksamkeit bekommt. Viele Phänomene der neuen, vielgestaltigen Arbeitswelt sind deshalb vielleicht weit mehr Wahrnehmungstrends als wirkliche Entwicklungen. Denn neben den beschriebenen postmodernen Varianten von Arbeit gibt es sie ja immer noch: die ehrliche Arbeit, von deren täglichem Wirken die Gesellschaft nach wie vor zusammengehalten wird. Gegen alle Launen und Moden verrichten Installateure und Ingenieure, Schreiner, Schlosser und Chirurgen, Elektriker und Anstreicher ihre alltägliche Arbeit, auf deren Boden die Lebensspieler tanzen. Es werden Autos und Maschinen gebaut. Die Züge werden immer noch von Zugführern und die Busse von Busfahrern gefahren. Die Mülltonnen werden weiterhin täglich geleert.

Vielleicht wächst aus der Ehrlichkeit der Arbeit, die einerseits Erniedrigung und Ausbeutung abgestreift hat, die sich andererseits von den realitätsfremden, müden Valerios ebenso abgestoßen wie von den virtuellen Bewohnern einer Online-Kunstwelt nicht angezogen fühlt, eine neue Ernsthaftigkeit gelungenen Lebens in einer guten Gesellschaft.

Die Verflüchtigung des Unternehmens

Die Auflösung des Unternehmens erfolgt über zwei Wege. Der eine Weg ist öffentlichkeitswirksam. Fusionen, Verkäufe und Aufkäufe von Firmen sind in der Regel geräuschvolle und deshalb auffällige Angelegenheiten. Der andere Weg ist ein Schleichweg. Er führt über die interne Auflösung des Unternehmenszusammenhangs. Am Ende weiß in beiden Fällen kein Arbeitnehmer mehr, zu wem er gehört.

Interne Auflösung bedeutet: Jeder ist seine eigene Firma in der Firma. Die Namen für diese Individualisierung des Unternehmens sind auch schon gefunden: »Selbst-GmbH« und »Ich-AG«. Erstere Bezeichnung ist eine Erfindung der gleichnamigen Initiative, die von der Deutschen Bank ins Leben gerufen wurde. Die »Ich-AG« ist ursprünglich eine terminologische Kreation des Unternehmensberaters Tom Peters, eines Gurus der Gilde. Der Betrieb wird durch ein internes Konkurrenzprinzip zusammengehalten, das sich einer ergebnisorientierten Zielvorgabe unterwirft – meist eine Umsatzkennziffer. Die Abteilungen, Arbeitsgruppen, Projektteams werden in einen innerbetrieblichen Wettbewerb um die Erreichung, besser noch die Übererfüllung solcher Planvorgaben geschickt. Das Ganze erinnert nicht umsonst ein wenig an planwirtschaftliche Vorbilder.

»Hier übernimmt der Mitarbeiter im Team mit anderen Ich-AGs und GmbHs die Verantwortung und kann nun zusehen, dass er ohne Fahrplan und Landkarte zur rechten Zeit am Ziel ist und das in ihn gesetzte Vertrauen nicht enttäuscht«, so Judith Mair 2002 in ihrem Buch »Schluss mit Lustig«. Tom Peters hat diese Unternehmensphilosophie in seinem Bestseller »Jenseits der Hierarchien« auf die einschlägige Kurzfassung gebracht: »Der Wind des Marktes muss in die entlegenste Ecke der Firma geblasen werden«.

Der Markt ist der Gott, und wie im Alten Testament offenbart er sich im Sturm, der alles wegfegt. Tom Peters verbrämt sein geschäftliches Geschwätz pseudoreligiös. »Der Wille des Marktes geschehe«, verkündet er. Man muss nur noch hinzufügen: »Wie im Himmel, so auf Erden«, dann hat man das Vaterunser des Neoliberalismus, der ja tatsächlich an etwas Gottähnliches denkt, wenn er »Markt« sagt.

Was auf der Seite der Arbeitnehmer der Job-Hopper ist, findet sein Spiegelbild im Manager, der im jeweiligen Unternehmen auch immer nur auf der Durchreise ist. Von diesem Typus wird der schnelle Erfolg auf der Kurzstrecke bevorzugt. Die Frage ist nie, wo das Unternehmen in einigen Jahren steht, sondern wie die Bilanz am Ende des Geschäftsjahres, ja am Ende jedes Quartals aussieht. Die amerikanische Management-Ikone Lee Iacocca hatte einst das Motto »Anlegen, zielen, schießen« zur Unternehmermaxime erklärt. Seine Nachfolger sind noch schneller. Jetzt heißt es bei General Motors offenbar: »Anlegen, schießen, zielen.« Unternehmens- und Marktstrategien werden im Handumdrehen geändert, die Seriosität bleibt auf der Strecke. Vorgestern wollte man Opel noch durch den deutschen Steuerzahler retten lassen, gestern sollte die Tochter an ein russisch-österreichisches Konsortium verhökert werden, heute will man sie doch lieber im Hause behalten und morgen ... »Nix Genaues weiß man nicht«.

So wie Arbeitnehmer zu bindungslosen Ichlingen umfunktioniert werden, verhalten sich auch ihre Chefs. In zwanzig Jahren mussten die Opel-Arbeiter fünfzehn Vorstandsvorsitzende ertragen. Die durchschnittliche Verweildauer lag bei etwas länger als über einem Jahr. Einer schaffte es sogar, schon nach vier Monaten Zwischenstopp in Rüsselsheim zur nächsten Karrierestation weiterzueilen. Den Betrieb kannte der durchreisende Chef weniger als der Pförtner am Hauptportal. Der Betriebsratsvorsitzende Klaus Franz kennt die Firma besser als die letzten zehn aus Detroit delegierten Chefs zusammen. Hertie hat in drei Jahren neun Geschäftsführer verheizt. Die neue Unternehmensphilosophie funktioniert scheinbar wie ein Durchlauferhitzer.

Die Auflösung alles Haltbaren und Dauerhaften ebnet alle Grenzen und Differenzen ein. Diese »Modernisierung« erfasst die gesamte Wirtschaft und dringt bis in ihre Kernzone vor. Nichts behält seinen Wert. Das Eigentum auch nicht. Kurzfristige Finanzierungen treten an die Stelle langfristigen Werterhalts. Das unternehmerische Eigentum verflüchtigt sich. Alles Langfristige wird eingedampft. Alle Lebensbereiche werden in einer Art embryonaler Formlosigkeit aufgeweicht.

Dabei sind Institutionen auf Grenzen angewiesen, und damit

auf Widerstand gegen Einebnung. Doch alle festen Formen, auch die festen Arbeitsverhältnisse, werden »unmodern«. Es beginnt die Epoche der Eindampfung alles Institutionellen. Freiheit ohne Bindung ist die Freiheit des Idioten, der nur sich kennt, aber keine Vorgaben akzeptiert. Institutionen begrenzen die idiotische Freiheit und feste Arbeitsverhältnisse die Willkür eines ungeregelten Arbeitsmarktes. Ohne Regeln funktioniert noch nicht einmal der Straßenverkehr. Deregulierung in der Wirtschaft, das ist wie Straßenverkehr ohne Vorfahrtsregeln.

Auch Fusionen sind nur noch Zwischenstationen in der unendlichen Metamorphose unternehmerischer Gebilde. Die externe Auflösung der Unternehmen vollzieht sich als unendliches Monopoly! Es wird nur noch nicht gewürfelt, dafür aber viel getauscht: verkauft – gekauft – verkauft ad infinitum! Unternehmen werden gehandelt wie früher Viktualien auf dem Basar, mit dem kleinen Unterschied, dass am Unternehmen Menschen »hängen«.

Auslöser des Fusionsspiels ist die Differenz zwischen Real- und Börsenwert des Unternehmens. Liegt der reale Wert des Unternehmens über dem Börsenwert, so lockt ein Schnäppchen. Es droht Übernahme. Die kann nur abgewehrt werden, wenn der Kurswert in die Höhe getrieben wird. Wie macht man das? Durch Entlassungen! Wer dagegen die Abwehrschlacht verliert, der wird übernommen. Was passiert dann? Entlassungen. Das zu beiden Fällen zugehörige Unwort des Jahres 2005 heißt »Entlassungsproduktivität«. In jedem Fall – ob vor oder nach der Übernahme – steigt der Kurswert, und immer sind die Arbeitnehmer die Verlierer. Es ist wie beim Wettlauf zwischen Hase und Igel. Der kapitalistische Igel-Doppelgänger wartet immer schon am anderen Ende des Ackers, wenn der Arbeiter-Hase angehetzt kommt. Mit Kaufen und Verkaufen verdienen Unternehmen offensichtlich mehr Geld als mit Arbeiten und Produzieren. Verkauft werden nicht nur Anlagen, sondern die dazugehörigen Arbeitnehmer gleich mit.

Die neuen Unternehmer-Raffinessen sind einfallsreich. Der Käufer zahlt den Kaufpreis mit Krediten. Und die übernommene Firma darf den Kredit abzahlen. So ähnlich funktionierte der Kauf der Firma Grohe AG im Sauerland. Der Gekaufte zahlte dem Käufer den Kaufpreis. Seit Kindesbeinen arbeite ich an dem Trick, dass mir ein Verkäufer den Preis für das bezahlt, was ich kaufen will. Was im Fusionsspiel der Wirtschaft offenbar funktioniert, hat bei meinen kindlichen Versuchen nie geklappt.

Im großen Fusions-Getriebe wird der Staat, ob freiwillig oder gezwungen, selbst ein Getriebener. Denn vor allem bei kreditfinanzierten Übernahmen spart der Käufer einen Haufen Steuern. Continental hat beispielsweise eine Milliarde Euro am Fiskus vorbeigebracht, als man VDO übernahm. Später war Continental selber in der Reihe. Anschließend riefen die neuen Besitzer, die sich übernommen hatten, den Staat zu Hilfe. So wird der Staat zum Joker im privaten Gewinnspiel. Erst wird mit staatlichen Hilfen eine marode Firma aufgekauft. Wenn diese ausgeschlachtet wurde, ist der nächste kostengünstige Standort an der Reihe. Wieder ist der Staat im Spiel. So reiste die Firma Steilmann von Nordrhein-Westfalen in den Osten über die ehemalige DDR nach Ungarn und weiter zum vorläufigen Endziel Weißrussland. Bei jedem Zwischenstopp holte sie Subventionen ab. Auf ähnliche Weise lässt sich auch Konkurrenz erledigen und eine Umkreisung des Erdballs organisieren. Die auszogen, in der weiten Welt das große Geld zu verdienen, kehren bereichert von der »Weltumseglung« heim.

»In der Marktwirtschaft erobern die Firmen Marktanteile, indem sie die Preise senken und die Qualität verbessern. Im Kapitalismus, in dem man die Konkurrenzfirma kauft«, bemerkte sarkastisch Amerikas großer Wirtschaftsweiser John Kenneth

Galbraith. Die Fusionsgeschäfte untergraben jede Form von Loyalität, auf die Zusammengehörigkeit angewiesen ist.

Die Aktien wechseln im neuen Geldspiel immer schneller den Besitzer. Turbomotor dieser Entwicklung sind die Pensionsfonds. Während im Jahre 1965 amerikanische Aktionäre ihre Anteilsscheine durchschnittlich 4 Jahre hielten, blieben sie im Jahr 2000 nur noch ein Vierteljahr in der gleichen Hand. Aus Unternehmen werden damit Handelshäuser, die selber gehandelt werden. Maßgebend ist nicht mehr die Dividende, sondern der Aktienkurs. Die Dividende interessiert den Investor, der Aktienkurs vor allem die Händler. Der Finanzkapitalismus ist ungeduldig. Er ist mehr an der Milch als an der Kuh interessiert.

Echte Eigentümer sind in diesem Mobilitätsstrudel, in dem nichts mehr feststeht und »alles fließt«, störrische Esel. Deshalb verliert das Eigentum an Einfluss. An die Stelle des klassischen Eigentümers tritt der Verleiher. Firmen und Firmenteile werden mit Mann und Maus gemietet. Geliehenes Kapital und geliehene Arbeiter führen wilde Ehen. »Wer gehört zu wem?« – dieser Titel eines einschlägigen Handbuchs ist nur noch eine nostalgische Frage, die kaum einen Geschäftsmann noch interessiert. Das Eigentum schwindet. Die Beziehung ist alles. Fast alles, was ein Unternehmen zu seinem Betrieb braucht, wird geliehen.

Eigentum und Zukunft verschwinden aus dem Unternehmerhorizont. Es zählt nur Geld. Klaus Zumwinkel, einst bewunderter Post-Chef, später weniger geschätzter Steuerzahler, brüstete sich damit, dass er langatmige Vorstandsvorträge mit dem Zuruf abkürze: »Drücken Sie das mal in Euro und Cent aus!«

Das also ist des Pudels Kern: Geld! Arbeit und Eigentum stören. Beide hängen an der Zukunft. Die Arbeiter wollen nicht von der Hand in den Mund leben und die Eigentümer ihr Eigentum vererben. Geliehenes dagegen ist von Natur aus befristet und wetterwendisch.

Der Kurvenverlauf der DAX-Werte über die letzten 15 Jahre zeigt das Programm einer Entwirklichung der Unternehmen. Von 1995 bis 2000 kletterten die Kurse um das Vierfache, um in den nächsten drei Jahren die Spule rückwärts laufen zu lassen. Sie fielen also auf ein Viertel des Ausgangswertes. Bis 2007 waren sie wieder beim Spitzenwert angekommen. Niemand wird behaupten können, diese Unternehmensbewertung spiegele reale Vorgänge wie Wertschöpfung, Produktivität oder die Absatzzahlen wieder. Der Kurs gibt den jeweiligen Stand der Wettspiele der Spekulanten an. Der reale Wert der Arbeit spielt dabei eine nebensächliche Rolle. Das ist der Anfang vom Ende einer leistungsbezogenen unternehmerischen Wirtschaft.

In diesem reißenden Strom einer sich verflüssigenden Weltwirtschaft stehen im Grunde die Unternehmen am besten da, die selbst überhaupt nichts mehr herstellen, sondern nur noch zahllose Hersteller beauftragen und deren Produkte unter einer Dachmarke verkaufen. Wohl kaum ein Mitarbeiter von IKEA, der je ein Brett gesägt oder eine Schraube gedreht hätte. Besitzt H&M überhaupt eine einzige Fabrik, die Blusen näht? In Herzogenaurach werden bei adidas und Puma bestenfalls noch die Fußballschuhe für die Bundesligaspieler gefertigt. Ansonsten kommt die Ware aus Südostasien. In Rumänien fertigen Arbeiterinnen links vom Gang Billig-T-Shirts für KiK, rechts vom Gang entstehen nahezu gleiche T-Shirts für eine Edelmarke. Ob das Teil 3,99 oder 399 Euro kostet, entscheidet am Ende nur das kleine Schildchen, das die letzte Arbeiterin in den Kragen näht.

Die großen Marken der internationalen Konzerne, das sind nur noch Design-Abteilungen, die Produkte entwerfen, Marketingstäbe, die Logos erfinden und pflegen, dazu Zentraleinkäufe für die weltweite Just-in-time-Produktion und Vertriebsabteilungen, die die konzerneigene Ladenkette oder ein Netz von Franchise-Händlern koordinieren. Das Unternehmen ist nur noch Ausgangs- und Endpunkt der Arbeit. Erfinden und Deckel drauf! Das Logo ist das Unternehmen. Wo die Betriebe angesiedelt sind, das ist Nebensache. »Firmen der Zukunft sind möglicherweise nur noch eine Kette von Verträgen«, sagt Robert Reich.

Das ist die neue Wirtschaft: Arbeit und Kasse werden getrennt. Kasse wird an anderer Stelle gemacht – jedenfalls nicht am Ort der Produktion. Dort malochen Billiglöhner und Leiharbeitnehmer. Nicht mehr die Arbeiter wandern zur Arbeit, die Arbeit wandert zu den jeweils billigsten Arbeitern. Und während Arbeiter, egal wo auf der Welt sie leben, mindestens Familien, vielleicht Freunde, manchmal sogar Wohnungen haben und deshalb oft nur begrenzt mobil sind, ist das Kapital ein launischer Vagabund, der schon bei kleinsten Misshelligkeiten, etwa sanft steigenden Löhnen oder erstarkenden Gewerkschaften, blitzschnell weiterzieht. Ob Billiglohnland oder Steueroase – sobald in derlei Unternehmensparadiesen nicht mehr Milch und Honig fließen, werden solche »Standorte« ebenso schnell wieder aufgegeben, wie man sich an ihnen niedergelassen hat. Arbeit und Staat werden von streunenden Anlegern erpresst. Ob Umweltfolgen, Sozialkosten oder Infrastruktur: Die Konzerne externalisieren einen großen Teil ihrer Kosten, die Rechnung erhält der Steuerzahler.

Die Hochtief AG, ein großes traditionelles Unternehmen der Bauindustrie, beschäftigt von 11.500 Unternehmensangehörigen im Inland gerade noch 1000 im Baugewerbe. Die anderen sind Manager und Dienstleister, die keine Kelle mehr anfassen und keinen einzigen Sack Zement mehr bewegen. Bauen lässt der Konzern von zahllosen Subunternehmern. Denen überlässt Hochtief auch die Lohndrückerei. Mit so etwas machen sich die Global Player die Hände nicht selbst schmutzig. Man setzt die Daumenschraube der Kostensenkung bei hörigen Klein- und Mittelbetrieben an. Man beutet sich nicht selber aus. Man lässt ausbeuten.

Die Großunternehmen mit alteingeführten Firmennamen versuchen lokale Verankerungen zu lösen. Wo produziert wird, interessiert die Kassenverwalter nicht. Hauptsache billig. Kostenvergleiche ersetzen Geografie. Bob Lutz, einer der ehemaligen Bosse von General Motors, posaunte die »Philosophie« seines Unternehmens offenherzig hinaus: »Meine Vision wäre eine Firma, die auf einer wirklichen globalen Basis agiert. Alles sollte über einen globalen Kamm geschoren werden: die Allokation von Kapital, von Entwicklungs- und Konstruktionsressourcen, Einkauf und Herstellung. Wir werden die Welt so behandeln, als wäre sie ein einziges Land« (Bob Lutz). Das war der Anfang vom Ende für GM. Die Opelianer in Rüsselsheim ticken nämlich anders als ihre globalen Anführer in einem Detroiter Hochhaus in einer wolkennahen Etage. Japaner bauen Autos anders als Amerikaner, und die wieder haben andere Arbeitsgewohnheiten als die Europäer. Die globalen Wirtschaftsführer haben offenbar das Unternehmen mit einem Computer verwechselt, dessen Software beliebig ausgetauscht werden kann.

Wenn die Entwicklung so weitergeht, werden die großen Unternehmenspersönlichkeiten, die das Gesicht einer Firma prägten, von der Bildfläche verschwinden. Zurück bleibt ein Heer von grauen Börsenfunktionären, die die Weltwirtschaft wie eine Wechselstube managen.

Die Entwicklung in der Unternehmenswirtschaft zeigt sich auch in der steigenden Dominanz der Werbung. Werbung ist wichtiger als Produktion. Zum Weltmarkt der Waren gehört das Image der »Marke«. Güter werden produziert. Marken werden gekauft. Durchschnittlich 3000 Werbebotschaften erreichen den Konsumenten täglich. Da kommt es immer weniger darauf an, was in den Tüten der Konsumenten landet, und immer mehr, was in ihren Hirnen hängenbleibt. Es ist eine Variante des Rumpelstilzchen-Effekts, der in der Wirtschaft Furore macht. Der

Name ist alles, die Ware ist Schall und Rauch. Das geht heute so weit, das traditionelle Unternehmen ähnlich schnell verschleißen wie ihre Produkte. Innerhalb weniger Jahre haben Manager aus dem Stahlkonzern Preussag einen Touristikkonzern namens TUI gemacht. Die Ruhrkohle AG firmiert heute als »Evonik«. Statt ihr ruiniertes Unternehmen zu retten, steckten Karstadt-Manager Millionen darein, den Konzern in »Arcandor« umzutaufen. Das Prinzip »Raider heißt jetzt Twix« bereichert so genannte »Branding-Agenturen« inzwischen fast besser als herkömmliche Werbung. Gegen dieses ganze Wortgeklapper klingen die beschönigenden Worthülsen der sozialistischen Propaganda im Rückblick beinahe schon possierlich. Das Prinzip war und ist freilich dasselbe: Wenn die Wirklichkeit der Veränderung Widerstände entgegensetzt, dann wird die Wirklichkeit einfach neu benannt.

Geld vergiftet Unternehmensarbeit

Geld wird wichtiger als Arbeit. Spekulieren bringt mehr als Investieren. Firmen verdienen mehr durch Finanzgeschäfte als durch Produktion. Bei Porsche übertraf im Geschäftsjahr 2007 der Gewinn von 11 Milliarden Euro den Umsatz um 3 Milliarden. BMW schaffte 2008 nur deshalb »schwarze Zahlen«, weil seine Gewinne aus Finanzdienstleistungen die Verluste im Autobau ausglichen. Siemens gilt schon seit längerer Zeit als Bankhaus mit angeschlossenen Produktionsstätten. Selbst Merckle, grundsolider Patriarch eines Familienunternehmens, das sein Geld anständig durch Pharmaprodukte verdiente, geriet in den Rausch des schnellen Geldes, stürzte ab und endete tragisch.

Vor allem aber verdrängt der Geldwert den Sachwert des Unternehmens. Die Maßeinheit dafür, was ein Unternehmen heute wert ist, ist ihr »Cashflow«. Im Unterschied zu klassischen Größen der Betriebswirtschaft wie Eigenkapital, Umsatz oder Gewinn, um von Mitarbeitern, Qualität oder Reputation zu schweigen, ist im Cashflow keine nachhaltige Perspektive enthalten. Es zählen einzig die liquiden Mittel zum Zeitpunkt X. Während vor der Gewinnermittlung noch die Abschreibungen abgerechnet werden müssen, ist der Cashflow nur das Bargeld in der Kasse. Abschreibungen aber sind die Erinnerung an Erhalt und Fortdauer eines Unternehmens. Sie sind eine rechnerische Vorsorge für Zukunft. Der Cashflow dagegen ist der Geldbeutel, in den man am Ende einer rechnerischen Periode greifen kann. Was sich nicht in bar ausdrücken lässt, ist nicht vorhanden. Geld ist wichtiger als Sache. Damit ist der Cashflow das Symbol einer Wirtschaft, die von der Hand in den Mund lebt. Zur Not auch nach dem Motto: »Nach mir die Sintflut!«

Die Rückrunde

Die Substanzwerte des Unternehmens treten hinter den Verkaufswerten zurück, so wie die Realwirtschaft hinter der Finanzwirtschaft. Doch die Realität wird sich rächen. Die Rückrunde hat begonnen. Die Wertschätzung der ehrlichen Arbeit ist der Hebel der Veränderung. Von der realitätsfernen Spekulationswirtschaft wird – wie nach dem Platzen eines Gasballons – nur ein flüchtiger schlechter Geruch übrig bleiben. Die Rehabilitation der Arbeit wird schon bald wieder das Fundament des stabilen Unternehmens der Zukunft sein.

5. Das Regime des Managements.
Oder: Das organisierte Insidergeschäft

Wer die Musik bezahlt, bestimmt, was gespielt wird.

Im Regime des Managements bestimmen Manager über die Entlohnung von Managern. Das Unternehmenssystem von heute ist damit ein System von Eigentumsbeauftragten geworden, die sich vom Auftraggeber gelöst haben. Manager im Aufsichtsrat bestimmen über Manager, die andernorts wiederum über sie bestimmen. Jeder ist mit jedem verbandelt. Das ist eine Art systemimmanente Korruption. Unter tausend Verpuppungen erscheint die letzte Figur, die alle anderen Puppen an ihren Fäden hält: der Manager des Finanzkapitalismus.

Der Manager unterscheidet sich vom klassischen Unternehmer durch die Auflösung des Zusammenhangs von Risiko und Haftung. Während der alte Patriarch noch mit Haut und Haaren seinem Betrieb verhaftet war, verlässt der Manager das sinkende Schiff mit vergoldetem Handschlag.

Das Regime des Managements löst den Unternehmer ab und das Unternehmen auf. Die rechtliche Dominanz des Kapitals ist klammheimlich unterwandert durch ein »Regime des Managements«, das sich den Fesseln des klassischen Eigentums geräuschlos entwunden hat und seine börsengesteuerten Geldspiele betreibt. Der Bundesgerichtshof hat auf die Verwechslung hingewiesen, aufgrund derer sich Manager nicht wie Gutsverwalter, sondern wie Gutsherren verstehen. Die neuen Managementgewohnheiten treiben die Auflösung des Unternehmens weiter. Das Ansehen der Managers hängt am Börsenkurs, und dieser wird von Finanzmanagern gemanagt. Die »ehrliche Arbeit« ist dabei nicht im Spiel.

In verblüffender Offenheit gestand Josef Ackermann, eine Symbolfigur des Bankmanagements, in einem *Cicero*-Interview im Juni 2006: »Im Mannesmann-Aufsichtsrat haben wir uns oft gefragt, ob wir jetzt vorrangig für die Aktionäre zuständig sind, also einen möglichst hohen Preis bekommen müssen, oder ob wir auch die Sicherheit der Arbeitsplätze bedenken und die gesellschaftliche Integration des Unternehmens sicherstellen sollen.« Wie Ackermann und die anderen sich entschieden, ist gerichtsbekannt. Im Konfliktfall entscheidet das »Regime des Managements« anders als der Kapitän im Sturm, der eher das Frachtgut absaufen lässt als die Mannschaft.

Der Börsenkurs markiert den Unternehmenswert. An der Börse dominieren die institutionellen Anleger, und die werden ebenfalls von Managern dirigiert. Entlarvend ist in diesem dem Pokern vergleichbaren Börsengeschäft, dass es nicht mehr um eigentliche Unternehmensziele geht, also um Produkte und ihre Herstellung, um Kunden und Mitarbeiter, sondern um eine abstrakte Geldgröße, die es auf einer kurzen Zeitstrecke einzusammeln gilt.

Das Selbstverständnis des Managers hat sich dabei grundlegend gewandelt. »Sanierer wurden zu Stars. Die Söldner gingen und kamen«, sagt der Schriftsteller und Ex-Manager Martin Suter. Nicht mehr die Chefs, die mit Leib und Seele an der Firma hingen, sind die unternehmerischen Leitfiguren, sondern die Handlungsreisenden des anonymen Kapitals, die mit Aktienoptionen und Abfindungen, zwischendurch noch mit gigantischen Bonuszahlungen, im Orbit ihrer »Karriere« kreisen. Am Ende hängt das Prestige der Firma am Prestige des Managers. Und das ist weniger von der eigentlichen Entwicklung des von ihm geleiteten Unternehmens abhängig, sondern von der Höhe seiner Boni. Diese Sonderzahlungen sind wie die Hirschgeweihe an der Wand der guten Stube des Jägers: das Prestigemaß der Bosse.

Früher sollen sich die Unternehmer im Düsseldorfer Industrieclub mit der Frage begrüßt haben: »Wie viele Beschäftigte?« Heute treffen sich die Manager auf dem Golfplatz: »Wie viele Arbeitsplätze haben Sie abgebaut?« Im einen wie im anderen Fall ist die größere Zahl die bessere fürs Ansehen. Für unternehmerische Tatkraft zählen heute Entlassungen, nicht länger Einstellungen. Ihre Zahl ist das Adrenalin des Börsengeschäftes. Wie Adrenalin den Blutdruck hochtreibt, so die Zahl der Entlassungen den Kurswert der Aktie.

Die Entlohnungsformen der Manager entsprechen den Grundmotiven von Kostensenkung und Gewinnmaximierung. Der Bonus schwört die Manager auf den Gewinn und sonst gar nichts ein. Es zählen nicht die Standards einer guten Unternehmensführung, zu denen herkömmlicherweise vor allem die Zufriedenheit von Kunden und Mitarbeitern zählte, sondern allein monetäre Kennzahlen. Bonuszahlungen, die sich an Quartalsergebnissen und Aktienkursen orientieren, dressieren den Managerblick auf kurzfristige Ziele. Wie Pawlow'sche Hunde auf die Wurst reagieren, so reflexartig agieren Manager, um ihre Bonus-Ziele zu erreichen. Dass in solch verengten Reaktionsweisen auch Korruption gedeiht, ist nicht verwunderlich. Denn schließlich gilt es, das Gewinnziel um jeden Preis zu erreichen, um nicht ohne Sonderzahlung und damit gebrandmarkt als Versager auf die Verliererstraße abzubiegen.

Alte Entlohnungsformen waren noch mit dem langfristigen Gedeihen des Unternehmens verbunden. Außerordentliche Leistungen wurden früher oft erst gewährt, wenn ein mittel- oder langfristiges Ziel erreicht worden war. Sie waren damit mehr eine außerordentliche Anerkennung für zurückliegende Verdienste und nicht eine Spurtprämie für Kurzstreckengewinne. Die Boni dagegen »waren das entscheidende Mittel der Banken, um ein falsches Unternehmensziel durchzusetzen, nämlich das der Gewinnmaximierung um jeden Preis. Wenn ein Unternehmen alles daransetzt, möglichst hohe Gewinne zu machen, treten moralische Prinzipien in den Hintergrund«, so der St. Gallener Wirtschaftsethiker Ulrich Tielemann. Im Beipackzettel steht: »Jetzt gilt's!« Was nach mir kommt, interessiert niemanden. Im Notfall hilft der Staat.

Traditionell galt eine grundsätzliche Äquivalenz von Einkommen und Leistung als Orientierungsregel für die Angemessenheit des Lohnes. Der Wert der Arbeit kann dabei nicht nur in Arbeitsstunden gemessen werden. Denn der eine leistet in einer Stunde möglicherweise mehr als der andere in zehn. Zeitaufwand ist also ein beschränkter Leistungsmaßstab. Die Arbeitsleistung setzt sich aus Arbeitsintensität, Arbeitserfolg und Arbeitszeit zusammen.

Jedoch steckt im Arbeitszeitvergleich immer noch ein erster vorläufiger Hinweis auf die Differenz, die eine unterschiedliche Einkommenshöhe erklären könnte. Ein Arbeiter arbeitet im Jahr durchschnittlich 1.840 Stunden, ein Manager mit über 60 Wochenstunden ohne Jahresurlaub rund 3.200 Stunden. Nach 40 Arbeitsjahren ergibt das beim Arbeiter eine Stundenzahl von 73.600 Stunden. Beim Manager fallen in der gleichen Zeit 124.800 Stunden an. Der Lebenseinkommensvergleich ergibt bei einem durchschnittlichen Stundenlohn von 16.30 € für den Arbeiter 1,2 Millionen Euro Lebensverdienst. Für den Manager fallen netto pro Jahr 2 Millionen Euro an. Das ergibt ein Lebenseinkommen von 80 Millionen Euro. Damit übertrifft die Managemententlohnung die des Arbeiters um das 66-fache – bei einer Arbeitszeit, die nur um das 1,7-fache höher ist als die des Arbeitnehmers. Ist diese Schere nicht doch zu groß? Ist die Arbeitszeit der Manager 66-fach intensiver? Das sind, wie ich zugebe, unzulängliche Rechenbeispiele. Aber sie eignen sich doch, falsche Proportionen aufzuzeigen und die Klagen über zu hohe Managergehälter nicht als bloße Neidanfälle zu diffamieren.

Die neuen Prämiengewohnheiten sind von der G 20-Konferenz der 20 wichtigsten Industrienationen der Welt als Sittenverfall und Teufelszeug gebrandmarkt worden. Die Staatenlenker versprachen schnelles Eingreifen. Doch nach einer kurzen Schampause wird auf den Chefetagen schon wieder abkassiert.

Geld ist ein Leistungsanreiz, keine Frage. Aber zu viel Geld kann auch die Leistung verderben wie die Fressgier den Genuss beim Essen. Wissenschaftler, die im Auftrag der US-Notenbank tätig waren, fanden 2005 heraus, dass die steigenden Boni im Bankgewerbe Kreativität, Problemlösung und Konzentration verderben. Zu viel Geld führe zu einer Art beschädigtem Bewusstsein, das die Risikoeinschätzung trübe. Die Untersuchung trug den schönen Titel »Large Stakes and Big Mistakes« (»Große Anteile und große Fehler«). Der ehemalige Chef der Pleitebank Lehmann Brothers gehörte zu den bestbezahlten Managern der Welt. Er nahm Platz 11 in der Weltrangliste ein und verdiente zwischen 2000 und 2008 457 Millionen Dollar. Ein »Leistungslohn« kann die halbe Milliarde Einkommen in 8 Jahren nicht gewesen sein. Großes Gehalt und große Fehler. Doch die Banken haben aus der Krise nichts gelernt. Der Bonus-Rummel ging schon im Herbst 2009 wieder los. Goldman Sachs reservierten 2009 16,2 Milliarden Dollar für Bonuszahlungen. Das waren 2,8 Milliarden Dollar mehr als der Reingewinn. Im Durchschnitt für jede Führungskraft der Investment-Bank eine halbe Million Dollar.

Die 23 großen US-Finanzinstitute werden nach Schätzungen 2009 140 Milliarden an Boni ausschütten. Die Mitarbeiter der Top-Banken werden mit 143.400 Dollar pro Kopf nach Hause gehen. Insgesamt sind das 10 Milliarden Dollar mehr als im Spitzenjahr 2007. John Costas, der die Schweizer Großbank UBS ins Trudeln brachte und eine UBS-Tochter auf 4,5 Mrd. giftigen

Krediten sitzen ließ, wurde zwar entlassen, hatte aber schon wieder eine neue Firma »Prince Redge« aufgemacht und sagt, das Jahr 2009 sei das beste Jahr für die Wall Street seit 30 Jahren. Der Gewinn von Goldman Sachs war im Jahr 2009 fast sechsmal so hoch wie im Krisenjahr 2008. »Ich bin bloß ein Bankier, der Gottes Werk verrichtet«, behauptet blasphemisch der Chef des Hauses, Lloyd Blankfein. Gottes Dienstmann verdiente im Krisenjahr 2009 göttliche 68 Millionen Dollar. Die Bankiers machen sich über den Staat lustig. 117 Milliarden Dollar erhielten die Großbanken in Amerika an Staatshilfen. 145 Milliarden verteilten sie in die eigene Tasche.

Es sind ja keine Ausnahmen, die sich durch Manager-Schamlosigkeiten hervortun. Es gehört zum guten Ton, Ansprüche trotz Versagens zu stellen; statt Bestrafung Belohnung zu fordern. Angriff ist die beste Verteidigung. Das gilt offenbar nicht nur im Fußball als Erfolgsrezept. Der zum Jahreswechsel 2009/2010 abgetretene Chef der Bank of Amerika, Kenneth Lewis, bekam als Wegzehrung für die weitere Laufbahn mal kurzerhand 83 Millionen Dollar mit. Die Bank, der er vorstand, machte im letzten Jahr 2,2 Milliarden Dollar Verluste. Der Staat musste sie für 95 Milliarden Dollar über Wasser halten. Für was 83 Millionen? Bevor irgendwer ein böses Wort über Bezieher von Hartz IV verliert, sollten wir uns über Bank-Versager wie Dirk Jens Nonnenmacher (HSH Nordbank) oder Georg Funke (Hypo Real Estate) erregen, unter deren Leitung Milliarden in den Sand gesetzt wurden und die mit einer Art Finderlohn für verbranntes Geld entlassen werden. Nonnenmacher erhielt, nachdem die HSH Nordbank in die Nähe der Manövrierunfähigkeit geraten war, 4 Millionen Euro als Abschiedsgeschenk zusätzlich zu seinem Fixgehalt, das bis zum Vertragsende Oktober 2012 weitergezahlt wird.

Die finanzielle Schamlosigkeit deutscher Banker erreicht, anders als ihre Geschäftsergebnisse, mühelos internationales Niveau. Die oft vom Staat geretteten Manager nehmen ihre Retter offenbar nicht sehr ernst. Als diese für Vorstände eine Gehaltshöchstgrenze von 500.000 Euro verordneten, ließen sie einfach ihre nächststehenden Untergebenen an den Gehaltstrog. 68 Mitarbeiter – vornehmlich der Commerzbank und der WestLB – erhielten höhere Bezüge. Die Hypo Real Estate, die vom Staat 10 Milliarden Euro Hilfe und 142 Milliarden Euro als Garantie erhalten hatte, bediente mit 25 Millionen Euro Sonderzahlungen 1400 Mitarbeiter. Der Steuerzahler bezahlt die Kondolenzgeschenke.

Woher nehmen die vom Sterbebett gesprungenen Manager der Großbanken das neue viele Geld? Viele Staaten haben sich, um die Banken zu retten, hoch verschuldet. Sie betteln deshalb auf dem Kapitalmarkt um Geld. Die Investmentbanker managen die Geldbeschaffung. Sie handeln die Anleihen für die Staaten aus und kassieren dafür hohe Gebühren. Die Geretteten verdienen an ihrer Rettung. Das ist so, wie wenn die Brandstifter am Lohn der Feuerwehr beteiligt werden. Der Dank für staatliche Hilfe heißt private Bereicherung. Als wäre das nicht genug, profitiert das Bankgewerbe auch noch davon, dass die Zentralbanken der Welt gegenwärtig Kredite mit Zins nahe der Nulllinie gewähren. Mit diesen der Not gezollten Billigkrediten machen die Großbanken jetzt gute Geschäfte. Man nimmt das Geld quasi umsonst auf – und verleiht es für ordentliche Zinsen weiter. Das Aufpumpen der nächsten Blase kann beginnen.

Der nächste Aufschwung basiert wieder auf Pump. Die Realwirtschaft liegt am Boden, und das Geldgeschäft schraubt sich in luftige Höhen. In den USA wurden 52,8 Billionen Kredite bis zur Jahresmitte 2009 vergeben. Dem steht eine Wirtschaftsleistung von 14,2 Billionen gegenüber. Die Schuldenquote beträgt also 370 Prozent des jährlichen Bruttoinlandsproduktes. Der Tanz geht weiter. Und der Geld-Tsunami zertrümmert die Arbeit.

Nach der gerade eben abgewendeten »Kernschmelze« der Finanzmärkte und billionenschweren Rettungsaktionen der Staaten haben die Geldmanager nichts dazugelernt. Sie feiern weiter Bonus-Partys, als wäre nichts gewesen. Es ist wie beim Unfall auf der Autobahn. Kurz nachdem sie eine Unfallstelle passiert haben, fahren die Gaffer mit gemäßigtem Tempo weiter. Ein paar Kilometer weiter beginnt die alte Raserei.

Josef Ackermann, dessen Deutsche Bank sich für die Annahme staatlicher Hilfen zu fein war, verlangt für zukünftige Notsituationen einen Rettungsfonds, in den auch der Staat einzahlen soll. Der Staat als Schmierensteher für Zocker.

Auf der anderen Seite erklärt der Deutschland-Chef von Goldman Sachs, Alexander Dibelius: »Banken, besonders private und börsenorientierte Institute, haben keine Verpflichtung, das Gemeinwohl zu fördern.« Es ist schizophren: Für das Gemeinwohl nicht zuständig, aber den Staat abkassieren. Wie lange lässt sich der Staat noch wie eine Kuh behandeln, die von den Steuerzahlern gefüttert und von den Banken gemolken wird?

6. Ist der Arbeiter Zulieferer und die Arbeit Zubehör?

Im geltenden Unternehmensrecht gehört der Arbeiter nicht zum Unternehmen, sondern wird mit Hilfe eines Austauschvertrages »eingestellt«. Arbeit wird gegen Lohn getauscht. Der Lohn ist kein Beteiligungseinkommen, sondern eine »Abfindung« für eine Arbeitsleistung, so der »Arbeiterbischof« Wilhelm Emmanuel Freiherr von Ketteler. Damit steht der Arbeitnehmer prinzipiell auf der Stufe eines Lieferanten. Die Arbeit ist Zubehör des Unternehmens. Das Unternehmen ist im klassischen Aktienrecht ein Verein von Anteilseignern. Schon 1837 stellte der »Zentralverband der Deutschen Industrie« klar: »Die Arbeit ist nicht gleichberechtigter Teilhaber des Arbeitgebers.« So war es, so bleibt es im Prinzip – und basta!

Die Erbsünde des Kapitalismus ist, dass er die Arbeit zur abhängigen Variablen des Kapitals degradiert hat. Das Spätere, nämlich das Kapital, herrscht über das Frühere, nämlich die Arbeit. In der kapitalistischen Ordnung bestimmt also die Wirkung über die Ursache. Diese Konstellation stellt die Wertordnung auf den Kopf. Arbeit ist ein personaler Wert, Kapital ein instrumentaler.

Mitbestimmung: Die Partnerschaft von Arbeit und Kapital

Die Mitbestimmung versucht, diese Verdrehung zu korrigieren. Sie folgt damit einer sozialethisch unbestrittenen Lehre: Eigentum ist eine Frage des Sachenrechts. Aus ihm leitet sich kein Herrschaftsrecht über Menschen her. Schon in der Kant'schen

Rechtsphilosophie wird klargestellt: Eigentum gibt es an Sachen, nicht an Menschen: »Der äußere Gegenstand«, heißt es in § 17 seiner Schrift »Metaphysische Anfangsgründe der Rechtslehre«, »welcher der Substanz nach das Seine von jemandem ist, ist dessen Eigentum (dominium), welchem alle Rechte in dieser Sache (wie Akzidenzen der Substanz) inhärieren, über welche also der Eigentümer (dominus) nach Belieben verfügen kann.« Daraus folge allerdings von selbst, dass ein solcher Gegenstand nur eine körperliche Sache sein könne, nicht ein Mensch, der »der Menschheit in seiner eigenen Person verantwortlich ist«. Kein Mensch kann Eigentümer eines anderen Menschen sein oder werden. Seit der Abschaffung der Sklaverei ist das weltweit unbestritten. Wenn Eigentümer zur Verfügung über ihre Sachen Menschen benötigen, müssen sie mit diesen Bedingungen der Unterordnung aushandeln.

Das geltende Verfügungsrecht des Unternehmers über die Arbeit ist keine Konsequenz des Rechts auf Eigentum. Kein Eigentümer kann kraft seiner Verfügungsmacht über Sachwerte andere in ein Unterwerfungs- oder Abhängigkeitsverhältnis zwingen. Kein Arbeiter kann rechtlich verpflichtet werden, in Abhängigkeit vom Kapitalbesitzer dessen Produktionsmittel zu bedienen. Dieses Hoheitsrecht der Arbeit ist kein Einwand gegen betriebliche Über- und Unterordnung, sondern nur dagegen, dass die Ordnung als Herrschaftsverhältnis gestaltet wird, dem sich die Arbeiter einspruchs- und widerstandslos unterwerfen müssen. Unterordnung unter die Verfügungsmacht des Eigentümers ist Vertragsrecht, kein Eigentumsrecht. Kein Befehl kann die freie Übereinkunft ersetzen.

Die Mitbestimmung ist der Versuch solch einer Übereinkunft. Es geht darum, die Bedingungen zu formulieren, unter denen Arbeit sich der Verfügung des Kapitals unterstellt. Die Bedingung ist Partnerschaft. Diese setzt Arbeit und Kapital ins Gleichgewicht. Das mit Sozialismus zu verwechseln offenbart entweder die Unkenntnis des Sozialismus oder die der Partnerschaft, schlimmstenfalls sogar beider. Der Sozialismus negiert nämlich das Privateigentum. Partnerschaft setzt es voraus.

Mitbestimmung ist die evolutionäre Umwandlung des kapitalistischen Unternehmensrechts, denn sie eliminiert nicht das Kapital aus dem Unternehmensrecht, obwohl eine solche Konstellation durchaus denkbar und sozialethisch zu verantworten wäre. Es müsste dabei das Kapital seinen Platz lediglich mit der Arbeit tauschen und auf diese Weise von Unternehmen eingestellt und für seine Funktion »entlohnt« werden. Das Management würde dabei nicht seine unternehmerische Führungsaufgabe als Kombinator von Arbeit und Kapital verlieren, sondern lediglich seine einseitige kapitalabhängige Legitimation korrigieren müssen.

In der paritätischen Mitbestimmung geht es also nicht lediglich um die Sitzverteilung im Aufsichtsrat, sondern fundamental um die Umwandlung des Arbeitsvertrages in einen Gesellschaftervertrag. Der Lohnvertrag (contractus operae) wird Teilhabervertrag (contractus societatis), wie Papst Pius XI. in seiner Enzyklika »Quadragesimo anno« formuliert. Das Unternehmen wird so von einer Kapitalsammelstelle zum Personalverband.

In einer Partnerschaft finden sich gleichberechtigt Partner zusammen. Partnerschaft ist nicht schon dann erfüllt, wenn der Chef mit der Putzfrau den Maitanz eröffnet. Sie hat eine personale und eine institutionelle Dimension – und sie wählt einen dritten Weg zwischen kapitalistischen und laboristischen Einseitigkeiten. Sie bringt beide Produktionsfaktoren auf gleiche Höhe. Ausschlaggebend für diesen Vermittlungsvorschlag sind keineswegs nur sozialphilosophische Gründe, sondern auch die pragmatische Einsicht, dass polare Gesellschaftsmodelle der Freiheit förderlicher sind als monistische. Freiheit ist in Systemen des Machtgleichgewichts besser aufgehoben als in Verhältnissen, in denen die Machthaber keine Gegenmächte fürchten müssen. In Gesellschaftsmodellen des Gleichgewichts ist das Moment der Güterabwägung eingebaut, das eine Pädagogik befördert, immer mehrere Gesichts- und Interessensstandpunkte in den Entscheidungsprozess einzubringen.

Für diese Partnerschaft ist allerdings Voraussetzung, dass Arbeit und Kapital die Relikte ihrer sozialen Klassenherkunft abstreifen und zu Funktionsbegriffen umgebildet werden. Dafür allerdings muss der freie Zugang zum Kapitaleigentum ebenso offen sein wie der Zugang zur Arbeit. Wer dabei beklagt, dass die Arbeitnehmerseite mithilfe der Mitbestimmung und des Miteigentums die Mehrheit im Unternehmen erhalte, der verrät ungewollt seine Verhaftung mit altem Klassendenken. Wie verschroben solche Ansichten sind, kann man sich klarmachen, wenn man mit der gleichen Elle den Versuch machen würde, das Konzept Mitbestimmung plus Miteigentum als ein Konzept auszugeben, in dem die Mehrheit der Kapitalgeber immer gesichert ist. Denn die Arbeitnehmer sind schließlich in diesem Konzept auch als Kapitalisten im Spiel.

Freisetzung statt Befreiung der Arbeit

Unterhalb der rechtlichen Ebene und abseits der öffentlichen und wirtschaftlichen Bedeutung der Arbeit vollzieht sich eine subkutane Abwertung der Arbeit. Es beginnt eine neue »Arbeiterbefreiung«, die offenbar zum Zielpunkt einen freigelassenen, nämlich alleingelassenen Arbeitnehmer hat, der sich selbst managt und jeden Schutz als Einengung empfindet. Die neue Autonomie des Arbeitnehmers beruht darauf, dass jede Festlegung als Beschränkung missverstanden wird. Auch Solidarität ist dann, wie jedwede Bindung, eine Fessel. Das Leitbild eines Arbeitnehmers, der sich als Unternehmer seiner selbst versteht, ist das Phantombild eines

Menschen, der nirgendwo irgendwo dazugehört. In dieser Welt gibt es keine Loyalität, also auch keine Rechenschaftspflichten. Die »Ich-AG« ist die sprachliche Selbstentlarvung eines individualistischen Autismus, in welchem der Mensch alles »gleichzeitig« ist: Arbeitgeber, Arbeitnehmer, Aktionär und Kunde.

Der mobile Arbeiter ist nur ein Durchreisender. Gleich dem amerikanischen Serienhelden Dr. Kimble ist er immer auf der Flucht und ist nirgendwo zuhause. Der Arbeitnehmer gehört nicht nur rechtlich nicht zum Unternehmen, sondern ihn bindet auch sonst nichts ans Unternehmen. Betriebliche Qualifikation oder langfristige firmeneigene Aufstiegsperspektiven sind im Zeitalter der Mobilität sozialer Klimbim, also Verschwendung. Denn morgen ist der mobile Arbeiter ja doch wieder woanders.

Auf der Bühne der postmodernen Wirtschaft steht der Jobnomade im Rampenlicht. Als permanenter Chancenverwerter und Selbstoptimierer wechselt er virtuos und flexibel zwischen Bewerbung, Einstellung, Entlassung, Abfindung, Fortbildung und erneuter Bewerbung. »Beim nächsten Mann wird alles anders«, titelte einst launig die Romanautorin Eva Heller. »Im nächsten Job wird alles besser«, lautet das Motto des postmodernen Wanderarbeiters. Weiter unten haben sich derweil die Langzeitarbeitslosen eingerichtet. Und dazwischen gibt es die zahllosen Geschosse der Ungewissheit. Auf ihnen bewegt sich die Mehrheit der Arbeitnehmer, nicht wissend, ob sie je den Fahrstuhl in die oberen Etagen der mobilen globalen Elite erwischen, oder ob es abwärts ins Souterrain des Prekariats geht.

Im Erdgeschoss des Arbeitsmarktes heißen die Abteilungen Leiharbeit, befristete Beschäftigung, Praktikum oder »Niedriglohnsektor«. Der Anteil dieser atypischen Arbeitsverhältnisse am gesamten Arbeitsmarkt wird inzwischen auf ein Drittel geschätzt. Bald werden aus atypischen Arbeitsverhältnissen typische. Die Ausnahme wird zum Normalfall. Nach einer Umfrage von TNS

Infratest arbeiten 54 Prozent der Erwerbstätigen unter 25 Jahren in Leiharbeit, befristeten Jobs oder Maßnahmen der Arbeitsbeschaffung. Vor der letzten Krise waren es 45 Prozent. Die Krise wirkte wie ein Ausscheidungsturnier. Die Verlierer werden mehr. 28 Prozent der jungen Arbeiter hatten noch nie einen festen Arbeitsvertrag, sondern hangelten sich von befristeter Anstellung zu befristeter Anstellung. Wie sollen eine junge Frau oder ein junger Mann eine Ehe schließen und eine Familie gründen, wenn sie kein sicheres Einkommen haben? Noch nicht einmal bei der Sparkasse erhält sie oder er Kredit, wenn sie oder er von der Hand in den Mund leben muss. Die Hälfte der Arbeitslosen unter 35 Jahren bezieht Arbeitslosengeld II und bereitet sich auf ein Leben vor, in dem sie als Langzeitarbeitslose nicht mehr gefragt und gebraucht werden.

Flexibilität ist das große Versprechen auf Freiheit. Gepaart mit bedingungsloser Mobilität ist diese Freiheit allerdings ein Generalangriff auf alle »eingesessenen« Verhaltensweisen, die unsere Kultur geprägt haben. Die Sesshaftigkeit und die ihr entsprechenden Verhaltensregeln festigen unsere »dünnhäutige« Natur. Sie stabilisieren unser Verhalten und schützen vor der Überforderung, uns ständig neu erfinden zu müssen. Traditionen und Institutionen wirken wie Hosenträger, die die Hände entlasten und für Wichtigeres freimachen, als die Hose zu halten.

Kultur hat eine Entlastungsfunktion. Im Zeitalter hemmungsloser globaler Mobilität werden alle kulturellen Distanzen und Differenzen eingeschmolzen. Heimat ist nur noch eine Sache der Alten, Kranken und Ungelernten. Die fitten Jungen und die qualifizierten Cleveren werden überall gebraucht. Mit Greencard wirbt Deutschland Informatiker aus Bangalore an, nachdem wir vor Jahren Informatik-Studienplätze abgebaut haben. Wir lassen ausbilden – in Indien. Das ist billiger. Früher genügte auf Sklavenmärkten ein Blick ins Gebiss, heute reicht die Vorlage eines

Diploms, die Verwertbarkeit der Ware Arbeitskraft festzustellen. Das Ganze nennt sich jetzt »Einwanderungspolitik«. Früher haben die westlichen Industrienationen Bodenschätze in den Kolonialländern geraubt, heute sahnen sie die Qualifizierten ab. Mali hat keine Krankenschwestern mehr, weil sie alle in Europa arbeiten. Dafür liefern wir Verbandszeug, Pillen, ja ganze Hospitäler nach Mali. Entwicklungshilfe und Einwanderung von Qualifizierten ergänzen sich wie die eine Hand, die gibt, mit der anderen, die nimmt.

Die Perversion der Reduzierung des Menschen auf seine Produktionskraft für den Standort Deutschland entlarvt sich zynisch im Vorschlag des niedersächsischen Innenministers Uwe Schünemann, dass Abschiebungen von Familien ausgesetzt werden sollten, wenn die Kinder gute Schulnoten haben. Das ist Vorratsbewirtschaftung von qualifiziertem Menschenmaterial.

Flexibilität und Mobilität zwingen permanent zu immer neuen zeitlichen und örtlichen Arrangements. Es entsteht ein Dämmerzustand, in dem wir nur noch mit Reflexen auf flexible und mobile Impulse reagieren. Was als Zeitsouveränität angepriesen wird, ist nichts anderes als der Druck, das Leben fortgesetzt zu kalkulieren. Zeitstrecke und Lebensraum werden permanent neu zusammengesetzt. Soziale, familiäre und berufliche Bindungen müssen fortwährend neu geknüpft werden. »Mensch werde wesentlich.« Diese abendländische Maxime – von Aristoteles bis zu Angelus Silesius verkündet – muss ersetzt werden durch: »Mensch werde äußerlich.«

Die geballte Ladung Flexibilität und Mobilität bringt einen neuen telepathischen Menschen hervor. Jedes achte Paar in Deutschland lebt in einer Fernbeziehung. Innerhalb von zwanzig Jahren hat sich die Zahl dieser »Fernpaare« verdoppelt. Liebe unter telepathischen Bedingungen ist jedoch etwas anderes als eine, die sich aus dem Zusammenwohnen und -leben ergibt. Die

Ursache für die Atomisierung der Gesellschaft liegt in der Veränderung der Arbeit.

Gleich einer Epidemie walzt sich ein neuer Erreger der Berufskrankheiten durch die Arbeitswelt: psychische Erschöpfungen. Mittlerweile sind psychische Erkrankungen die zweithöchste Ursache für Erwerbsunfähigkeit – mit weiterhin steigender Tendenz: 1993 lag ihr Anteil bei 15 Prozent, 2009 bei 37,7 Prozent.

Der flexible Arbeitnehmer ist ein schattenloser Mensch. Nirgends hinterlässt er Spuren. Immer auf der Flucht vor der Arbeitslosigkeit hetzt er von Arbeitsstelle zu Arbeitsstelle. Nirgends gibt es ein Halten. Nirgends Sicherheit. Alle Bindungen werden aufgelöst. Der Laptop ist räumlich und zeitlich ungebunden und mit ihm der Mensch, der an ihm hängt. Der Laptop als Arbeitsplatz ist die Potenzierung von Mobilität und Flexibilität. Räumliche und zeitliche Dimensionen verlieren ihre Konturen. Sie konfusionieren. Die Arbeit verliert unter den Bedingungen der Virtualisierung unserer Lebenswelt den Boden unter den Füßen. Damit verliert sie auch ihre Funktion einer Selbsterfahrung, die sich an Widerständen reibt.

Ein Unternehmen ist dementsprechend nicht mehr ein Arbeitsplatz, sondern ein zeitlich und räumlich wechselndes Beziehungsgeflecht. Man checkt ein und aus in den Betrieb wie auf dem Flughafen. Arbeitsorte sind Transithallen. Die Arbeiter fliegen – in des Wortes mehrfacher Bedeutung: Sie steigen ein und hoch, stürzen ab und fliegen raus.

Schönfärberisch wird die »Leiharbeit« als »Zeitarbeit« getarnt. Zeitarbeit, was ist das? Zeitarbeit verharmlost, dass Menschen verliehen werden, wie man sich vom Nachbarn eine Säge leiht. Der Arbeitnehmer wird zum Werk-Zeug.

Das ist der erste Skandal der Leiharbeit. Doch der zweite folgt. Während die Leiharbeit früher Notstopfen oder Flexibilitätspuffer war, ist sie heute ein strategisches Instrument der Unternehmenspolitik, die sich vornehmlich bis ausschließlich an der Kapitalrendite orientiert. Leiharbeit als »Ad-hoc-Personaleinsatz«, der ersatzweise kurzfristigen Personalausfall kompensierte, hatte lediglich das Ziel, den kontinuierlichen Betriebsablauf sicherzustellen. Leiharbeit als Flexibilitätspuffer war das Anpassungsinstrument bei realen Auftragsschwankungen. Sie wurde besonders bei saisonalen und anderen zyklischen Veränderungen des Arbeitskraftbedarfs angewendet.

Leiharbeit wird zum kontinuierlichen Bestandteil des »flüssigen Unternehmens«. Leiharbeit wird eingesetzt zur Kontrolle der Profitabilität. Da die Zahlungen für Leiharbeiter als Sachkosten verbucht werden, ist das ein trickreicher Weg, die Personalkosten zu minimieren, was an der Börse gern gesehen wird.

Leiharbeit externalisiert Beschäftigungsrisiken, indem sie den Kündigungsschutz aushebelt und Entlassungskosten wie beispielsweise Sozialpläne, Abfindungen oder Ähnliches erspart. Leiharbeit ist ein innerbetriebliches Disziplinierungsinstrument, weil sie die Stammbelegschaften durch die Drohung einer permanenten Alternative in Schach hält.

Längst ist die Leiharbeit auf dem Wege von der Ausnahme zur Regel. Ihr Anteil am Arbeitsvolumen steigt ständig. 1997 waren in Deutschland 200.541 Leiharbeiter beschäftigt. Im Jahr 2007 lag ihre Zahl bei 682.000, im Jahr 2008 bei 823.000. 2009 folgte ein kurzer Einbruch auf 582.000. Ende 2010 sind wir bei rund 900.000 Leiharbeitern angekommen. 1400 Firmen teilen sich das Leiharbeits-Geschäft. Neben den großen Verleihern wie Randstad oder Adecco sind viele kleine Verleiher unterwegs, von denen manche nach der Methode der Zuhälter agieren. Sie lassen andere, wie im Prostitutionsgewerbe, für sich arbeiten und kassieren selbst.

Eine Studie aus NRW belegt, dass ein Viertel der Entleiher den Leiharbeiter zur Substitution der Stammbelegschaft nutzen. Leiharbeit ist billiger. Die Einkommensdifferenz zur Stammbelegschaft beträgt bei Hilfskräften 45 Prozent, bei qualifizierten Tätigkeiten 35 Prozent. Die Übernahmequote liegt bei 5 Prozent.

Quintessenz: Leiharbeit ist erstens Erpressungsinstrument, zweitens Lohndrückerei und drittens Drehtür zwischen Arbeit und Arbeitslosigkeit. Der so genannte Klebeeffekt der Leiharbeit ist in Wirklichkeit ein Schmierseifeneffekt auf der schiefen Bahn in prekäre Arbeitsverhältnisse.

Armut trotz Arbeit: Jeder neunte Leiharbeiter ist zusätzlich auf Hartz IV angewiesen. Das Verarmungsrisiko der Leiharbeiter ist fünfmal größer als das der anderen Arbeitnehmer. Damit ist die Leiharbeit, um das Maß des Irrsinns vollzumachen, auch noch ein amtlicher Zugang zur staatlichen Lohnsubvention. Die Unternehmen wälzen Teile der Lohnsumme auf den Steuerzahler ab. Heißt: Die Arbeitnehmer entlohnen sich quasi selbst!

Leiharbeit ist das »Trojanische Pferd«, um die Mauern des Kündigungsschutzes zu überwinden. Traditionelle, langfristige Unternehmenspolitik versuchte mit weitsichtiger Planung, die Kosten von Marktschwankungen nicht auf die Arbeit abzuschieben. Diese Zeiten sind vorbei. Heute ist die Arbeit tatsächlich eine abhängige Variable des Kapitals. Es ist wie Produktion »just in time«: Dort ersetzen dichte Lieferketten die Lagerhaltung, hier die Leiharbeiter weite Teile der Belegschaft. Der Produktion auf Abruf folgt die Arbeit auf Zuruf.

Kapazitätsorientierte Arbeit ist nichts anderes als Arbeit auf Zuruf. Sie setzt einen Arbeitnehmer voraus, der in Lauerstellung verharrt, bis ihn der Einsatzbefehl erreicht. Und er bleibt dann exakt so lange im Einsatz, bis das Kommando kommt, den Hammer fallen und den Lohn ausfallen zu lassen. Arbeit auf Zuruf ist ein Rückfall, der tendenziell in Zeiten zurückführt, in denen Sklaverei ein Fortschritt war. Der Tagelöhner stand damals tiefer als der Sklave, denn für den Sklaven trug sein »Besitzer« Verantwortung. Und wenn der Sklavenhalter klug war, behandelte er den Sklaven gut, damit seine Arbeitskraft ungeschmälert blieb. Der Tagelöhner dagegen war zur Ausbeutung freigegeben. Bei Verschleiß stand Ersatz zur Verfügung. Vor- und Nachsorge kamen dabei gar nicht erst auf.

Der Sittenverfall auf dem Arbeitsmarkt

Die Arbeit auf Zuruf führt noch weiter zurück, nämlich bis ins Neandertal. Auf der primitivsten Ebene des Bewirtschaftens gab es *nur* Arbeit auf Zuruf. Arbeit folgte unmittelbar den Bedürfnissen. Das änderte sich erst mit der Lagerhaltung. Arbeit auf Zuruf ist Verzicht auf eine zutiefst menschliche Fähigkeit: die Gabe planerischer Vorausschau.

Der Kündigungsschutz ist der letzte Widerstand auf der schiefen Bahn, mit der wir zurück in vorindustrielle Zeiten rutschen. Deshalb steht er auf der Demontageliste der Neoliberalen. Wie weit sich die Diskussionen über den Kündigungsschutz von der realen Alltagserfahrung abgesetzt haben, zeigen Vorschläge von CDU und FDP, nach denen zu Beginn des Arbeitsverhältnisses dem Arbeitnehmer ein Wahlrecht zwischen Kündigungsschutz und Abfindung eingeräumt werden soll. Das Wahlrecht, das dem Arbeitnehmer auf diesem Wege eingeräumt wird, ist in Wirklichkeit eine Täuschung, denn wenn dem Einsteller das Wahlergebnis des Bewerbers nicht gefällt, stellt er ihn nicht ein. Aber selbst wenn er ihn mit Abfindungszusage einstellt, führt die Regelung zu einer lebensfernen Situation, denn bevor der Arbeitnehmer auch nur den ersten Handschlag an seinem neuen Arbeitsplatz gemacht hat, muss er mit seinem zukünftigen Chef vereinbart haben, unter welchen Bedingungen er seinen letzten macht. Das Ende wird antizipiert, bevor die Arbeit überhaupt angefangen hat. Ein solches Verfahren ist keine Einladung zur vertrauensvollen Zusammenarbeit. Die Methode ist vergleichbar einer Eheschließung, die vom Standesbeamten an die Bedingung geknüpft wird, vorher zu klären, welche Scheidungskautelen gelten. Kein einziges Glas Bier würde ich bei einem Wirt trinken, der vor der Bestellung mit mir verhandelt, unter welchen Bedingungen ich Lokalverbot erhalte.

Offenbar muss in alle Lebensverhältnisse schon das Ende in den Anfang einkalkuliert werden. Die geistigen Sponsoren der flexiblen Arbeitswelt verlieren in ihrem Übereifer nicht nur den Normalfall der verlässlichen Zusammenarbeit aus dem Auge, sondern sogar die Interessen jener Arbeitgeber, die mit motivierten Arbeitnehmern zusammenarbeiten wollen.

Abfindung statt Kündigungsschutz löst im übrigen Rückstellungspflichten bei Beginn des Arbeitsverhältnisses auf Seiten des Arbeitgebers aus. Das ist für den mittelständischen Betrieb keine Einstellungshilfe, sondern ein Einstellungshindernis.

Kündigungsschutz ist wechselseitiger Vertrauensschutz. Er schützt auch die Arbeitgeber. In Amerika verlässt – wenn es sein muss – freitags ein Mitarbeiter, auf den der Betrieb angewiesen ist, seinen Arbeitsplatz, um montags bei der Konkurrenz anzuheuern. Diese Art von Mobilität gefährdet unternehmerische Planungssicherheit. Für Arbeitnehmer, für die kein schneller Ersatz beschafft werden kann, ist das ein naheliegendes Erpressungsinstrument.

Die Handlanger der Ausbeutung machen gute Geschäfte. Der Rechtsratgeber des Duisburger Arbeitsjuristen Helmut Naujoks mit dem Titel »Die Kündigung von ›Unkündbaren‹« ist das Kultbuch der Rausschmeißer. Die Seminare des ausschließlich für Arbeitgeber tätigen Anwalts erfreuen sich großen Zulaufs. »Der besondere Schutz von Betriebsratsmitgliedern – und wie sie diesen erfolgreich durchbrechen können«, lautet einer der Seminartitel.

Die Gesinnungsgenossen der Anwaltskanzlei Dr. Schreiner + Partner lassen das Visier ganz herunter. Ihre Dienste preisen sie mit dem Slogan »Arbeitsrecht für Arbeitgeber« an. Die zugehörige Neandertaler-Rechtfertigung lautet: »Das Recht des Stärkeren liegt in der Natur einer jeden Sache. Es gewinnt, wer Technik und Taktik am besten beherrscht. Deshalb machen wir nicht alles, was Recht ist, sondern in der Hauptsache – ›Arbeitsrecht für Arbeitgeber‹.« – »Erfolg«, so die Anwälte, »basiert letztendlich auf dem Wissen um Angriffsflächen, seien sie auch noch so klein.« Der Kündigungsfall, erfährt man auf der Website der Kanzlei, ist eine Art Jung-Siegfried, der Arbeitgeber ein Hagen von Tronje, der die einzig verwundbare Stelle des Helden kennen muss. Das ist die Talsohle der Arbeitsrechtsverrottung.

Im Windschatten solchen Denkens verkommen die Sitten der Arbeitgeber zusehends, wovon zahllose Bespitzelungsskandale bei Post, Telekom, Mercedes, Lidl, Aldi oder Edeka zeugen. Immer öfter werden Detektive auf Beschäftigte angesetzt. Ist der Kranke wirklich krank? Geht die Kassiererin zu oft aufs Klo? Wird im Hof geraucht? Wer führt vom Firmentelefon aus mal ein Privatgespräch? Ein verlegter Pfandbon über 1,30 Euro wird so zur Unterschlagung, ergo zum Grund einer fristlosen Kündigung. Das Arbeitsverhältnis wird zum Kriminalverhältnis. »Vertrauen ist gut, Kontrolle ist besser.« Die geistigen Gefolgsleute Lenins im Arbeitgeberlager erweisen sich als gelehrige Schüler des sozialistischen Meisters.

Der Fisch stinkt vom Kopf. Der sozialpartnerschaftliche Anstand schwindet. Siemens sponserte sich eigene, genehme Betriebsräte. Die Bundesvereinigung der Arbeitgeberverbände forciert Tarifverträge mit Scheingewerkschaften. Leider ist auch der Christliche Gewerkschaftsbund wenig mehr als ein Türschild an einer Fassade, hinter der nichts steht. Er ist kaum mehr als eine Scheinfirma, ein vom Bundesverband Deutscher Arbeitgeber gehätschelter Tarifpartner, mit denen Tarifverträge für Leiharbeitnehmer ausgehandelt wurden.

Während in der Businessclass die Manager die Buffets der »variablen Vergütungsbestandteile« abräumen, werden im Keller des Niedriglohnsektors die Löhne gedrückt, bis es nicht mehr geht. Lohndumping wird zur Konkurrenzbedingung mit global begründeten Zwängen. Ob jemand von seinem deutschen Einkommen in Deutschland leben kann, lässt sich jedoch nicht am Lohnniveau in Vietnam ermessen. Und dabei ist gerade in den besonders berüchtigten Minilohn-Branchen die weltweite Konkurrenz ein reiner Fetisch. Der Haarschnitt in Dortmund für 1,50 Euro Stundenlohn kann schlechterdings nicht mit globaler Konkurrenz begründet werden, denn es fliegt niemand zum Haareschneiden nach Hongkong oder gar nach Mogadischu, weil dort die Kosten niedriger sind. Dabei beißt sich am unteren Ende der Lohnskala die Katze nur in den Schwanz: Wer weniger als 7 oder 8 Euro die Stunde verdient, der kann sich eben keinen Haarschnitt für faire 15 oder 20 Euro leisten. Und wer als Niedriglöhner im Edelsupermarkt die Regale bestückt, der muss eben beim Discounter einkaufen.

Das Lohnabstandsgebot, mit dessen Hilfe sichergestellt werden soll, dass der, welcher arbeitet, mehr verdient als jener, der von sozialstaatlicher Unterstützung lebt, kann nicht nur gesichert werden, indem Sozialleistungen abgesenkt werden, sondern auch, indem die niedrigen Löhne erhöht werden. Auf diese Idee ist Guido Westerwelle noch nicht gekommen.

Zum Jahresende 2006 erhielten in Deutschland rund 8,3 Millionen Menschen soziale Transferleistungen, um ihren grundlegenden Lebensunterhalt zu bestreiten. Damit ist jeder zehnte in Deutschland lebende Mensch auf finanzielle Hilfen des Staates angewiesen, so die Zahlen des Statistischen Bundesamtes vom September 2009.

Rund 22 Prozent der Beschäftigten erhalten einen Lohn von weniger als zwei Dritteln des Durchschnittslohnes. Damit haben wir den traurigen Stand der Armutslöhne in den Vereinigten Staaten fast erreicht. Der durchschnittliche Lohn im unteren Einkommensviertel ist zwischen 1995 und 2006 um fast 14 Prozent gesunken. Niedriglöhne und atypische Arbeitsverhältnisse sind die neue Kombination für den unaufhaltsamen Abstieg. Niedriglöhne und Spitzenlöhne haben zahlenmäßig zugenommen. Erdrückt wird die mittlere Lohngruppe der Normalverdiener, die unser Sozialsystem im Wesentlichen getragen haben.

Die »Hungerlöhne« sind mit den atypischen Beschäftigungen verbunden. 81 Prozent der geringfügig Beschäftigten erhalten einen Lohn, der niedriger ist als der Durchschnitt aller Bruttostundenlöhne (9,65 Euro). Bei den Leiharbeitern sind es 67 Prozent, bei den befristet Beschäftigten 36 Prozent. Bei den Normalarbeitsverhältnissen »verdienen« 11 Prozent diesen Armutslohn. Niedriglohn und »atypische« Beschäftigungsverhältnisse sind ein Zwillingspaar. Die Deregulierung der Arbeitsverhältnisse ist der Bahnbrecher für die Absenkung der Löhne. Beschädigtes Arbeitsrecht und abgesenktes Einkommen gehören offenbar zusammen. Der Abbau der normalen Arbeitsverhältnisse und der Aufbau der atypischen schreitet fort. 1996 standen 24,7 Millionen Arbeitnehmer in normalen Arbeitsverhältnissen. 2008 waren es noch 22,9 Millionen. Die Zahl der atypischen Arbeitsverhältnisse stieg in der gleichen Zeit von fast 6,4 auf 9,8 Millionen, also stärker, als im gleichen Zeitraum normale Stellen abgebaut wurden. Das beweist, dass sich Beschäftigungswachstum in ein Wachstum der prekären Arbeitsverhältnisse gewandelt hat.

Wenn das Einkommen durch Arbeit nicht gesichert werden kann, verliert das Leistungsprinzip seine wirtschaftliche Steuerfunktion. Hungerlöhne, die sozialstaatlich aufgestockt werden müssen, ruinieren jedes Entlohnungssystem, weil die Logik solcher Einkommensverhältnisse als Konsequenz nahelegt, auf »Halbheiten« – ein bisschen Lohn, ein bisschen Sozialhilfe – ganz zu verzichten und gleich aufs Ganze, nämlich auf den Sozialstaat zu setzen. Eine Nichtanrechnung der Sozialleistung auf Niedriglöhne ruft andererseits die Gefahr herauf, dass die Kombination von ein wenig Arbeit und ein wenig Sozialleistung zu einem höheren Einkommen führt als das Einkommen, das aus Vollzeitbeschäftigung in Niedriglohngruppen resultiert.

Die Arbeitswelt sortiert sich neu. Die Oberen bleiben oben, die Unteren bleiben unten, die Mitte zerbröselt und bietet den Abstieg in die unteren Ränge. Unten nimmt das Gedränge zu.

2007 arbeiteten rund 3,3 Millionen Menschen in Deutschland für Bruttostundenlöhne unter sechs Euro. 2,2 Millionen davon gingen dabei ihrem Hauptberuf nach. Die Sittenwidrigkeit von Löhnen setzt nach der geltenden Rechtsprechung bei einer Grenze ein, die ein Drittel unter den Tariflöhnen der Branchen liegt. Das ergibt eine Mindestlohnhöhe für Friseure in Sachsen von 2,04 Euro, für das Bewachungsgewerbe in Berlin bleiben 3,64 Euro übrig.

Diese Niedriglohnpolitik ist das Fundament der Altersarmut. Denn die Hungerlöhne von heute sind die Hungerrenten von morgen. Aus niedrigen Löhnen lässt sich keine anständige Rente finanzieren, weder in einem kapitalgedeckten noch in einem Umlagesystem.

All das ist nur möglich, weil die traditionelle Tarifautonomie weitgehend ausgehöhlt wurde. Nur noch 63 Prozent aller Betriebe im Wirtschaftswunderland Deutschland unterliegen der Tarifbindung. In Ostdeutschland sind es sogar nur noch 52 Prozent. Aber Tarifautonomie ohne Tarifpartner ist wie ein Haus ohne Bewohner. Der gesetzliche Mindestlohn wird dann zum Ersatz für die fehlende Tarifpartnerschaft. Wer diese nicht will, erzwingt geradezu das staatliche Lohndiktat.

Das von den Neoliberalen lange und hingebungsvoll geschmähte »Tarifkartell« steht vor der Auflösung. Damit steht Hans

Olaf Henkel endlich vor seinem selbst gesteckten Ziel. Und sein Nachfolger im Bundesverband der Deutschen Industrie, Michael Rogowski, vor der Erfüllung seines Traumes, »Mitbestimmung und Tarifverträge am abendlichen Lagerfeuer« zu verbrennen. Was waren das doch noch Zeiten, als die Arbeitgeberverbände »Sozialpartner« wie Schleyer, Sohl, Friedrich, Murmann an ihrer Spitze hatten.

Auf der Gegenseite bleibt die kleingärtnerische Parzellierung des Arbeitsmarktes leider ebenfalls nicht folgenlos. Wo selbst kleinste Interessengruppen der Kapitalseite die Flucht aus geordneten Tarifverhältnissen antreten, da kommt es umgekehrt auch zu einer Balkanisierung der Gewerkschaften. An die Stelle der traditionellen großen Einheitsgewerkschaften treten Kleingruppenmächte mit hohem Erpressungspotential, vor allem dort, wo es nur wenige starke Arme braucht, damit alle Räder stillstehen. Lokführer, Piloten, Fluglotsen, Ärzte: Wer unentbehrlich ist, organisiert sich lieber in elitären Berufsverbänden – und schert sich einen feuchten Kehricht um die Interessen jener Kolleginnen und Kollegen, deren Streikdrohungen weniger bedrohlich sind. Die »Gewerkschaft der Lokomotivführer« koppelt sich von den übrigen Bahnbeschäftigten ab. Die »Tarifvereinigung Cockpit« fliegt solo. Und Krankenhausärzte operieren sich selbst aus dem Tarifverbund mit Verdi heraus. Jeder ist sich selbst der Nächste. Die IG Metall ließe sich so in tausend feine kleine Gewerkschaften auflösen. Das Automobil lässt sich zerlegen, die Gewerkschaften auch. Wenn die Hinterachsenmonteure streiken, können die Vorderachsenmonteure nicht arbeiten, selbst wenn sie wollten. Stehen aber einmal Lokführer gegen Schaffner, Ärzte gegen Pflegepersonal, am Ende vielleicht noch die Müllwagenfahrer gegen die Mülltonnenschlepper, dann ist es mit der reichlich besungenen Solidarität der Arbeiter vorbei.

Was lange Zeit galt – »ein Betrieb, eine Gewerkschaft« –,

wurde von der Rechtsprechung und von den Arbeitgebern ausgehebelt. Heute heißt es: »Rette sich, wer kann, die Starken zuerst.« Dabei steckte in den großen Einheitsgewerkschaften – was oft übersehen wurde – nicht nur ein parteipolitisches Integrationspotential, sondern auch eine gebündelte Ordnungskraft, die den sozialen Ausgleich intern organisierte und auch jene Gruppen mitnahm, die aus eigener Kraft wenig bis keine Druckmittel besitzen.

In 20 von 27 Ländern der Europäischen Union gibt es Mindestlöhne. Deutschland gehört zu den sieben Ländern ohne Mindestlohn. Zu den europäischen Außenseitern zählen außer uns nur noch Estland, Litauen, Tschechien und Irland. Wir also lassen die Tür sperrangelweit auf, damit Unternehmen den Staat ausbeuten. Unternehmer zahlen Hungerlöhne im Wissen, dass der Staat sie aufstockt und auf das Existenzminimum bringt. Lohnsubvention vom Staat statt anständiger Lohn vom Arbeitgeber. Der staatliche Mindestlohn ist die Konsequenz der Privatisierer, und es beweist sich wieder einmal, dass sie die eigentlichen Treiber der Verstaatlichung sind. Die Arbeitgeberverbände leisten sich den Luxus, alles zu tun, damit sie überflüssig werden. Die Tarifautonomie hat eine hohe marktwirtschaftliche Ordnungsfunktion. Sie drängt die Fürsorgefunktion des Staates zurück und scheut den fairen Wettbewerb nicht. Die Zerstörung der Tarifautonomie ist ein Anschlag auf die Marktwirtschaft.

Die Logik der kapitalistischen Lohnpolitik hat der ehemalige Präsident des Bundesverbandes der Deutschen Industrie, Michael Rogowski, auf die Spitze getrieben: »Der Lohn ist ein Preis, der sich aus Angebot und Nachfrage ergibt. Deshalb müssen Lohngrenzen nach unten durchbrochen werden.« Freier Fall nach unten entspricht offenbar der Schwerkraft des kapitalistischen Lohnes. Doch diesem Kapitalismus fehlen demnächst mangels Kaufkraft die Kunden. Deshalb ist dieser Kapitalismus dumm. Es gibt unter den Verbandsfunktionären der Arbeitgeber Artisten, die annehmen, sie könnten auf dem Ast sitzen bleiben, den sie absägen.

»Die Arbeitskraft hat demnach einen Preis, wie ihn auch Schweine haben. Im Schweine-Zyklus ist der Preis hoch, wenn es wenig Schweine gibt. Werden viele Schweine angeboten, sinkt der Preis.« Diese Bauernregel zitiert Rogowski. Sie soll also auch für die Tarifpolitik gelten. Dabei übersieht nun Rogowski in der Hitze seines Klassenkampfes, dass Lohnempfänger keine Schweine sind.

Inzwischen sind die Lohnsitten in einigen Branchen so verrottet, dass die Arbeiter sogar Geld mitbringen müssen, wenn sie eingestellt werden wollen. In manchen Callcentern heißt der den Arbeitgebern von den Arbeitnehmern vor der Einstellung zu zahlende Lohn »Kaution«. Diese Kaution wird bei Kündigung in einen »Einarbeitungszuschuss« verwandelt und nicht mehr zurückgezahlt, wenn der Arbeitnehmer vor einem vereinbarten Termin den Betrieb verlässt. Das gilt auch, wenn der Arbeitgeber gekündigt hat. Mit anderen Worten: Der Arbeitgeber hat es in der Hand, ob die »Kaution« zurückgezahlt wird oder nicht. Kaution ist offenbar die Wiederauferstehung des Lehrgeldes, welches in vergangenen Zunftzeiten die Lehrlinge zu zahlen hatten.

Der Respekt vor der Arbeit

Aber noch ist nicht aller Tage Abend. Schon dämmern am Horizont die ersten Vorzeichen einer neuen Ernsthaftigkeit der Arbeit. Die Arbeitsfrage ist nicht nur eine Frage des Lebensunterhalts. Im Lohn ist auch das Element der Anerkennung und der Achtung eingebaut. In der Arbeitsplatzsicherheit ist die Erinnerung an Treue und Loyalität enthalten. Alle Fluktuationseuphorien treffen daher auf das uralte Bedürfnis einer verlässlichen Zugehörigkeit, das sie nicht erfüllen können. Siemens hat bereits wieder umgeschaltet: Der Technologiekonzern sagt seinen Mitarbeitern eine Art von Beschäftigungsgarantie zu.

Nachdem in den Wohlstandsregionen der Erde die Arbeit nicht mehr dem nackten Überlebenskampf dient, taucht dort mit der gleichen Kraft, in der es einst ums Sattwerden ging, die Frage nach dem Sinn der Arbeit auf. Die Rehabilitation der ehrlichen Arbeit ist die Renaissance alter Werte der Achtung, der Treue und des Respekts vor der Arbeitsamkeit.

7. Der Tod von Zeit und Raum

Lebenszeit mit Konturen und Zäsuren

Die Lebenszeit ist kein kontinuierlicher Zeitfluss. Erlebte Zeit und chronologische Lebenszeit sind nicht deckungsgleich. Es gibt Zeiten, in denen der Lebensstrom langsam fließt, in denen man das Gefühl hat, »weniger« zu erleben, und Zeitstrecken, in denen der Lebenspuls schneller schlägt, sich die Zeit bisweilen sogar überstürzt. Für den »Kairos«, jenen Augenblick also, in dem der Entscheidungsdruck sich verdichtet und in einen Augenblick kulminiert, gibt es gar keine Zeitmaße.

Mit anderen Worten: Der Lebensfluss kennt träge Wasserläufe und wilde Katarakte. Der Lebensrhythmus lässt sich nicht in einen Maschinentakt pressen. Die Zeit des Erlebens, aus dem wir unsere Erfahrungen schöpfen, ist von einem eigenen, geheimnisvollen Rhythmus geprägt. Er gibt dem Leben Kontur. Deshalb entspricht Arbeit in den Zwängen eines kollektiven Einheitstaktes ebenso wenig einer humanen Zeitgliederung wie ein alles verwischender Zeitbrei, in dem es gar keinen Rhythmus gibt, weil die Zeitgliederung eingeebnet ist. Keine Festtage, keine Ruhezeiten, keine Sonntage und keine Werktage schaffen Zeitwüsten.

Zeitrhythmen sind Verhaltensstabilisatoren. Der Lauf von Sonne und Mond ordnet die Zeit und gliedert sie in Jahres-, Monats- und Tagesstrecken, die regelmäßig wiederkehren und sich tief in unser genetisches Orientierungsvermögen eingegraben haben. Der Wechsel von Tag und Nacht, die Regelmäßigkeit von Sonn- und Festtagen sind Erinnerungsstützen unseres Zeitbewusstseins und schaffen die Intervalle unseres Lebensrhythmus. Der Imperialismus der Ökonomie schickt sich an, diese Lebenskonstanten plattzuwalzen. Arbeit ohne Grenzen. Kein Tag, keine Nacht, kein Sonntag, kein Weihnachten, kein Ostern.

Feste zu feiern ist menschlich. Kein Tier, kein Baum, kein Stein feiert Feste. Nur der Mensch ist fähig, außer sich zu geraten. Er tritt aus seinen Gewohnheiten heraus und nimmt sich auch Auszeiten von Alltag und Normalität. Freizeiten sind individualisierte Zeiten, Festtage synchronisieren Freizeiten. Feste sind kollektive Auszeiten. Ohne Auszeiten ist menschliches Leben nicht möglich, auch physiologisch nicht, denn ohne Schlaf können wir zum Bespiel nicht leben. Vielleicht sind die Träume unsere fruchtbarsten Innovationsquellen.

Die Einebnung der Zeitgliederung

Die modernen Arbeitszeitgewohnheiten jedoch verwischen alle sozialen Zeitmuster, die das Zusammenleben ordnen. Die individualisierte Freizeit ist Fortsetzung des individualisierten Lebenskrieges mit anderen Mitteln. Jedenfalls hat die moderne Freizeitbeschäftigung wenig mit Ruhe und Besinnlichkeit, also dem ganz Anderen der Arbeit zu tun. Freizeit ist eher die Verlängerung der Arbeitszeit unter anderem Namen. Allgemeine Ruhetage, also jene Festtage, an denen sich die Welt verändert, weil nicht gearbeitet wird, sollen durch Flexibilisierung eingeebnet werden. Denn Festtage sind Widerstände gegen die totale Verwirtschaftung unseres Lebens. Der Sonntag soll zum Werktag werden, also zu einem Tag wie die sechs anderen in der Woche. Advent, die Einübung ins Weihnachtsfest, soll im Geldgeschäft untergebuttert werden. Alles dient einer angeblichen Konsumentenfreiheit. So als müsste einer, der an sechs Tagen keinen Küchenschrank kaufen konnte, dafür unbedingt den Sonntag nutzen. Und wer in vier Wochen kein Weihnachtsgeschenk findet, muss dafür unbedingt alle Adventssonntage einsetzen, um seine Konsumenten-Souveränität zu sichern. Die kommerzielle Begründung für verkaufsoffene Sonntage ist eine von Gier erzeugte Dreistigkeit. Denn in Wahrheit geht es nicht um Freiheit, sondern nur um einen erweiterten Zeitraum für ungehemmten Konsum. Das Bundesverfassungsgericht hat mit seinem Urteil vom Dezember 2009 gegen die uferlose Sonntagsarbeit eine wichtige Dammbefestigung gegen den Zeitsturm der Ökonomie gebaut.

Arbeitsfreie Tage anstelle des freien Sonntags zu setzen ist mehr als nur ein »Freizeit-Tausch«. Der freie Tag löst sich damit nämlich von seinem festen Platz auf der Zeitachse. Damit verschwindet der Wochenrhythmus, welcher die Gesellschaft mit einem sozialen Orientierungsmuster ausstattet, das Integration und Identität beförderte. Freizeit bietet dagegen keine sozialen Ruheräume. Die »Rund-um-die-Uhr-Gesellschaft« führt in einen kollektiven Aktivitätstaumel. Das ist gut fürs Geschäft, aber nicht für die Seele.

»Sonntags besuche ich mich selbst«, bemerkte Karl Valentin, »da bin ich zuhause.« In Valentins skurriler Ironie ist eine Erinnerung an alte Wahrheiten versteckt. Der Mensch bedarf allgemeiner Ruhezeiten, in denen er zu sich kommen kann. Die Gesellschaft muss Gelegenheit haben zum »Kleiderwechsel«, damit nicht ein Tag wie der andere ist. Schrankenlose Öffnungszeiten sind das Surrogat schrankenloser Freiheit. Die Verdrängung der gegliederten Zeit wird als Sieg der Freiheit gefeiert. Freiheit, dein Name ist Geld. Karl Marx hat weitsichtig vorausgesagt: »Alles läuft auf eine Ökonomisierung der Zeit hinaus.«

Selbst Arbeitszeitverkürzung bringt keineswegs in jedem Fall Zeitgewinn. 32.000 Versuchspersonen notierten nach Verkürzung ihrer Arbeitszeit über zwei Tage minutengenau, wie sie ihre

Zeit verbrachten. Das Ergebnis war, dass nicht mehr »freie« Zeit entstand. Die freigewordene Zeit wurde vielmehr im Takt der intensivierten Arbeitszeit besetzt. Dem Mehr an Freizeit entsprach kein Mehr an Muße. Auch die Technik spart nicht immer Zeit. Mit der automatisierten Hausarbeit steigen auch die Ansprüche an die Hausarbeit. Wer eine Waschmaschine anschafft, wäscht häufiger die Wäsche. Sauberkeit nimmt antiseptische Standards an.

Was Technik und Arbeitszeitverkürzung nicht schafften, nämlich mehr »freie Zeit« zu gerieren, wird auch nicht durch Beschleunigung erreicht. Der durchschnittliche Amerikaner verbringt rund 1500 Stunden pro Jahr im Auto, inklusive Stau, Reparaturen und Pflege. Er überwindet dabei 7500 Meilen. Geschwindigkeit ist Weg durch Zeit – alles in allem ergibt sich also eine Durchschnittsgeschwindigkeit von 5 Meilen pro Stunde. So schnell war auch ein mittelalterlicher Ochsenkarren.

Die Einebnung jeglicher Zeitgliederung schleicht sich inzwischen sogar in unsere Arbeitswelt ein, die mit dem Beginn der Industrialisierung unserem Leben so starre Rhythmen aufgezwungen hatte. Flexible Arbeitszeiten ersetzen starre Arbeitszeitbefehle. Die Lockerung bringt zunächst einen Gewinn an Freiheit. Doch die Zeitsouveränität wird weitergetrieben. Unter dem Motto »Kontrolle ist gut, Vertrauen ist besser« werden überhaupt keine Arbeitszeiten vereinbart, sondern Arbeitsergebnisse vorgesetzt. In vielen Unternehmen heißt das Verfahren tatsächlich »Vertrauensarbeitszeit«. Feste Arbeitszeiten stehen dagegen zunehmend im Verdacht, ein Versteck für Faulpelze zu sein, die zur Erledigung ihrer Aufgaben so viel Arbeitszeit wie möglich absitzen. Des Deutschen liebstes Klischee ist hier der ständig Kaffee trinkende Beamte, der mit Ärmelschonern und Federkiel Dienst nach Vorschrift schiebt, wenn er sich nicht gerade dem Büroschlaf ergibt.

Wenn die Terminvorgaben und das zu diesem Zeitpunkt zu erreichende Arbeitsergebnis ohne Arbeitszeit angegeben werden, hat der Mitarbeiter mit »Zeitsouveränität« selbst zu bestimmen, wie viel Arbeitszeit er wann – und immer öfter auch wo – einsetzt, um das Ziel zu erreichen. Alles eine Frage der Selbstorganisation und des »Zeitmanagements«, sagen beruhigend die Coaches und Personaltrainer.

Die Mauern zwischen Arbeit und Leben werden damit endgültig geschliffen. Das industrielle Arbeitszeitreglement schottete noch Arbeit und Freizeit gegeneinander ab. In der Arbeitszeit hatten das Private und die »Eigenzeit« nichts zu suchen. Aber die Arbeit eben auch nichts im Privatleben. Das hatte Vor- und Nachteile. Die Arbeitszeit war von allen privaten, subjektiven Bezügen gereinigt. Ob jemand Sorgen oder Bauchweh hatte, das durfte am Schraubstock oder Fließband keine Rolle spielen. In der neuen Projektarbeit ohne feste Arbeitszeiten ist die Trennung aufgehoben. Jetzt wird neben und zwischen Fitness, Kindererziehung, Einkauf und Essen das aktuelle »Projekt« vorangetrieben. Vom Erfolg der Projektarbeit hängen Verdienst und Karriere ab. Also ordnen sich alle anderen Lebensregungen der Arbeit unter. Jeder Lebensraum, jede Zeitoase wird jetzt von der Arbeitsaufgabe durchdrungen. Hobbys, Gesundheit, Segeln, die klassischen Freizeitbereiche, dienen jetzt dem beruflichen Fortkommen. Essen degeneriert vom lustbesetzten sozialen Ritual entweder zum Arbeitsessen oder zur beiläufigen Nahrungsaufnahme. Die gemeinsame Mahlzeit im Familienkreis wird von der Regel zur Ausnahme, weil jeder seine eigenen Zeitrhythmen hat. Kindererziehung hat es schwer, dazwischen zu kommen. Die alte Trennung von Arbeit und arbeitsfreier Zeit bewahrte das Leben vor der Totalökonomisierung. Das ist jetzt vorbei. Die Arbeit kolonisiert das Leben.

Vorreiter der Planierung aller Arbeitszeitrhythmen und -gewohnheiten war die »New Economy«. In ihrer schönen neuen Welt wurden die kollektiven Zeitzwänge, die in der Welt der Angestellten langsam und unmerklich aufgeweicht worden waren, vollständig über Bord geworfen. Es galt als chic, dunkle Augenringe im Gesicht zu tragen und mit Magenknurren seine Daueranwesenheit zu signalisieren. Da die Arbeit Spaß zu machen hatte, galt es als sexy, kaum etwas anderes zu tun, als zu arbeiten. Beiläufig von seinen Nachtschichten vor dem Computer zu berichten, war chic. Dem Rausch der New Economy folgte zwar ein denkbar heftiger Kater. Aber die Arbeit nach Maß, also auch nach festem Arbeitszeitmaß, kehrte nicht mehr zurück. Alle Lebensregungen werden in einem Zeitbrei verrührt.

Nach Angaben des Statistischen Bundesamtes arbeiteten im Frühjahr 2001 nur noch 49,9 Prozent der knapp 33 Millionen Vollzeit-Beschäftigten in täglich festen Arbeitszeiten. Hurra! Welch ein Gewinn an Freiheit! Wirklich?

Stress statt Stechuhr

Die Stechuhr ist verschwunden. Aber mancherorts macht sich verdächtig, wer nach acht Stunden Arbeit nach Hause geht und auch am Wochenende Feierabend hat. Wer etwas werden will, darf keine Freizeit haben. Und es wollen mehr Menschen »etwas werden«, als Menschen etwas sein wollen. Die Arbeitszeit ohne Grenzen hat noch viel Nachschub.

Die Weltgesundheitsorganisation stellte inzwischen fest, dass allein in Europa 37 Millionen Männer und Frauen an beschäftigungsbedingten Depressionen leiden. Die Kosten dafür wurden auf rund 80 Milliarden Dollar geschätzt.

Menschen sind keine Monaden. Wir leben nicht in isolierten Kugeln ohne Fenster zur Außenwelt, wir sind vernetzt mit unserer Umwelt. Wir existieren nicht als Zeit- und Raumpunkte, sondern in Zeiträumen. »Früher«, »später« und »jetzt« geben uns Orientierung. Unsere Sprache bildet die Differenzen in den Zeitformen Vergangenheit, Gegenwart und Zukunft nach. Auch der Raum ist durch Strukturen geformt, die der Zeitgliederung analog sind. Mit Oben und Unten, Nähe und Ferne verschaffen wir uns die Übersicht, die uns lehrt, »wo wir stehen«. Mit Hilfe dieser zeitlichen und räumlichen Erkenntniskategorien ordnen wir unser Wissen und Leben. Für Albert Einstein hatte die Scheidung zwischen Vergangenheit, Gegenwart und Zukunft »nur die Bedeutung einer wenn auch hartnäckigen Illusion«. Im Sinne der Relativitätstheorie ist unsere Erlebniszeit eine Einbildung. Wir leben allerdings nicht in den Kategorien der theoretischen Physik, sondern in konkreten Lebenszeiten, die von Erlebnissen und Erfahrungen gegliedert werden. Ohne Kurzweil, selbst ohne Langeweile ist unsere Befindlichkeit nicht denkbar.

Es bahnt sich jedoch ein Umsturz unserer Weltsicht an, und es könnte möglich sein, dass wir wieder einmal an einer Zeitenwende stehen, so wie damals im Übergang von der nomadischen Existenz zur Sesshaftigkeit. Die beiden Existenzformen unterstehen unterschiedlichem Zeitregiment. Für den Nomaden ist Zeit ein Streckenmaß. Für den Sesshaften ist Zeit ein Quantum der Dauer.

Dieser Umstieg vom Nomadentum zur Sesshaftigkeit wurde von den seinerzeitigen Akteuren nicht bemerkt, weil sich diese Art von Paradigmenwechsel schleichend vollzog. Auch diesmal geht es um das Auswechseln von Denkformen. Technik und neue Arbeit verändern unser Zeiterleben und damit unsere Denkgewohnheiten. Die Zeitenwende wird zu einer anthropologischen Wende.

Sind wir auf dem Weg in eine Art endlose Kontischicht, in der Anfang und Ende kollektiver Arbeitszeiten global nicht mehr erkennbar sind? Der französische Philosoph Paul Virilio vermutet hinter der neuen Tele-Technologie einen Angriff auf unsere zeitliche und räumliche Vorstellungskraft, in der zu leben wir gewohnt sind. Ausgelöst wird diese Revolution durch neue Formen der Arbeit. Wenn die Informatiker in Seattle im globalen Schichtwechsel von den Arbeitskollegen in Bangalore abgelöst werden, die ihre Arbeit an den gleichen Projekten ohne Unterbrechung fortsetzen, so spielen zeitliche und räumliche Distanzen offensichtlich keine Rolle mehr. Die realen Produktionsprozesse wälzen sich in Echtzeitrunden rund um den Erdball.

Raum- und Zeitverlust sind die Begleitumstände einer Kulturrevolution. Völkerwanderungen mussten Kulturzeitmauern überwinden, Räume durchqueren, um Anschluss zu finden. Solche Anstrengungen müssen wir in unserer globalen Arbeitswelt heute nicht mehr zustande bringen. Die Einebnung von Distanzen verläuft unblutig, anstrengungslos. Die Differenzen verschwinden spurlos aus dem Bewusstsein. Doch unsere Orientierung in Zeit und Raum ist auf Unterschiede angewiesen. Umgebung wird zur Landschaft durch Höhen und Weiten, Farben, Gerüche, Widerstände. In die Lebenszeit sind Rhythmen eingebaut. Erlebte Zeit ist etwas anderes als Maschinenlaufzeit. Zur Arbeit gehört die Pause. Auch das Denken braucht Pause. Die Denkpause ist keine Pause vom, sondern fürs Denken.

Der Zeitvernichter heißt Tempo. Alles wird schneller: Verkehr, Kommunikation, Essen, Trinken. Der durchschnittliche Erdenbürger legte um 1800 durchschnittlich rund 4 Kilometer pro Tag zurück. Heute schafft er 40 Kilometer. Wir werden schneller, bis wir so schnell leben, dass wir unser Leben gar nicht mehr empfinden. Die Gesetze der Natur, mit deren Hilfe die Gattung Mensch ihre Umwelt erfasste und umformte, verlieren für uns ihre Gestaltungskraft. Der Mensch verdrängt mit seiner selbstgeschaffenen Natur die Natur und ihre Gesetze. Zeit und Raum verlieren ihre Funktion als Anschauungsformen.

Die Steuerung durch Detektoren, Sensoren erreicht ein Leistungsvermögen, in dem Zeit und Raum und schließlich in ihnen der Mensch verschwinden werden. Bildschirmkonferenzen und Monitore lassen Raum- und Zeitdistanzen verschwinden. Telearbeit kreuzt sich mit räumlicher Ungebundenheit und zeitlicher Fixierung. So entwindet sich menschliches Handeln den Zonen der Realität.

Beschleunigung bis zum »rasenden Stillstand«

Raum und Zeit sind bisher die zwei Kategorien, mit denen wir die Welt ordnen und uns in diese Ordnung einfügen. Raum und Zeit sind nach Kant unsere Anschauungsformen, mit denen wir die Welt erfassen. Es könnte uns passieren, dass wir der Perspektiven verlustig werden, in deren Blickwinkel wir von einem Standpunkt aus Ausschnitte von der Welt gewahr werden. Wo es keine räumlichen Standorte und keinen zeitlichen Standpunkt gibt, entfällt der Zugang zur Welterkenntnis. Mit den Formen der Anschauung verlieren wir die Anschauung selbst, und mit den Zeitordnungen die Zeit. Sind Erkenntnisse ohne Raum- und Zeitvorstellungen möglich?

Raum und Zeit erklären sich wechselseitig. Raumstrecken wurden in früheren Zeiten auch durch den Zeitaufwand gemessen, den man zu ihrer Durchquerung benötigte. Umgekehrt wurde die Zeit in räumlichen Etappen gemessen. Die Sonnenuhr gibt das Zeitmaß durch den Streckenabschnitt an, den die Sonne auf ihrem vermeintlichen Lauf zurücklegt, was durch den Schatten des Sonnenuhrzeigers auf seiner Rundstrecke nachgebildet wird. Zeit und Raum gaben sich wechselseitig Maß. Die Lappen zum Beispiel maßen eine Strecke nach den Zeitabständen, die ihre Rentierherde zwischen zwei Stellen »zum Wasserlassen« brauchten. Statt abstrakt von einer Entfernung von 12 Kilometern zu sprechen, sprach man von »einmal Wasserlassen«.

Was aber passiert, wenn wir virtuelle Räume mit Lichtgeschwindigkeit durchqueren und in Echtzeit, also ohne Zeitverlust, mit Partnern auf der anderen Seite der Weltkugel kommunizieren und agieren? Abfahrt und Ankunft werden zeitgleich.

Arbeit, wie wir sie über Jahrtausende kannten, war – seitdem wir sesshaft wurden – an konkrete, lokale Arbeitsplätze gebunden. Und der Arbeitsplatz war fast immer identisch mit dem Wohnort. Ebenso war Arbeit an die Körperlichkeit des Menschen gebunden. Migration war der letzte Ausweg in höchster Not. Heute jedoch können Raum und Zeit per Mausklick überwunden werden. Auswandern und Dableiben sind zeitgleich möglich. Arbeit lässt sich aus der Ferne verrichten. Arbeit wandert aus und Mensch bleibt da – und umgekehrt. Zeit und Raum verlieren ihre Ankerplätze und damit ihre Orientierungsfunktion.

In der Zeit, von der wir uns offenbar gerade verabschieden, war der Raum das Pendant unserer Zeitorientierung. In jenem Abschnitt, den Zygmunt Baumann »die schwere Moderne« nannte, war Größe der Erfolgsmaßstab. Große Gewichte und große Volumen waren Garantien der Macht. Es war die Zeit der großen Fabriken, der großen Maschinen, der Hochhäuser und Supertanker. Reichtum und Macht waren greifbar, Expeditionen wurden bejubelt, wenn sie aus fernen, unbekannten Gebieten zurückkehrten oder einen hohen Berggipfel bezwungen hatten.

Doch welches Gebiet beansprucht ein Computer, der Arbeit steuert und Besitzverhältnisse verwaltet? Brauchen ein Computer, ein Netzwerk überhaupt Besitz für ihre Herrschaft? Wie groß ist der Platzbedarf im Zeitalter der Software? Die Welt des Computers ist eine Welt der extremen Miniaturisierung und der extremen Beschleunigung. Die niederländische Kaufmannsgilde des 16. Jahrhunderts musste oft Jahre auf die Rückkehr der von ihr finanzierten Handelsexpedition warten. Investition und Erfolg oder Scheitern lagen ewig weit auseinander. Die EDV-gestützten Finanzkaufmannsgilden von heute verschieben in Bruchteilen von

Sekunden Billionen um den Globus. Der elektronische Handel läuft so schnell ab, dass das Eingreifen von Menschen beinahe zum Risiko wird. Bis ein Händler bemerkt, dass sich das Kursverhältnis von Euro und Yen auf der dritten Nachkommastelle verändert hat, wäre es längst zu spät. Also lässt man die Arbitrage, die bei Einsatz entsprechender Summen aus solchen Differenzen Millionengewinne generiert, lieber automatisch ablaufen. Viele Kursstürze an den Börsen wurden in den letzten Jahren nicht durch nervöse Händler, sondern durch völlig emotionsfrei rechnende Handelssysteme ausgelöst.

Eine sich überschlagende Beschleunigung, in der die Zeit den Raum auflöst, könnte paradoxerweise jedoch zu einer nie dagewesenen Statik führen, die den physischen Ortswechsel außer Kraft setzt, weil alle Bedürfnisse plötzlich sesshaft befriedigt werden können. Virilio nennt das den Triumph der Sesshaftigkeit, diesmal aber einer endgültigen Sesshaftigkeit. Seine Umwelt zu kontrollieren heißt dann, sie in sich aufzunehmen. Die Umwelt wird nicht mehr bewohnt, sondern sie besucht den Menschen, der seine Mobilität beherrscht und seine Organe in sie implementiert hat. Es wird nicht mehr nötig sein, von Zuhause wegzugehen, um zu arbeiten oder mit anderen zu kommunizieren. Alles ist und alle sind permanent »da«. Der neue Wohnsitz hat weder Ein- noch Ausgang. Virilio beschreibt diesen Wohnsitz als technologische Vernichtung des Raums:

»Eine Art Schutzhaut umhüllt den Bewegungskörper wie die Metallhülle eines Sarkophags oder die Zelle einer Flugzeugkabine, die eine Mumie oder einen Piloten überzieht. Kontrolle näherer oder ferner Umgebung führt unsere Gesellschaft also zur Verwirkung eines letzten technologischen Gemisches, dessen ergonomischer Archetypus der Stuhl, ein Thron wäre, der sich in ein Bett verwandelt, in eine Sänfte für Bettlägerige.«

Niemand bewegt sich mehr aus seiner Wohnung heraus. Wir

alle lebten dann in einem virtuellen Gehäuse, das alle Dinge der Welt umfasst, in dem alles erreichbar ist. Zimmer gleichen Kapseln ohne Fenster. Ausgestattet mit Fernseher, Telefon und einem Computermonitor, sehr bald vielleicht auch ein einziges Terminal, von dem aus sich alles erledigen lässt.

Was Virilio wie eine Fieberphantasie des neuen Menschen beschreibt, wird bei amerikanischen Futurologen bereits als ein Projekt zur Auflösung aller Absatzblockaden angepriesen. Nicholas Negroponte, einer der Größen des Massachusetts Institute of Technology, deutet Virilios Schreckgespenst in eine niedliche, vorerst freundliche Konsumidee um:

»Wenn Ihr Kühlschrank bemerkt, dass keine Milch mehr da ist, kann er Ihren Wagen bitten, Sie daran zu erinnern, auf dem Nachhauseweg welche einzukaufen. Die heutigen Geräte haben entschieden zu wenig Computereigenschaften. Ein Toaster sollte nicht fähig sein, den Toast zu verbrennen, stattdessen sollte er mit anderen Geräten rechnen können. Es wäre wirklich kinderleicht, Ihrem Morgentoast den Börsenschlusswert Ihrer Lieblingsaktie einzubrennen. Doch erst muss der Toaster notwendigerweise mit den Nachrichten verbunden werden.«

Dass der Rasenmäher mit dem Wetterdienst kurzgeschlossen wird und auf unser Kommando nicht mehr angewiesen ist, könnte noch als Entlastung akzeptiert werden. Ein implantierter Chip, der uns über das Brillengestell mitteilt, dass wir demnächst etwas essen sollten – Speisenauswahl mit Nährwertangaben inklusive –, ließe uns aber wohl schon zweifeln, ob wir noch Herr im eigenen Hause wären.

Die Abschaffung des Menschen ist offenbar ein ebenso leichtes Kinderspiel, wie Börsenkurse auf Toastbrote zu brennen. Kopernikus hat uns aus dem Mittelpunkt des Kosmos vertrieben. Darwin nahm uns die Illusion, die »Krone der Schöpfung« zu sein. Freud zerstörte unsere Selbstgewissheit, dass die Vernunft

Herr im Hause unseres Bewusstseins sei. Irgendjemand könnte demnächst das Selbstbewusstsein aus der Wohnung unseres Leibes entlassen. Was bleibt, wenn die moderne Technik uns selbst besetzt und ersetzt? Es wäre eine besonders pikante Vision des Weltuntergangs, wenn die Arbeit des Menschen ihn selbst verschwinden ließe. Jenseits unserer bisherigen Vorstellung vom Menschen entsteht ein künstlicher Arbeiter: Hände und Füße werden von Robotern übernommen, das Gehirn von der Schaltzentrale Computer. Vom Menschen bleibt nur die Adresse. Der Versuch des Menschen, ohne sich auszukommen, hat begonnen.

Raum und Zeit als Werksgelände der Arbeit

Wenn wir nicht achtgeben, kann es so kommen. Aber es muss nicht so kommen. Der Mensch ist mehr als die Summe seiner Umwelteinflüsse und kulturellen Determinanten. Der Mensch gestaltet die Welt, in der er lebt. Und das heißt: Wir können sie so, aber auch anders gestalten. Wir können arbeiten.

Schwere Arbeit war einst der Geburtshelfer des Menschen. Könnte es also sein, dass sie auch sein Lebensretter wird? Die Mühe der Arbeit ist unsere Verbindung zur Wirklichkeit. Die Bodenberührung mit der Anstrengung der Arbeit könnte uns davor bewahren, zu Cyber-Wesen zu werden, welche weder das Davor und Danach noch das Hinten und Vorne unterscheiden können. Unsere Existenz wird gefestigt durch die Wiedererlangung einer Arbeitsfähigkeit, die an Widerständen wächst und deshalb Raum und Zeit als ihr Werksgelände hat.

8. Die Hybris der Technokraten

Der Teufel ist ein großer Dialektiker. Er treibt auch mit der Technik sein Verwirrspiel. Die Entwicklung bewegt sich bisweilen in Gegensätzen. Während wir auf einem Rastplatz den Fortschritt feiern, hat sich dieser schon in sein Gegenteil verwandelt. Ein Schritt weiter, und schon wieder wendet die Technik ihr Gesicht und erscheint als Retter, wo sie gerade noch als Vernichter auftrat.

Wer den Überblick über die Bocksprünge der Technik nicht verlieren will, der darf nie verkennen, dass Technik nur ein Mittel zum Zweck ist. Sie soll den Menschen entlasten, aber nicht so weit, dass er schwerelos wird und sich auflöst. Technik kann uns von Ausbeutung befreien. Technik kann aber auch so weit getrieben werden, dass sie uns die Arbeit ganz austreibt, und wir mit der Erfahrung der Arbeit unserer selbst verlustig gehen. Arbeitslosigkeit ist Verlust von Selbsterfahrung. Mit der Anstrengung der Arbeit verbinden wir die kostbare Fähigkeit, uns mit der Welt »auseinanderzusetzen« und sie zu erleben.

Was ist ein Erlebnis? »Ich habe mich schon oft gefragt, was die Leute eigentlich meinen, wenn sie von Erlebnis reden. Ich bin ein Techniker und gewohnt, die Dinge zu sehen, wie sie sind. Ich sehe alles, wovon sie reden, sehr genau. Ich bin ja nicht blind. Ich sehe den Mond über der Wüste von Tamaulipas – klarer als je – mag sein, aber eine errechenbare Masse, die nur unseren Planeten umkreist. Eine Sache der Gravitation. Interessant, aber wieso ein Erlebnis?«, erklärte der Ingenieur Walter Faber in Max Frischs Roman »Homo faber«. Seine Geliebte, von der er zunächst nicht weiß, dass sie auch seine Tochter ist, zeigt ihm den blinden Fleck seines Selbstverständnisses. Faber gleicht der Technik, die er konstruiert hat. Er ist wie sie ohne Sinn, aber mit viel Verstand ausgestattet. Er sieht nur, was er sieht. »Ich sehe die gezackten Felsen, schwarz vor dem Schein des Mondes: Sie sehen aus, mag sein, wie die gezackten Rücken von urweltlichen Tieren, aber ich weiß, es sind Felsen.« Die Welt ist jedoch mehr als das Sichtbare, Erklärbare, und der Mensch mehr als ein Naturgesetz. Technik ist ohne Empathie, denn diese blickt hinter die Kulissen.

Die technisierte Welt verhindert, dass Menschen sich »berühren«, denn sie ist mitleidslos. In der beschleunigten Welt der Technik gibt es keine Nähe. Trotz Überwindung großer Entfernungen durch Beschleunigung sind wir uns nicht nähergekommen. Beschleunigung ist eine Weise, die Welt »durch Tempo« zu verändern.

Faber bleibt sinn- und erlebnislos. Er kann den technischen Mechanismus verstehen. In den anderen Menschen kann er sich weder hineindenken noch -fühlen. »Diskussion mit Hannah! und über Technik (laut Hannah) als Kniff, die Welt so einzurichten, dass wir sie nicht erleben müssen. Mahnung des Technikers, die Schöpfung nutzbar zu machen, weil er sie als Partner nicht aushält, nichts mit ihr anfangen kann. Technik: als Kniff, die Welt als Widerstand aus der Welt zu schaffen. Beispielsweise durch Tempo zu verdünnen, damit wir sie nicht erleben müssen. Was Hannah damit meint, weiß ich nicht.« (Max Frisch) Technik ist – so Hannah – ein Instrument der Entsinnlichung der Welt.

Mit der Vakuumpumpe eroberte die Technik eine Welt, die es in der Natur gar nicht gab. Diese Erfindung verband sich im 17. Jahrhundert mit einer scharfen Kontroverse zwischen dem Naturforscher Robert Boyle und dem Philosophen Thomas Hobbes, in der es zu guter Letzt um die Frage ging, ob Technik überhaupt Wahrheitsfragen beantworten und die Gesellschaft zusammenhalten könne. Die Leere, welche die Vakuumpumpe herstellt, ist das Sinnbild des Nichts. Das Nichts ist entleert von allen Eigenschaften und deshalb nicht beschreibbar. So wird die Vakuumpumpe auch zur Metapher aller Entleerung von menschlichen Beziehungen. Arnold Gehlen zog aus der neuzeitlichen Entwicklung der Technik den Schluss, dass die geistige Anpassung an die Technologie auch ein Nachlassen unseres Bedürfnisses nach den Freiräumen der Lebensgestaltung herbeiführe. So könnte ausgerechnet jene Technik, die den Menschen von Not befreite und ihm Spielräume der Gestaltung gibt, sie ihm hinterrücks und hinterlistig dialektisch wieder nehmen.

Wie holen wir die Technik zurück ins menschliche Maß? Ist Arbeit tiefer mit dem Wesen des Menschen verknüpft als die Dinge der modernen Megatechnik? Arbeit ist die Mühe, sich mit der Natur »auseinanderzusetzen«, um ihr auf die Schliche zu kommen. Vielleicht geht es jetzt um die Heimholung der Technik durch Arbeit. Also nicht um eine Technik, deren höchstes Ziel es ist, uns arbeitsfrei zu machen. Das heißt: Abschied nehmen vom Versuch, um jeden Preis Arbeit durch Technik zu eliminieren. Der Werkzeugcharakter der Technik ist ein Hinweis darauf, dass sie einem Zweck dienen muss. Technik ist kein Selbstzweck. Technik, die uns von der unterdrückenden Arbeit befreit, bleibt im Dienste der Arbeit. Technik, die nicht mehr auf Menschen angewiesen ist, sich seiner Aufsicht entzogen hat und womöglich sich nur selbst reproduziert, ist menschenfeindlich.

Heidegger erhob die Technik zu einer besonderen Seinsart, welche die Erscheinungen der Welt komprimiert. In einer geradezu spätromantischen Attitüde unterscheidet Heidegger zwischen der »hervorbringenden« Technik und der »herausfordernden«. Während es die erste noch mit dem »Entbergen des Wesens der Dinge« zu tun hat, ist die zweite Technik eine Kampfansage, welche die Kräfte der Natur in einen Prozess der Unterwerfung spannt. Während die entbergende, hervorbringende Technik auf die menschliche Arbeit als Helfer angewiesen ist, ist die herausfordernde Technik nicht auf Partnerschaft, sondern auf Konfrontation mit der Natur angelegt. Es geht um Herrschaft, und wie sich in der Atomkraft zeigt, um eine Herrschaft, die sich dem Menschen zu entwinden sucht. Wir entfesseln die Atomkraft in der Gegenwart und überlassen der Zukunft die Fesselung durch Entsorgung ihrer Hinterlassenschaft, nämlich des Atommülls. Wie der Zauberlehrling gerät der Arbeiter in Bedrängnis, jene Kräfte zu entfesseln, die ihn fesseln. Zu guter Letzt verschwindet mit der Natur auch ihr Hospitant, der Mensch.

Von der Futurologie zur Mythologie

Der Entzauberung der Natur folgte die Verzauberung des Menschen. Die Jahrtausendwende wirkte offenbar wie ein Aufputschmittel der Vorstellungskraft, mit welcher Zukunft entschlüsselt werden sollte. Hauptthese war: Die menschliche Intelligenz erschafft eine zweite Welt als ein Gehäuse der Technik, zu deren Innovator und Instrument der Mensch selbst wird. Das ist eine der Fanfaren der Futurologie.

Ray Kurzweil sezierte das 21. Jahrhundert präzise prognostisch. Sein Buch »Homo sapiens« wurde hoch gelobt. Bill Gates feierte es als »faszinierende Analyse der menschlichen Intelligenz«. Stephen Hawking fand in dem Buch den Kampf um die Vorherrschaft zwischen biologischem und elektronischem System angesagt. Bei Kurzweil bleibt am Ende des 21. Jahrhunderts vom Menschen, wie wir ihn kennen und schätzen, nicht mehr viel übrig. Lapidar hält er in seiner Zusammenfassung des Entwicklungsstandes 2099 fest: »Es gibt keine klare Unterscheidung zwischen Mensch und Computer.« Die Futurologie wird zur Mythologie vom Abschied des Menschen.

Das menschliche Denken wird mit der von ihm geschaffenen

maschinellen Intelligenz verschmolzen. Der Homo sapiens ist nicht mehr an eine zusammenhängende physische Existenz gefesselt. Das Denken basiert nicht mehr auf Kohlenwasserstoffzellprozessen, sondern auf elektronischen und photonischen »Äquivalenten«. Wer dann noch nicht vollständig zum neuen Menschen umgestiegen ist, hilft sich vorübergehend mit neuen Implantaten über die Runden. Der alte Mensch ist nur noch ein Stellplatz für elektronische Stimulanzen, die seine Wahrnehmung und sein Erkenntnisvermögen der geforderten Größe anpassen. »Menschen, die auf solche Implantate verzichten, sind nicht mehr in der Lage zu kommunizieren«, sagt Kurzweil. Mit der totalen Eroberung der Natur verabschiedet sich der gegenständige Mensch. Er und die Natur fusionieren zu einer neuen Techno-Super-Struktur.

Kurzweil verkündet den Tod des Menschen und das ewige Leben. Seine Prognosen sind Eschatologien. Keine personalen Identitäten mit dazugehörigen Grenzen werden mehr das Leben einengen. Alles fließt. »Der Begriff Lebenserwartung hat im Zusammenhang mit intelligenten Wesen keine Bedeutung mehr. Der alte Mensch ist tot.« Schon arbeitet die biochemische Intelligenz mit lebensverlängernden Mitteln. Die Lebensdauer einiger Würmer wurde im Labor um das Achtfache erhöht. Taufliegen schafften es mit Hilfe chemischer Substanzen, ihre Lebenszeit zu verdoppeln. Der Weg zur Unsterblichkeit ist eröffnet.

Die Schritte zum Finale des Jahrhunderts beschreibt Kurzweil detailversessen in 10 Jahresabschnitten. Den ersten Schritt bis zum Jahr 2009 können wir allerdings jetzt schon evaluieren. Und schon dieser erste Schritt, wie wir heute wissen, ging daneben. Kurzweil hatte im prognostischen, virtuellen Rückblick behauptet: »Trotz gelegentlicher Korrekturen standen die vergangenen 10 Jahre dank der Dominanz des Wissensinhalts von Produkten und Dienstleistungen im Zeichen eines kontinuierlichen Wirtschaftswachstums und

Konjunkturaufschwungs. Der größte Zugewinn wurde abermals an der Börse verzeichnet.«

Die Wirklichkeit des Jahres 2009 war das große Dementi der Prognosen von 1999: Der stärkste Börsenkrach, der härteste Wachstumseinbruch, die größten Staatshilfen, das war der Inhalt der ersten Etappe auf dem kurzweiligen Aufstieg zur vollkommenen Gesellschaft. Alle, inklusive der inzwischen installierten Intelligenzmaschinen nebst ihrem hoch bezahlten professoralen Bedienungspersonal, schätzten nicht nur die ersten 10 Jahre falsch ein, sondern sahen sogar noch 10 Tage vor dem Zusammenbruch der computergesteuerten Wirtschaftskraft das Desaster nicht kommen. Auch der vorausgesagte technische Fortschritt erreichte nicht sein Plansoll. Wir sind noch immer nicht vollständig computerisiert. Die Menschen tragen normalerweise noch immer nicht – wie angekündigt – mindestens ein Dutzend Computer am Körper, die unseren Körper überwachen, uns auf allen Wegen leiten. Unsere Kommunikation bedarf noch immer der Übersetzung in Fremdsprachen, und kein Gehirnimplantat nimmt uns die Arbeit ab. Auch die Lehrer sind noch nicht zu nostalgischen Restfiguren geschrumpft, die von Lernmaschinen ersetzt werden. Mit den vorausgesagten Fernkontakten im Cyberspace, die sogar Fühlen und Riechen über weite Entfernungen möglich machen, sind wir nicht weit gekommen. Wir bevorzugen noch immer den »handfesten« Austausch. Der konventionelle Handschlag und die Umarmung lassen sich selbst durch das flotte Twittern nicht aus der mitmenschlichen Kontaktaufnahme verdrängen. Und wir schnuppern noch immer nicht fern, sondern riechen nah.

Das ist nur ein Teil der Differenz zwischen Realität und futuristischen Ankündigungen. Wer sich im kleinen Bereich von zehn Jahren so grob verrechnet wie Kurzweil, der sollte sich mit Wahrsagereien über die nächsten 100 Jahre zurückhalten. »Die einzige legitime Aussage, die wir über die Zukunft machen können, ist, dass wir sie nicht voraussagen können«, behauptet der Philosoph Karl Popper. Er scheint Recht zu haben.

Imperialistische Technik contra organische Ökonomie

Der technische Fortschritt tendiert zur Rationalität der Automation. Die Kybernetik wird zur Leitwissenschaft. Maschinen steuern sich selbst, korrigieren ihre Fehler und lernen daraus. Werkzeuge erheben sich zu Denkzeugen. Die Rationalisierung dringt sogar in die höheren Funktionen des menschlichen Denkens ein, das in »neuronale Systeme« übergehen soll. Die Menschen verlieren damit die Fähigkeit, »die Automatik unter Kontrolle zu halten, welche die Entwicklung seines überreichen Nervensystems ihm verliehen hat« (Lewis Mumford). Die »technische Technik« ist eroberungssüchtig. Sie sucht die Totalherrschaft. Eine organische Ökonomie sucht in eine andere Richtung des Fortschritts. Sie bringt die bewusstlosen Funktionen unter die Kontrolle des Bewusstseins und damit »oft zum ersten Mal unter den vollen Einfluss der ganzen Persönlichkeit«, so Lewis Mumford. Das jedenfalls war der Sinn einer humanen Entwicklung, bei der von Anfang an der Geist die Materie zurückdrängte.

Die Früchte des technischen Fortschritts wurden allerdings meist selektiv geerntet. Während die einen viel gewannen, blieb für andere wenig oder gar nichts übrig. Die Großtaten der Großen waren auf ein Heer von Helfern angewiesen. »Wer erbaute das siebentorige Theben?« (...) »Das große Rom ist voll von Triumphbögen. Wer errichtete sie?« (...) »Der junge Alexander eroberte Indien. Er allein?« So ließ Bertolt Brecht einst seinen »lesenden Arbeiter« fragen. Auch die Errungenschaften der moderne Technologie erscheinen auf einer Kontrastfolie der Unterentwicklung. Die kapitalistische Blüte der westlichen Gesellschaften wurde auch erkauft durch das Elend der Dritten Welt, die sozialistischen

Produktionsrekorde waren mit der Knebelung des Proletariats und der Ermordung von Millionen widerständiger Bauern erkauft. Die Macht und die Technik bilden zusammen mit elitären Minderheiten ein »Trio infernale«.

Entfesseln wir die Technik? Oder fesselt die Technik uns? Selbst wenn alles möglich wäre, was wir uns von der Technik versprechen, wäre dennoch nicht alles wünschbar. Der Mensch darf nicht alles wollen, was er kann. Doch das Kant'sche Diktum, wonach das Sollen das Können bestimmen muss, kann fatalerweise zum technologischen Imperativ umgedreht werden: »Was der Mensch kann, das muss er machen.« (Eduard Teller, Miterfinder der Wasserstoffbombe) Diese Umdrehung ist freilich der Abschied von dem, was wir im Abendland unter Freiheit verstanden haben. Der harte Zwang, alles Mögliche zu realisieren, lässt keinen Spielraum für Verweigerung. Die Fähigkeit, Nein sagen zu können, gehört jedoch zu den elementaren Bedingungen der Freiheit. Am Ende eines solchen technokratischen Zwangsprozesses stünde ein Staat, der alles im Griff hat. Sachzwänge und Herrschaft fusionieren. Die technologische Superstruktur umfasst Wissenschaft, Wirtschaft und Staat. Der »technische Staat« (Helmut Schelsky) ist lückenlos und freiheitsvergessen.

Doch es wird nicht so weit kommen, dass wir alles wollen, was wir können. Die Gegenkräfte sind mobilisiert. Es gibt offenbar anthropologische Bremsen gegen die Allmachtsphantasien der Technokraten. Selbst die spektakulärsten Lockangebote ihres Größenwahns bewegen die Herzen der Menschen nicht. Die Unterwasser-Städte, deren Realisation die Futurologen schon für das Jahr 2000 vorausgesagt hatten, sind noch immer nicht realisiert. Der Grund sind nicht unbedingt technologische Hürden. Der Mensch ist einfach nicht dem Meer entstiegen, um wieder unter Wasser zu leben. Wir wollen weder den Meeresboden besiedeln noch den Mond oder den Mars. Selbst Flüge ins Orbit haben scheinbar einen begrenzten Reiz. Warum sonst bietet der Unternehmer Richard Branson, der wahrlich keine Herausforderung scheut, seit Jahren im Internet Tickets für die ersten Passagierflüge ins All an, ohne dass eine Masse von Bestellungen die Finanzierung eines derartigen – technisch längst möglichen – Projektes erlauben würde. Der Mensch wird die Dinge seines täglichen Bedarfs wahrscheinlich auch in fernerer Zukunft lieber selbst einkaufen, statt das an seinen Kühlschrank zu delegieren. Und er wird, wenn es in hundert Jahren überhaupt noch Börsen gibt, auch in hundert Jahren lieber Marmelade als Aktienkurse zum Toast nehmen. Jede Technik, die unsere anthropologische Grundausstattung sprengt, gleicht dem vergeblichen Versuch, aus unserer eigenen Haut zu fahren. Nicht dass wir jede prothetische Unterstützung unserer eher schwachen Natur verweigern würden, im Gegenteil. Aber am Umstand, dass der Mensch eher auf Nähe als auf Ferne geeicht ist, dass er Dinge mittlerer Größe besser handhabt und versteht als mikroskopisch kleine oder kosmisch große, dass er lieber mit anderen Menschen kommuniziert als mit Maschinen, daran kann keine Technik etwas ändern. Schon heute erleben wir allzu oft, dass die von uns geschaffenen technischen Systeme und Strukturen so komplex sind, dass ihre Störanfälligkeit ihren Nutzen immer häufiger übertrifft. Und wenn die einschlägigen modischen Aha-Erlebnisse verraucht sind, wird sich vermutlich sogar zeigen, dass Menschen mit Telefonen bloß telefonieren, am Fernseher hauptsächlich fernsehen und im Kühlschrank lediglich ihre Lebensmittel frisch halten wollen. Jede Technik, die sich unserer vitalen Funktionen derart bemächtigt, dass Entlastung in Überwältigung, schließlich in Knechtung umschlägt, wird so spurlos verschwinden, wie sie gekommen ist.

Die Seele des Menschen und der technische Fortschritt bewegen sich nicht immer im Gleichklang. Der Gott Thot erörterte einst mit dem ägyptischen König Thamus den Wert aller damaligen Erfindung. Über die Schrift sagte Thot, sie werde die Ägypter

»weiser machen und gedächtnisreicher.«. Thamus aber erwiderte: »Diese Erfindung wird den lernenden Seelen vielmehr Vergessenheit einflößen aus Vernachlässigung des Gedächtnisses, weil sie im Vertrauen auf die Schrift sich nur von außen vermittels fremder Zeichen, nicht aber innerlich sich selbst und unmittelbar erinnern werden.« So erzählt es Platon in seinem Dialog »Phaidros«.

Ziele muss der Mensch setzen

Die Befürchtung des Thamus war übertrieben. Die Schrift hat vieles aufbewahrt, was sonst vergessen worden wäre. Was aber wird passieren, wenn die Wissensspeicherung so perfektioniert wird, dass sie die Speicherkapazität aller Schriftstücke millionenfach übertrifft? Was passiert, wenn wir alles, was wir jemals gewusst haben, elektronisch abspeichern und uns an gar nichts mehr erinnern müssen? Wie viel Wissen benötigen wir? Und vor allem: Wer sagt uns, was wichtig ist und was nicht? Keine Technik kann uns die alten Fragen nach dem Wahren, Guten und Schönen beantworten. Zwischen Richtig und Falsch kann eine digitale Logik entscheiden. Aber bei der Wahl zwischen dem Schätzenswerten, dem Nutzlosen und dem Verachtenswerten lässt die Technik uns allein. Technik ersetzt nicht Bildung. Das Dilemma der Technologie ist ihre Unfähigkeit, unser Leben mit Sinn auszustatten.

9. Die Entpuppung der neuen Arbeit

Die Abschaffung der Arbeit, die von den Futurologen vorausgesagt wurde, könnte sich als vorschnelle Ankündigung erweisen, wenn das vermeintliche Ende sich als Entpuppung eines neuen Anfangs erweisen würde.

Die Arbeit hat sich immer verändert. Sie war zu keiner Zeit »das, was sie einmal war«. Im Altertum war Arbeit etwas anderes als in den Zeiten danach und in der Neuzeit etwas anderes als zuvor im Mittelalter. Warum sollte die Arbeit sich nicht wieder einmal häuten?

Arbeit ist immer »anders«. Das gilt nicht nur zeitlich, sondern auch räumlich und kulturell. Die Robbenjagd der Eskimos ist etwas anderes als die Arbeit der Informatiker am Computer, und die Bandarbeiter in Wolfsburg arbeiten anders als die Besatzung einer Weltraumstation, und alle zusammen anders als ihre Vorgänger und ihre Nachfolger. Der Arbeitsbegriff ist weit und breit. Unter seinem Begriffsdach ist ein großer Raum für Differenzierungen. Die Erwerbsarbeit nach heutigen Lebensmustern gibt es nicht seit eh und je, und sie wird auch nicht ewig so bleiben.

Welche Arbeit entsteht wo, wann und wie? Entsteht gar eine globale Einheitsarbeit, die abgekoppelt ist von jeder regionalen Verankerung? Ist die mobile, flexible Arbeit, die zukünftige Arbeitszivilisation, der die Kultur der Sesshaftigkeit weichen muss, losgerissen von jeder »stabilitas loci«? Umkreisen die Menschen auf der Suche nach Arbeit bald den Erdball wie die Finanzmassen auf ihren Datenautobahnen, beide auf der Suche nach »Anlage«?

Gibt es in allem anhaltenden Wandel dennoch anthropologische Konstanten, auf die unsere Humanität angewiesen ist? Werden auf turbulente Zeiten ruhigere folgen, wie nach dem Sturm die Windstille? Fragen über Fragen.

Wandel ist immer eine Synthese von Erhalten und Verändern. Den identischen Bestand herauszufiltern, der in allen Verwandlungen der Arbeit erhalten bleibt, ist eine spannende Aufgabe, die sich nur erledigen lässt, wenn man hinter die sich wandelnden Modalitäten der Arbeit zu blicken versucht, um zu ermitteln, was in unseren Arbeitsweisen Kern und was Schale ist.

Arbeit für Lohn, ob als selbstständige oder abhängige, wird nicht verschwinden. Die Erwerbsarbeit wird sich zwar verändern, möglicherweise sogar ihre Dominanz verlieren. Doch die Lohnarbeit wird erhalten bleiben, mag sie auch in neuen Formen auftreten. Um die Widerständigkeit der Arbeit zu überwinden, wird der Anreiz der Entlohnung mit ihr verbunden bleiben müssen, wenn die Gesellschaft nicht von Lethargie gefährdet werden soll.

Die Labilität der menschlichen Konstitution bleibt auf Anreize angewiesen, deren negative Form die Sanktionen sind. Belohnung oder Bestrafung sind Alternativen der Verhaltensstabilisierung. Wahrscheinlich wird die Anerkennung, also auch die Belohnung, ein wichtigerer Impuls für die Arbeit, als sie es in der Vergangenheit war. Jedenfalls wird sie größere Bedeutung haben, als sie bei Galeerensträflingen und in der Zwangsarbeit hat. Neben die materielle Entlohnung werden andere Formen der Bestätigung treten.

Das kommunistische Versprechen, in der Zukunftsgesellschaft werde die Arbeit sich in eine pflicht- und zumutungsfreie lustvolle Betätigung verwandeln, hat sich allerdings im realen Sozialismus als grausame Illusion entpuppt. Lenin prophezeite am 11. Mai 1920 eine kommunistische Arbeitswelt, in der glückliche Menschen »ohne Norm, ohne mit Entlohnung zu rechnen, ohne eine Vereinbarung über Entlohnung völlig selbstlos aus Liebe zur Gesellschaft«, aus der »Bedeutung eines gesunden Organismus« ihre Arbeit verrichten. Im »gesunden Organismus« der realen Sowjetunion aber waren Zwangsarbeit und eine gewaltsame Umsiedlung Alltag. Auf dem Marsch ins gelobte Land säumten den Wegesrand Straflager für jene, die bei diesem Fortschritt nicht Schritt halten konnten.

Die Roten Khmer verzichteten ganz auf den Umweg über Straflager und ließen ihre Opfer direkt auf dem Weg verenden. Eine Brille im Gesicht reichte, um aussortiert zu werden, denn die Brille ließ auf städtische Intelligenz schließen, und für die war in der vorgesehenen kommunistischen Agrargesellschaft kein Platz. Ohne »neue Menschen« kommen die Ideologien der »neuen Arbeit« offenbar nicht zurecht.

Zwischen Verherrlichung und Verachtung pendelt die Wertschätzung der Arbeit. Einmal soll sie alles Glück der Welt in sich vereinen, ein andermal ist sie der Inbegriff der Unterdrückung. Die Flucht vor der Arbeit suchte sich bisweilen romantische Inseln der Abgeschiedenheit, die nicht immer mönchischen Charakter besaßen. Die Wohnkommunen zelebrierten das vorweggenommene Schlaraffenland.

Handfester und realistischer war das Programm der Arbeitszeitverkürzung. Doch auch diese konnte sich nicht völlig aus den Fängen der Arbeit entwinden. Arbeitszeitverkürzung war oft nur zeitliche Verschiebung von Arbeit: von Erwerbszeit in die Freizeit.

Die Arbeitszeitverkürzung entpuppt sich in vielen Fällen nur als eine Verkürzung der Lohnarbeit. Die Arbeit verlagert sich dabei lediglich in die so genannte Freizeit. Doch die wachsende Freizeit wird nicht arbeitsfrei. Ihre Arbeitsformen sind bloß andere als die der Arbeit »zum Broterwerb«. Einerseits dient die Freizeit einem oft anstrengenden Zeitvertreib, andererseits der Regeneration der Arbeitskraft.

Daneben entstehen jedoch Arbeiten, die weder ins Schema der alten Erwerbsarbeit noch ins alte Vergnügen der Freizeit passen. »Sinn-Arbeit« (Horst W. Opaschowski) tritt neben »Geld-Arbeit« oder vermischt sich mit ihr. Ihre »Entlohnung« besteht (auch) aus der Befriedigung, die der Erfahrung entstammt, wertvolle Arbeit zu leisten, weil sie anderen Menschen hilft. Diese Art der »Fürsorge« ist nicht wohlfahrtsstaatlicher Natur. Sie schafft eine Erfahrung des Miteinander, die nicht einer Verordnung, sondern dem eigenen Antrieb entspricht.

Auch die Selbstversorgungsarbeit nimmt zu. Dabei hilft die Technik, Arbeiten selbst auszuführen, die früher professionalisiert über den Markt angeboten worden waren. Diese (relative) Selbstversorgung holt auch Teile der Arbeit aus der Globalisierung in die lokale Erreichbarkeit zurück und erspart eine Vergeudung von Arbeitskraft durch eine die Umwelt belastende Transportarbeit.

Neben die Arbeit, die aus Lohnerwerbsgründen getätigt wird, und in der Symbiose mit Selbstversorgungsarbeit tritt die Arbeit, die »Spaß macht«, nämlich die, welche man heutzutage »Hobbyarbeit« nennt. Diese Hobbyarbeit wird jedoch anders sein als bisher. Sie wird nicht lediglich der Ablenkung durch Vergnügen dienen, sondern die Nachfrage nach sinnvollem Handeln jenseits von Geld und Selbstversorgung befriedigen helfen.

Vielleicht war der Rohrbruch der BP-Bohrinsel im Golf von Mexiko nicht nur ein Unfall, sondern ein Menetekel, welches das Ende einer Weltherrschaft ankündigt. Diesmal geht es um das Imperium des Öls, das die Staatenwelt unterworfen hat. Vor seinen Thronen ging selbst der Präsident der Weltmacht USA in die Knie. Wie geht es weiter mit dem Öl? Die Reserven gehen zur Neige, Tiefseebohrungen werden immer riskanter und teurer. Neue Ölfunde sind nur ein »Schatten der Entdeckungen von gestern«, behauptet Jeff Rubin, der als einer der angesehensten Ölexperten der Welt gilt. »Peak Oil« ist ein neuer Schlüsselbegriff. Wenn das Ölfördermaximum überschritten ist, sinkt der Druck, der das Öl aus dem Förderfeld sprudeln lässt. Die Ölförderung ist rückläufig.

Die Entdeckung neuer Ölfelder geht seit 40 Jahren zurück. Rubin rechnet bei wachsender Angebotsverknappung demnächst mit Spritpreisen um 7 Dollar pro Liter. Damit werden die Transportnetze, welche die Welt wie ein Spinnennetz umfassen, unbezahlbar. Die höheren Transportkosten wirken wie hohe Zölle. Es rentiert sich nicht mehr, alles überallhin zu schaffen. Arbeit wird wieder heimisch. Das Spielfeld der Dumpinglöhne wird kleiner. Landwirtschaftsprodukte werden wieder aus der Nähe geliefert und nicht mehr in der Ferne gesucht. Angebote kehren aus der weiten Welt in die Regionen zurück.

Auch die Arbeit muss dann nicht mehr auf Weltwanderung gehen. Wir kehren zwar nicht zu nationaler Autarkie zurück, sondern ziehen uns nur aus einer vermeintlichen Uferlosigkeit der Handelsbeziehungen zurück. Die Informationen werden die Welt weiter vernetzen. Die Welt bleibt verbunden. Wir versinken nicht in provinzieller Isolation. Die scheinbar wild gewordene Weltwirtschaft ist jedoch ein Auslaufmodell.

Arbeit wird produktiver und teurer. Es könnten uns allerdings auf der Flucht aus der Schwere der Erwerbsgesellschaft ein paar lebensbedrohliche Realitätsverweigerungen unterlaufen. Arbeit wird sich nämlich auch zukünftig nie der Notwendigkeit der Selbstüberwindung durch Anstrengung entledigen können.

Schon heute steht die Utopie einer spielerischen Gesellschaft, die sich der Nöte der Erwerbsarbeit entledigt hat, im merkwürdigen Gegensatz sowohl zur Klage über Arbeitslosigkeit wie zum kämpferischen Bestreben der Frauenbewegung, auch noch die letzte Hausfrau in die Welt der Erwerbsarbeit zu integrieren.

Ist Arbeit gut oder schlecht? Ist Arbeit Makel oder der Mangel an Arbeit ein Desaster? Es gibt offenbar Fortschrittsversuche, die sich in ihren Widersprüchen verheddern und sowohl Arbeit wie Arbeitslosigkeit attackieren. Zwischen der Klage über die Last der Arbeit, von der sich Menschen befreien wollen, und der Lust der Arbeit, nach der Arbeitslose sich sehnen, liegt der Wert der ehrlichen Arbeit.

Die verspielten Formen der Arbeit, die Ulrich Beck und andere als Eigen- und Bürgerarbeit anpreisen, sollen der ungehinderten Selbstbestimmung entspringen und ihren Lohn in sich selber tragen. Diese Spielvarianten der Arbeit sind allerdings auf eine allgemeine Existenzsicherung angewiesen, die von denen erwirtschaftet werden muss, die in der »alten Arbeit« verblieben sind, die also weiterhin brav ihre Steuern und Sozialabgaben zahlen.

Wer wird in dieser Gesellschaft des bedingungslosen Grundeinkommens und der lohnlosen Arbeit des »Ehrenamtes« die Maloche eines Kanalreinigers übernehmen oder Nachtschicht im städtischen Elektrizitätswerk leisten? Wahrscheinlich funktioniert die Bürgergeld-Gesellschaft nach der Rosinen-Theorie. Jeder pickt sich das Beste raus. Für den Rest sorgt ... eine Strafkompanie? Das wäre allerdings die Verfestigung einer Klassengesellschaft: Die einen spielen, die anderen schaffen.

Eigen- und Bürgerarbeit lockern das feste Gefüge der Erwerbsarbeit auf. Sie ergänzen diese. Ersetzen können sie diese nicht. Dem lieben Gott zuliebe Dome zu bauen oder Kartoffeln zu schälen, was nach dem alten Pfadfinder-Philosophen Guy Laurigaudi gleich gut sei, mag noch in klösterlichen Bauhütten und Mönchszellen Anklang finden. Wer aber schält die Kartoffeln in einer Gesellschaft, in der alle Dome bauen wollen? Gibt es genügend Freiwilligen-Arbeit für alle und alles in einer Freiwilligen-Gesellschaft? Für mich ist das Pendant zur Freiwilligen-Arbeit nicht die Zwangsarbeit, sondern die Lohnarbeit. Beide gehören in einer Arbeitsgesellschaft im umfassenden Sinne des Wortes zusammen wie Biene und Blüte.

Auch Karl Marx hat in seinen Utopien von der befreiten Arbeitsgesellschaft, die jedem alles anbietet, die Arbeit in der postrevolutionären klassenlosen Gesellschaft mit dem Essen à la carte verwechselt. Die marxistische Zauberformel, mit der alle Probleme sich in Luft auflösen, ist die gesellschaftliche Regelung der Arbeit. Die »Gesellschaft« ist der anonyme Gott des Sozialismus, das Passepartout zur Lösung aller Probleme. »Die Gesellschaft« befreit die Produktivkräfte von den Fesseln der sie hemmenden Produktionsverhältnisse und löst so alle Zwänge der Arbeit in ein lustvolles Spiel auf. In der kommunistischen Gesellschaft, »wo jeder nicht einen ausschließlichen Kreis von Tätigkeiten hat, sondern sich in jedem beliebigen Zweig ausbilden kann« (Marx), hat die Arbeit alle Momente der Fremdbestimmung abgestreift.

In diesem Land, von dem Karl Marx träumt, kann jeder alles. Die Gesellschaft regelt die Produktion, und so wird es für den Menschen möglich, »heute dies und morgen jenes zu tun, morgens zu jagen, nachmittags zu fischen, abends Viehzucht zu treiben, nach dem Essen zu kritisieren, wie ich gerade Lust habe, ohne je Jäger, Fischer, Hirt oder Kritiker zu werden«, wie es in der »Deutschen Ideologie« heißt. Der Homo laborans verwandelt sich im Kommunismus in den Homo ludens.

Marx konnte von der Verwandlung der harten Arbeit in das weiche Spiel nur deshalb ausgehen, weil er von einer durch die Technik ins Gigantische getriebenen Produktivität ausging, welche die Bedürfnisse der Menschen in einem Maß erfüllen würde, dass der Kampf um knappe Ressourcen entfallen und der Mensch sich ganz der Pflege seiner Vorlieben hingeben könnte. Marx hat in seiner Prognose die Lebensgier unterschätzt, die den Menschen zu immer neuen Erfindungen treibt, sodass die Produktivitätssteigerung nie die Nachfrage übertrifft. Die Technik wird nicht den Drang nach grenzenlosem Wachstum bremsen. Eher wird die »ehrliche Arbeit« beides, die uferlose Produktivität und die wahnsinnige Bedürfnissteigerung begrenzen. Vor den Erfolg haben die Götter den Schweiß gesetzt. Der Schweiß der Arbeit ist ein Medikament gegen den Größenwahn des Fortschritts.

Die Utopie der mühelosen Arbeit

Die Utopien einer Arbeit ohne Mühe sind allesamt auf die Geburt eines neuen Menschen angewiesen. Doch der Ernst der realen Arbeit, auf welche der Mensch angelegt ist, verhindert jene Luftsprünge, in denen sich der Austausch des alten mit dem neuen Menschen vollziehen soll. Arbeit verwandelt sich nie in Spiel. Anders als beim Spiel geht es bei der Arbeit nicht um jene Anstrengung, ohne die man zur Not auch leben könnte, sondern um die mühsame Verwirklichung dessen, was wir sein sollen, selbst wenn wir es nicht immer sein wollen.

Auch wenn Arbeit mit Freude verbunden ist, wird diese Freude eine andere sein als die Spielfreude. Der Arbeit wohnt eine andere Art von Ernsthaftigkeit als dem Spiel inne. Auch in ihren höchsten Ausformungen trägt sie noch die Spuren und Erfahrungen des ursprünglichen Überlebenskampfes des Menschen, der das Schwächste aller Lebewesen ist. Die Überwindung von Widerständigkeit ist eine Quelle der Selbsterfahrung, aus der unser Selbstwertgefühl schöpft.

In dieser Überwindungsarbeit ändern sich mit den historischen Gezeiten auch die spezifischen Tugenden, welche dominieren. Mit dem Gezeitenwechsel könnten »weibliche« Tugenden der Konzentration und Kooperation, der Synthese und des Bewahrens wichtiger werden als die in »männlichen« Kulturen wertgeschätzte Aggressivität und Durchsetzungskraft. Alte asiatische Weisheiten treten möglicherweise an die Seite westlicher Klugheiten. Nach asiatischer Lesart wechseln das Yin- und Yang-Prinzip einander ab. Das für weiblich stehende Yin wird einflussreicher. Die Indizien mehren sich weltweit. In Shanghai etwa wird schon jedes zweite Unternehmen von einer Frau geführt, und Shanghai ist das »Flaggschiff« der asiatischen Wirtschaft. Die »harten« chinesischen Kommunisten entdecken das alte konfuzianische Leitbild einer »harmonischen Gesellschaft« wieder. Der Kapitalismus wie sein »Milchbruder« (Nell-Breuning), der Kommunismus, verlieren an Faszination.

In der handwerklichen Einstellung zur Arbeit steckt ein Zugang zur Arbeit, dessen wir in der modernen Berufswelt verlustig zu gehen drohen: »Die handwerkliche Einstellung bezeichnet im weitesten Sinne den Wunsch, etwas um seiner selbst willen zu tun«, sagt Richard Sennett. »Handwerklich« ist in diesem Sinne nicht auf die alten Berufsbilder eingeengt. Es ist eine Tugend, die Engagement und Verpflichtung mit der Arbeit verbindet. Pflicht schränkt den Lebenskreis ein. Man kann nicht alles. Man muss sich konzentrieren. Das ist der Kern dessen, was Sennett die handwerkliche Einstellung nennt. Eine Zivilisation der Abwechslung, die ereignis- und eventgerichtet ist, lenkt ab. Gefordert wird in ihr die permanente Neuigkeit. Mobilität und Flexibilität sind auf Maximierung von Optionen fixiert. Statt Konzentration rät diese Kultur dazu, alles loszulassen und alles anzufassen, aber nichts festzuhalten. Alle Festlegungen aufzugeben, uns mit nichts auf Dauer einzulassen, ist ihre Modernitätsmaxime: »Wir sollen alle Verbindungen aufgeben, um frei zu sein von allen solchen Verbindungen, die mit der Zeit gewachsen sind«, schreibt Sennett. Diese Modernität mündet in der Auflösung jedweder Sozialität.

Die Arbeit und ihre Widerstände bieten dem Menschen Verlässlichkeiten und geben ihm Halt. Die Anerkennung seiner Arbeit durch andere schafft das Bindemittel des Miteinanders. In der Oberflächlichkeit beliebiger Bindungen und zielloser

Beschäftigung verliert sich der Mensch. Der Aufstand dagegen bahnt sich an. Es wird keine wirtschaftliche Revolution, sondern eine kulturelle Rebellion sein.

Arbeit – Bewährungsprobe der Freiheit

Schon vor 2000 Jahren sah Vergil einen Zusammenhang zwischen Arbeitspflicht und Kultur: »In der Pflicht zur Arbeit steckt eine göttliche List, den Erfindergeist der Menschen zu provozieren, um den Weg zur Kultur zu bereiten.« In der Not der Arbeit liegt auch ihr Glück. Not lehrt nicht nur Beten. Wir müssen uns zur Arbeit entscheiden, manchmal überwinden. Die Arbeit ist Bewährungsprobe der Freiheit, denn in der Lücke zwischen Antrieb und Ausführung liegt die Wahl, ob wir arbeiten wollen oder nicht. Diese Alternative hat nur der Mensch.

Der humane Kern der Arbeit wird sich in immer neuen Formen zeigen, ob nun als Arbeit für Lohn oder Arbeit für Anerkennung, ob als Arbeit für sich oder andere, ob Fern- oder Naharbeit, Kopf- oder Handarbeit, ob als herstellende Arbeit oder handelnder Dienst. Es sind alles Masken der Grundentscheidung: in der Arbeit Widerstände zu überwinden und uns dabei selbst zu finden.

III. Der Kapitalismus hat seine beste Zeit hinter sich

1. Arbeit und Eigentum

»Mein« und »Dein« sind nicht nur besitzanzeigende Pronomina. Mein und Dein teilen die Welt in Eigenes und Fremdes. Schon bei Kindern entwickelt sich die Grenze zwischen Mein und Dein zum wichtigen, ja elementaren Orientierungsmittel. Die frühkindliche Erfahrung dieser Aufteilung behält im Erwachsenenleben ihre die Welt strukturierende Geltung und verfestigt sich sogar noch. Ob aber das »Mein« und »Dein«, die Aufteilung der Welt in Eigenes und Fremdes, wirklich schon immer galt, ist mehr als fraglich. Viel wahrscheinlicher scheint mir, dass die Unterscheidung von »Uns« und »Euer« lange Zeit wichtiger war als die zwischen »Mein« und »Dein.«

Das paradiesische Gemeineigentum

Die Bibel jedenfalls erzählt von einem Paradies, in dem das Privateigentum unbekannt war und erst nach der Vertreibung aus dem eigentums- und natürlich arbeitslosen Garten Eden notwendig wurde. Das Eigentum ist »der Sünde Sold« ebenso wie die »verfluchte« Arbeit.

Auch außerhalb der Bibel ist in vielen Mythen und Erzählungen der Anfang der Menschheit mit der Eigentumslosigkeit verbunden. Der Aufklärer Jean-Jacques Rousseau sah in dem Menschen, der Pfähle in den Boden rammte, um sein Eigentum, seinen Grund und Boden zu umzäumen, den Stifter aller Streitereien. Der Ökonom Pierre-Joseph Proudhon, ein radikaler, der Anarchie zugeneigter geistiger Verwandter von Karl Marx, sah im Eigentum sogar Diebstahl. Karl Marx wiederum erkannte im Eigentum jenen Stoff, aus dem die Klassengesellschaft ihr Konfliktpotenzial gewann.

Das goldene Zeitalter der Eigentumslosigkeit wurde von vielen politischen Revolutionären zum erstrebenswerten Ziel der Geschichte erklärt. Bis in die jüngste Zeit kennt die Geschichte viele Versuche, die Idee des paradiesischen Gemeineigentums zu reanimieren. Der uralte Streit um das Eigentum sollte damit beigelegt werden. Doch diese Hoffnung hat sich immer wieder als Illusion erwiesen. Denn die Funktionäre des Gemeingutes gerieten sich bisweilen nicht weniger in die Haare, als wir es von Besitzern des Privateigentums kennen. Selbst die Gemeinschaften frommer Ordensleute kamen mit ihrem Armutsgelübde, das von ihnen Verzicht auf Privateigentum verlangte, nicht immer wirklich gut zurande. Oft war das Gebot der Eigentumslosigkeit sogar der Sprengstoff von Ordensspaltungen und -neugründungen. Benediktiner und Zisterzienser, Franziskaner und Kapuziner können davon ein Lied, ein garstiges Lied singen.

Die Reichen taten sich mit der Nachfolge Jesu immer schwer. Schon im Lukasevangelium steht, dass leichter ein Kamel durch ein Nadelöhr geht, als ein Reicher ins Reich Gottes gelangt. Nicht dem reichen Prasser versprach Jesus das Himmelreich, sondern dem reuigen Dieb, der an seiner Seite gekreuzigt wurde. »Amen, ich sage dir: Heute noch wirst du mit mir im Paradiese sein.«

Die Heiligsprechung des Privateigentums?

Es wird oft übersehen, dass die christliche Soziallehre gegenüber dem Eigentum eine differenzierte Position einnimmt. Zumindest hat sie zu keiner Zeit das Privateigentum heilig gesprochen, obwohl das immer wieder behauptet worden ist. »Eigentum verpflichtet« ist ein biblisches Programm, und die Kirche hat durchaus ihr Augenmerk mehr auf die Pflichten des Eigentümers als auf dessen Rechte gerichtet, dies allerdings leider nie durchgängig, sondern nur zeitweilig. So wandelte sich die biblische Pflicht zum Almosengeben im Mittelalter sogar zum Recht der Armen auf Almosen. Seit 1200 kennt das Kirchenrecht die »evangelische Denunziation«, die aktiviert wurde, wenn ein hart gesottener Reicher einem Armen in der Not Almosen verweigerte. Dann konnte der Arme sich an den Bischof wenden, und dieser konnte gegen den Reichen den Kirchenausschluss verfügen für den Fall, dass er nicht helfen wollte und unnachgiebig blieb. Den Mundraub in bitterer Not erklärte Kardinal Joseph Frings in seiner Silvesterpredigt 1946 im Kölner Dom für erlaubt und sanktionierte als kleinen Diebstahl auch den Kohlenklau bei der damals herrschenden sibirischen Kälte gleich mit. Solche klaren Worte verschafften dem Kardinal sogar die Verewigung seines Eigennamens im Duden. Fortan hieß ein kleiner Diebstahl in der Not: »Fringsen«.

Die praktische Glaubensauslegung der Kirchen zeigt jedenfalls über Jahrhunderte hinweg eine relativ hohe Großzügigkeit in der Verteidigung der Armen in Fällen der Eigentumsverletzung aus purer Not.

Im Kampf gegen den Sozialismus dagegen war der Eifer der Kirchen, nun vehement für das Privateigentum zu kämpfen, oft so blind, dass die von der eigenen Christlichen Soziallehre gezogenen Grenzen und Pflichten des Privateigentums häufig übersehen wurden.

Gründe und Grenzen des Privateigentums

Die Lehren des Thomas von Aquin haben das christliche Verständnis von Eigentum am deutlichsten präzisiert. Deren erster und fundamentaler Grundsatz ist: »Die Güter der Erde sind für alle da.« Die Nutzung der Erdengüter für alle ist also ein Generalauftrag der Christlichen Soziallehre. Dieser Auftrag gilt unverrückbar. Erst im zweiten Ansatz der scholastischen Eigentumslehre kommt das Privateigentum ins Spiel, nämlich mit der Frage, mit welchen Mitteln die allgemeine Nutzung der Güter am besten bewerkstelligt werden kann. Die Antwort darauf ist für Thomas von Aquin aus der Erfahrung gewonnen, also geschichtlich bedingt. Im Privateigentum sieht Thomas von Aquin das Mittel des Helfens und des Schenkens, die Möglichkeit der geordneten Selbstliebe, die Chance der höheren Sorgfalt in der Behandlung der Güter und der Vermeidung von Streit durch rechtliche Abgrenzung. In der Neuzeit sind die Begründungen für das Privateigentum noch weiter angewachsen. Die Stichworte lauten: Entproletarisierung, Zukunftsfürsorge und Familiensicherung.

All diese Begründungen verweisen auf den instrumentalen Charakter des Privateigentums. Denn das Privateigentum ist Mittel zum Zweck. Es ist kein Selbstzweck. Deshalb zählt Thomas von Aquin das Privateigentum auch nicht zum »ius naturale«, das immer und überall gilt, sondern zum »ius gentium«, das aus geschichtlichen Einsichten abgeleitet wird.

Das Privateigentum steht in der Tradition der kirchlichen Soziallehre als Institution unter dem Rechtfertigungszwang, auch in sich wandelnden Zeiten beweisen zu müssen, dass es die bessere Form der allgemeinen Güternutzung ist als das Gemeineigentum.

Wilhelm von Ockham, der große Theologe, der 100 Jahre nach Thomas von Aquin lehrte, reduzierte das Eigentumsrecht auf das, was man vor einem Gericht einklagen könne. Damit hatte es seinen »ewigen« Charakter eingebüßt und war nur eine Sache der Rechtsetzung.

Im 19. Jahrhundert war der Bischof von Mainz, Wilhelm Emmanuel von Kettler, einer der wenigen entschiedenen Verteidiger der katholischen Soziallehre. Er erinnerte unter Berufung auf die Kirchenväter daran, dass nicht nur der ein Dieb ist, der fremde Güter stiehlt, sondern auch jener, der fremde Güter für sich zurückbehält. »Der berüchtigte Ausspruch: Das Eigentum ist Diebstahl!, ist nicht bloß eine Lüge, er erhält neben einer großen Lüge zugleich eine furchtbare Wahrheit.« Damit rückte Kettler vom Liberalismus so weit ab, wie er sich vorher schon vom Kommunismus distanziert hatte, indem er die kommunistische Lehre »furchtbar« genannt hatte. Sowohl der Liberalismus als auch der Kommunismus missverstehen das Eigentumsrecht. Der eine, weil er die soziale, der andere, weil er die individuelle Seite des Eigentums übersieht.

Die Verteilung des Eigentums in unserer globalisierten Gegenwart sowohl hierzulande als auch weltweit ist allerdings der schärfste Angriff auf das Privateigentum, seit anno 1848 Karl Marx das kommunistische Manifest verkündet hat.

Wenn die 358 reichsten Familien der Welt mehr als die Hälfte des Weltvermögens besitzen, ist das ein Anschlag auf die Institution des Privateigentums. Denn neureiche Erben des Sowjet-Sozialismus, darunter 28 Milliardäre, sind zu ihrem Privateigentum keineswegs gekommen, weil sie sparsamer oder fleißiger waren als ihre russischen Landsleute. Die aber sind vom Regen des sozialisierten sowjetischen Eigentums in die Traufe des obszön wuchernden postkommunistischen Kapitalismus gekommen. Roman Abramowitsch brachte es im neuen Russland auf 17 Milliarden Dollar. Er ist damit nur der drittreichste Oligarch. Nebenher ist er Eigentümer des britischen Fußballclubs Chelsea,

Besitzer der größten Yacht der Welt, einer der teuersten privaten Kunstsammlungen und war vorübergehend Gouverneur der Region Tschukotka, wo er noch heute mit »Gott« angesprochen wird. Die kapitalistische Verblödung der Oberschichten breitet sich aus. Besitzangabe ersetzt Charakterbeschreibung, Haben ist wichtiger als Sein. So preist sich im Internet eine 40-jährige russische Neureiche namens Katerina als Besitzerin eines Bentleys, eines Mercedes und eines Hummers und Inhaberin eines Penthouses in Miami nebst Immobilien in Monaco und Moskau an. Die Armen hungern, die Oligarchen protzen und prassen. Die unselige Formel der spätrömischen Dekadenz ließe sich hier sehr wohl anwenden. Denn solche Formen der Dekadenz ruinieren jede Gesellschaft ungleich mehr als alle Sozialschnorrer zusammen.

Es ist allerdings ratsam, vor den globalen Reinigungsarbeiten den Dreck vor der eigenen Tür wegzukehren. Ein Fünftel der bundesdeutschen Bevölkerung besitzt nämlich vier Fünftel des Vermögens, während vier Fünftel nur ein Fünftel sein Eigen nennt. Die globale Schieflage der Vermögensverteilung spiegelt sich damit in der nationalen.

Ludwig Erhard verband mit der »Sozialen Marktwirtschaft«, als deren Vater er gilt, zwei Ziele: Wohlstand für alle und Eigentum für alle. Vom zweiten sind wir weiter entfernt als vom ersten. Wenn Eigentum für alle auch Freiheit für alle bedeutet, dann ist Eigentum für Wenige die Unfreiheit der Vielen.

Christliche Soziallehre

Die Christliche Soziallehre verteidigt die Institution des Privateigentums, aber nicht seine heutige Verteilung. Der Theologe und Sozialphilosoph Oswald von Nell-Breuning SJ beklagte in seiner Rede zu seinem 100. Geburtstag: »Ich habe mein ganzes

Leben versucht, das Unrecht wettzumachen, das die Kirche den Arbeitern im 19. Jahrhundert angetan hat.« Das Unrecht bestand darin, dass die Kirche damals nicht die Arbeiter, sondern die Eigentümer verteidigte, welche den Arbeitern den Weg zu Eigentum versperrt hatten. Außer Kettler und Adolph Kolping fand sich bis zur Enzyklika von Papst Leo XIII. »rerum novarum« 1891 auf kirchlicher Seite weit und breit niemand, der energisch auf der Seite der Arbeiter gestanden hätte.

Die Christliche Soziallehre erkennt die doppelseitige Natur der Person und das Spannungsverhältnis zwischen Individuum und Gesellschaft an. Denn das Wesen des Menschen bildet sich in seiner Individual- und Sozialnatur. Wenn das Eigentum die Ableitung der Menschennatur in die gegenständlichen Welt ist, muss folgerichtig das Eigentumsrecht wie das Wesen des Menschen auch zweiseitig gesehen werden, nämlich sowohl in der »Wahrung der Eigenständigkeit der Person« als auch im »Aufbau des Gemeinwohls«, wie es Franz Klüber beschrieben hat. Eigentum ist demnach ein Instrument zur Entfaltung der Person, die auf Freiheit und Gerechtigkeit gerichtet ist.

Arbeit – Rechtfertigung des Privateigentums

Das Privateigentum hat in der traditionellen katholischen Soziallehre zwei Quellen seiner Herkunft, nämlich aus der Aneignung von herrenlosen Gütern und als Frucht der Arbeit (occupatio et specificatio).

Die Fundsache »herrenloses Gut« liefert heutzutage nur noch eine kärgliche Quelle des legitimen Eigentumserwerbs. Es ist fast alles auf der Welt zugeteilt, was zu teilen ist. Das Fundbüro ist kein Fundus mehr für Eigentum. Auf der gut vermessenen Erdkugel gibt es wohl auch nicht mehr viel Unentdecktes zu finden. Vielleicht stehen Mond und Mars irgendwann zur privaten Aneignung im Angebot? Davon sind wir jedoch noch weit entfernt. Es bleibt uns also als Hauptquelle des rechtmäßigen Eigentumserwerbs nur die Arbeit.

Die Christliche Soziallehre folgt dem altrömischen Axiom »fructus sequitur laborem, sicut effectus causam«. Danach folgt die Frucht der Arbeit wie die Wirkung der Ursache. Die Rechtfertigung des Eigentums als Zielursache der Arbeit wie der Arbeit als Wirkursache des Eigentums hat in der abendländischen Philosophie eine lange Tradition, an der mit diversen Begründungen so bedeutende Denker wie John Locke, David Hume, Immanuel Kant und Georg Wilhelm Friedrich Hegel mitwirkten. Auch das Erbe hängt – indirekt – mit der Arbeit zusammen, worauf schon die gemeinsame indogermanische Sprachwurzel von Arbeit und Erbe hinweist. Denn ein Erbe ist die Weitergabe von durch Arbeit erworbenen Gütern.

Mittelalterliches Eigentum: In einem Geflecht von Pflichten

Das feudale Gesellschaftsrecht war eng mit dem Grundbesitz verbunden. Dieses »Eigentumsrecht« gewährte keine freie Verfügung, sondern war in einen Kodex von Bedingungen eingebunden. »Das vom König verliehene Land löste zweiseitige Rechte und Pflichten aus. Jeder, vom König über die Pächter und Unterpächter bis hin zu den Bauern, die es bestellten, übte eine bestimmte Herrschaft aus, niemand jedoch hatte die absolute Gewalt darüber.« (Richard Schlabier)

Das kapitalistische Eigentumsrecht fand in Thomas Hobbes seinen ersten philosophischen Vorläufer. Der mächtige Leviathan, der den Staat zusammenhalten und den Krieg aller gegen alle verhindern sollte, durfte auf keinen Fall den freien Gebrauch des Privateigentums behindern. Zwei Aufgaben gestand Hobbes dem

Staat zu: Verteidigung des Eigentums im Innern und Verteidigung des Landes nach außen. Der Philosoph John Locke blieb auf dieser Spur und spitzte das Eigentumsrecht zum Herrschaftsrecht über eine Sache zu (dominum est utendi et abutendi re). Doch eben dieser John Locke bestand auch streng auf der Herleitung des Eigentumsrechtes aus der Arbeit: »So viel Land ein Mensch bepflügt, bepflanzt, kultiviert und so viel er von diesem Ertrag verwerten kann, so viel ist sein Eigentum.« Noch heute kann auf der einsamen Pazifikinsel Pitcairn besichtigt werden, wie die Nachkommen des Kapitäns Smith und der meuternden Besatzung der Bounty ihre Eigentumsverhältnisse nach alten, von Locke hergeleiteten Traditionsregeln ordneten: Wer das Land pflügt, dem gehört es, und solange er es jährlich pflügt, ist es sein Eigentum.

Wertschöpfung nach Adam Smith

Die Wertschöpfung gründete nach Adam Smith, dem Ahnherrn aller Marktwirtschaftstheoretiker, in der Arbeit. Ausgerechnet Karl Marx bezog sich in seiner Arbeitswertlehre ausdrücklich auf Adam Smith. Die Urväter des Kapitalismus und des Sozialismus stimmten damit also in der Einschätzung des Wertes der Arbeit völlig überein. Smith führte allen Wohlstand der Völker konsequent auf Arbeit zurück. Damit überwand er die Theorien der Physiokraten, die im Land die Quelle des Wohlstands sahen. Arbeit ist der Smith'sche Wertschöpfungsfaktor: »Die jährliche Arbeit eines Volkes ist die Quelle, aus der es ursprünglich mit allen notwendigen und angenehmen Dingen versorgt wird.« (Adam Smith) Die klassische europäische Aufklärungsphilosophie beließ das Eigentumsrecht am Zügel der Arbeit. Arbeit ist Eigentum schaffende Kraft. Die Idee, dass Geld schließlich selbst Geld gebiert und Eigentum sich von selbst vermehrt, entstammt nicht dem Denken der Aufklärung. Diese wirre Idee ist kapitalistischer Herkunft.

Die Schranken des Privateigentums stehen nicht erst an der Grenze zum Nachbareigentum, wo John Locke sie einst noch platziert hatte. Denn mit der Größe des Eigentums und den aus ihm hergeleiteten Folgen wächst die Verantwortung des Eigentümers. Und Eigentum ist auch nicht gleich Eigentum. Denn das Eigentum an einem Regenschirm ist anders zu handhaben als das Eigentum an einer Atombombe.

Das Eigentumsrecht ist ein Dreh- und Angelpunkt der Wirtschaftsordnung sowohl des Kapitalismus als auch des Sozialismus. Im Verhältnis von Kapital zu Arbeit trennen sich die beiden Ideologien des Kapitalismus und Sozialismus scharf.

Ungeheuer erhellend für das Erfassen des jeweiligen Eigentumsverständnisses ist das Unternehmensrecht. Die Kapitalisten behaupten, dass das Unternehmen dem Eigentümer gehört. Es gehört der Arbeiterklasse, widerspricht dagegen vehement der Sozialismus. Aber gäbe es heute nicht noch eine dritte Möglichkeit? Nämlich die, dass das Unternehmen weder Kapitalverband noch Staatsfiliale, sondern ein Personalverbund ist? Und dann beiden gehört? Mitbestimmung und Miteigentum würden dann das kapitalistische Unternehmensrecht in ein partnerschaftliches transformieren.

Die Notwendigkeit einer neuen Partnerschaft wird auch durch die Einseitigkeit des heutigen Abrechnungsmodells für Unternehmensergebnisse deutlich. Die Arbeitnehmer werden mit Lohn »abgefunden«. Das ist das, was ihnen zusteht. Die Anteilseigner dagegen erhalten Dividenden. Von der Restgröße Gewinn – also dem, was übrig bleibt, wenn die Produktionsfaktoren Kapital und Arbeit auf diese Weise bezahlt sind – hängen die selbstfinanzierten Investitionen ab, die zum Werterhalt wie zur Wertsteigerung unerlässlich sind. Weshalb aber das, was als Ertrag oder Gewinn übrig bleibt, nachdem Arbeit und Kapital entlohnt worden sind, einfach einer Seite, nämlich dem Kapital, zugeschlagen wird, lässt sich mit einsichtigen Gründen nicht rechtfertigen. Es gehört zwar einer Selbstverständlichkeit an, die durch Konvention entstanden, aber nicht aus einer Notwendigkeit geboren ist. Denn schließlich ist der Gewinn von Kapital und Arbeit gemeinsam erwirtschaftet.

Konsum- oder Investivlohn?

Weder der Einzelne noch ein Unternehmer und schon gar nicht eine Volks- oder Weltwirtschaft können Vermögen bilden, wenn sie alles, was sie in Geld gerechnet einnehmen, wieder ausgeben oder als Güter verbrauchen. Allein aus der positiven Spanne zwischen Einnahmen und Ausgaben entsteht Geldvermögen und aus der zwischen Wertschöpfung und Wertverzehr Sachvermögen. Würde der Abstand zwischen dem, was die Arbeitnehmer für Lohn in Anspruch nehmen, und dem Unternehmensertrag auf Null schrumpfen, bliebe nichts für Investitionen und damit langfristig für die Zukunft des Unternehmens übrig. Die Arbeitnehmer würden sich ins eigene Fleisch schneiden, wenn sie investitions- und eigentumsfeindlich agierten, weil sie dadurch Arbeitsplätze gefährden. Die Konsumquote darf also betriebs- wie gesamtwirtschaftlich betrachtet die Investitionsquote niemals auf Null bringen.

In einer anderen Konstellation könnte sich das Unternehmen bei gegebener Marktlage über Preissteigerungen das Geld beschaffen, das zusätzlich zu den Lohnausgaben für Investitionen verwendet werden soll. In diesem Falle sind aber die Arbeitnehmer die Gelackmeierten, denn die Inflation mindert den Realwert ihres Lohnes. Um das Ideal eines gerechten Lohnes zu erreichen, gibt es keinen anderen Weg als den der Beteiligung der Arbeitnehmer an den Investitionen.

Die Frage des gerechten Lohnes ist eine Schlüsselfrage der modernen Sozialethik. Wie hoch genau ein gerechter Lohn in Euro und Cent ist, vermag die Sozialethik jedoch nicht zu beantworten. Ohne Eigentumslohn ist jedoch eine Entlohnung, verstanden als äquivalente Gegenleistung für geleistete Arbeit, niemals erreichbar. Der reine Konsumlohn kann die Bedingung der Äquivalenz von Leistung und Lohn nicht erfüllen, auf die die Tauschgerechtigkeit angewiesen ist.

Der Mainzer Bischof Emmanuel von Kettler machte auf die Ungerechtigkeit der unterschiedlichen Entlohnung von Kapital und Arbeit schon früh aufmerksam: Die Arbeiter werden mit Lohn lediglich abgefunden, während dem Kapital alles zufließt, was übrig bleibt. Kettler blieb nicht im abstrakt Grundsätzlichen, sondern schlug 1864 »Produktivassoziationen« vor, über die er mit Ferdinand Lassalle korrespondierte. Wäre Lassalle nicht im Duell nach einem Liebeshändel zu Tode gekommen, hätte Kettlers Idee vielleicht sogar einen starken Promotor für proletarische Beteiligungspolitik gefunden. Kettler hat die Idee der Produktivassoziationen später leider nicht mehr weiterverfolgt. Der Grund war wahrscheinlich Resignation aus Einsicht in die Aussichtslosigkeit. Denn weder bei den Kapitalisten noch bei Sozialisten fand seine Idee nennenswerten Anklang.

Vielleicht aber ist nun die Zeit gekommen, Kettlers Idee zu reanimieren? »Eigentum in Arbeitnehmerhand« ist zwar schon oft proklamiert worden, aber wegen offensichtlicher Zaghaftigkeit der Christlich-Sozialen (zu denen ich gehöre) nicht ans Ziel gekommen. Stattdessen ist diese elementare Forderung auf eine niedliche Sparforderung abgedrängt worden, was man auch die Beerdigung II. Klasse einer großen Idee nennen kann. Aber selbst bei Gewerkschaften und Arbeitgebern fand die Idee des Eigentums in Arbeitnehmerhand keine nachdrückliche Unterstützung. Georg Leber, der weitsichtige Vorsitzende der IG Bau, Steine und Erden, war in dieser Hinsicht eine Ausnahme. Die IG Metall allerdings verspottete seine Vorstellungen als Witwen-Kapitalismus. Tatsächlich ging es bei diesen Kontroversen wohl vor allem um die Angst vor gewerkschaftlichem Einflussverlust. Auf der anderen Seite war Hanns Martin Schleyer der letzte strategische Kopf bei den Arbeitgeberverbänden und auch er ein Anhänger der Forderung nach Arbeitnehmereigentum.

Mit der Idee des Eigentums in Arbeiterhand ist es wie im attischen Theater: Nach der großen Tragödie folgte als Abspann die Komödie, das Satyrspiel. Eine große Idee ist zum sozialpolitischen Oldtimer verkümmert, sodass ohne weiteres Aufsehen unlängst die Bosse von General Motors in der Krise das großzügige Angebot des Opel-Betriebsrates, Lohnanteile in Mitarbeiterbeteiligung umzuwandeln, eiskalt abgeschmettert haben. Die ausgestreckte Hand des Arbeitnehmers wurde ausgeschlagen. Kein Hahn krähte danach. Mitverantwortung war zwar erwünscht, Mitbeteiligung aber deshalb noch lange nicht. Auf welcher Seite sitzen also die Klassenkämpfer?

Bei der Idee »Eigentum in Arbeitnehmerhand« geht es tatsächlich um Umverteilung. Dazu muss man sich bekennen. Wobei es aber nicht um die revolutionäre Umverteilung schon gebildeten Eigentums geht, sondern um die evolutionäre des neu entstehenden. Diese partnerschaftliche Umverteilung ist nichts anderes als eine Art von Umleitung der gewohnten kapitalistischen Umverteilung. »Mitarbeiter«, der den gewohnten Begriff »Arbeitnehmer« ersetzen soll, ist eine semantische Sternschnuppe, wenn der Mitarbeiter nicht Miteigentümer wird.

Das Eigentum, um das es geht, ist das Eigentum, welches durch die Anstrengungen der Arbeiter selbst geschaffen worden ist. Das »Miteigentum der Arbeitnehmer« wäre also tatsächlich und endlich die Konkretisierung der von der Christlichen Soziallehre geforderten Bindung von Eigentum an Arbeit.

Denn bei Lichte betrachtet untergräbt das Bürgertum mit dem kapitalistischen Lohnvertrag sein eigenes Arbeitsethos, nach dem ja Fleiß zu Eigentum führen soll. Denn mit dem Abfindungslohn ist der Arbeitnehmer von der Teilhabe am Unternehmen prinzipiell ausgeschlossen.

Karl Marx hat aus der Beschlagnahme des Eigentums durch das Kapital das Pulver für die revolutionäre Entrüstung bezogen. Seine Lösung hieß: Enteignung. Marx sah im Eigentum nicht nur ökonomischen Diebstahl, sondern die anthropologische Perversion der »Selbstentfremdung«. In der kapitalistischen Wirtschaft werde der Arbeiter sich in dem Werk, das er geschaffen habe, nicht ansichtig, da das von ihm geschaffene Produkt ihm abgenommen und in die Hände des Kapitalisten überführt werde. Der Kapitalismus verhindere, dass der Arbeiter in der Arbeit zu sich komme. Die produktive Entäußerung des Arbeiters in seinen Produkten werde ihm durch die Beschlagnahme als Privateigentum entfremdet.

Die sozialistische Arbeit dagegen überführt nach Marx die Produktion in Gemeineigentum. Da der Mensch nach marxistischer Sicht Gemeinwesen und sonst nichts ist, entspricht das Gemeineigentum der marxistischen Anthropologie.

Wie bereits erwähnt, bindet nicht nur der Marxismus das Eigentum an die Arbeit, sondern auch die Christliche Soziallehre. Die spezifische Differenz zwischen beiden Denkschulen liegt in den unterschiedlichen Eigentumsformen, die wiederum den jeweils unterschiedlichen Menschenbildern folgen. Der Marxismus verteidigt das Gemeineigentum, während der Liberalismus das Privateigentum verteidigt. Die Christliche Soziallehre verteidigt auch das Privateigentum, aber in sozialer Bindung. Die christliche Soziallehre verbindet also individuelle mit sozialen Rechten und Pflichten.

Investivlohn

Das Ziel des Miteigentums der Arbeitnehmer kann über viele unterschiedliche Wege erreicht werden. Das Miteigentum kann zum Beispiel über die Lohnpolitik geregelt werden. Dann entsteht eine neue Lohnform, nämlich der Investivlohn, der zusätzlich zum Konsumlohn vereinbart wird. Dieser neue Lohn ist eine Chance, die Verteilungsspielräume zu erweitern, ohne die Gefahr der Inflation und/oder der Arbeitslosigkeit auszulösen. Ein solcher Investivlohn erweitert gleichzeitig das Handlungsfeld der Tarifautonomie.

Denn über den realen Anteil der Löhne am Sozialprodukt entscheidet nicht nur die Höhe des ausgezahlten Lohnes, sondern auch die Lohnverwendung. Je mehr vom Lohn den Investitionen zugutekommt, um so höher die Chancen der Lohnempfänger, ihren realen Anteil an der Verteilung des Sozialproduktes zu erhöhen. Kerngedanke ist dieser: Das Maß der möglichen Lohnerhöhung bestimmt sich weitgehend danach, ob der Lohn (die Lohnerhöhung) konsumtiv oder investiv verwendet wird. Die Ablehnung der Verwendung für Investitionszwecke ist daher gleichbedeutend mit dem Verzicht auf eine an sich mögliche Lohnhöhe. (Nell-Breuning) Es geht nicht um weniger Investitionen, sondern um mehr Investoren. Investivlohn wäre nach Oswald von Nell-Breuning eine Form des »Sparens ohne Konsumverzicht«. Der Investitionslohn wäre ein zusätzlicher Lohn und nähme auch Druck aus dem Schlauch einer überzogenen Lohnpolitik.

Ertragsbeteiligung

Miteigentum kann allerdings auch durch eine Ertragsbeteiligung ermöglicht werden. Dieser zweite Weg könnte sogar ein Mittel sein, die herkömmliche Tarifpolitik nicht nur zu erweitern, sondern vor allem auch zu entkrampfen. Bisher wird im Tarifvertrag sozusagen der Kuchen verteilt, der noch gar nicht gebacken ist. Die Lohnhöhe wird also im Voraus vereinbart. Diese Voraus-Entscheidung ist erforderlich, damit die Lohnempfänger wissen, wie viel Lohn sie schließlich erwarten können. Die Ertragsbeteiligung rechnet dagegen nachträglich ab. Sie muss das zu Verteilende nicht vage schätzen, sie kann es einfach errechnen. Ist der im Voraus vereinbarte Lohn angesichts des nachfolgenden Ergebnisses zu gering gewesen, kann das Ergebnis mit der Ertragsbeteiligung nachträglich korrigiert werden. Gibt es nichts mehr zu verteilen, bleibt es beim vorher vereinbarten Lohn. Je niedriger die Eigentumsbeteiligung der Arbeitnehmer, umso höher die Bedeutung der fest vereinbarten Lohnhöhe für die Lebensplanung der Arbeitnehmer. Die Eigentumsbeteiligung verbessert also auch die Bedingungen für eine bewegliche Tarifpolitik, weil sie den tarifvertraglichen Standardlohn durch eine tarifvertragliche Ertragsbeteiligung ergänzt. Dieser Kombilohn, kombiniert aus festem Standard- und abhängigem Ertragslohn, wäre eine echte Innovation auf dem ausgedorrten Feld der Tarifpolitik. Mit der tariflichen Ertragsbeteiligung entschärft sich der Konflikt zwischen Firmen- und Branchentarif. Die Ertragsbeteiligung ermöglicht die tarifliche Ausschöpfung von Lohnbestandteilen, die oberhalb des Branchentarifs liegen.

Die jüngste Krise liefert das Lehrmaterial für das Leerlaufen der herkömmlichen Tarifpolitik. Im Krisental bleibt den Gewerkschaften nur die Wahl zwischen Randale ohne Erfolg oder Abstrichen als Notlösung. Die Kröte trägt den Namen »das Schlimmste vermeiden«, in der Erwartung, dass die Zugeständnisse später wieder gut gemacht werden. Solche Hoffnungen entpuppten sich in der Vergangenheit oft als Illusion. Armin Schild, Betriebsleiter der IG Metall Frankfurt, stellte fest: Zwei Drittel der Firmen »verbuchten von ihnen selbst nicht erwartete höhere Extragewinne.« Aber nicht einmal ein Fünftel gab wenigstens einen Teil der Gewinne an die Belegschaft weiter. »Das ist unfein bis schäbig«, sagt Schild. (FAZ vom 27.12.2010) Der »Mohr« Tarifpolitik hat seine Schuldigkeit getan, »der Mohr kann gehen«. Und doch verhindert letztlich nur Ertragsbeteiligung, dass Verantwortung der Gewerkschaften von ihren Tarifpartnern ausgenutzt wird.

Wer Investivlohn und Ertragsbeteiligung gleichermaßen ablehnt, steht unter dem Beweiszwang erklären zu müssen, wie aus einer Tarifpolitik, die nur den Teil des Sozialprodukts ins Visier nimmt, der dem Konsum zur Verfügung steht, ein Einkommen wird, das nicht nur nominell zugeteilt, sondern auch reale Vergütung ist. Die reine Konsumlohnpolitik kann sowohl durch Preissteigerung als auch durch Arbeitslosigkeit ausgebremst werden. Eine reine Konsumlohnpolitik trifft in jeder Phase der Konjunktur auf Einwände, nach denen es nie eine für Lohnerhöhungen günstige Zeit gibt. In der Krise gefährdet Lohnerhöhung den gegenwärtigen Bestand des Unternehmens. Nach der Krise verhindert Lohnsteigerung den zukünftigen Bestand, weil Lohnsteigerungen das Nachholen der in der Krise unterlassenen Investitionen verhindert.

Arbeitsloses Eigentum

Der Finanzkapitalismus hat die Idee des Eigentums pervertiert. Aus dem Eigentum, dessen Besitzerstolz von Fleiß und Sparsamkeit gespeist wird, ist eine Methode geworden, wie man ohne Anstrengung zu Geld kommt. André Kostolany, der über Jahrzehnte ein angesehener, viel konsultierter Spekulanten-Ratgeber war, empfahl einst: »Kaufen Sie Aktien und nehmen Sie eine starke Schlafpille. Wenn Sie erwachen, sind Sie reich.« Dieses Bonmot ist natürlich allzu simpel, es offenbart aber dennoch, wes Geistes Kind der Finanzkapitalismus ist. Denn er verspricht einen Reichtum im Schlaf ohne Arbeit.

Das Finanzkapital ist keine Sache, die man hat, sondern ein Instrument, das sich in permanenter Metamorphose befindet und auf diesem Weg arbeitsloses Einkommen schafft. Das daraus entstehende Eigentum wiederum ist ortlos. Es hat seine Raumbeziehungen zur Gänze gekappt. Das Finanzkapital ist ein Schatten ohne Körper. Ein ortloses Eigentum aber muss kulturelle Konsequenzen haben. Der Philosoph Martin Heidegger erinnerte seinerzeit daran, dass das Wort human von »humus« abgeleitet ist, der lateinischen Bezeichnung für fruchtbaren Boden. Im Umkehrschluss liegt nahe, dass bodenloses Eigentum die Psyche des Menschen bis in seine Tiefenstrukturen hinein verändert. Ein Eigentum ohne Ortsangabe, ohne räumlichen und gegenständlichen Zusammenhang ist nicht mehr »begreifbar« im Sinne der sinnlichen Anschauung. Hegel begriff das Eigentum auch als Ausdruck der Persönlichkeit. Denn mit dem Eigentum schafft und gestaltet der Mensch seine Präsenz unter den Menschen. Wie aber soll das vagabundierende, abstrakte Eigentum Ausdruck und Präsenz des Menschen sein?

»Persönlichkeit ist das Tätige, sie (die vorgegebene Natur) aufzuheben und sich Realität zu geben, oder was dasselbe ist, jenes Dasein als das Ihrige zu sehen.« (Georg Wilhelm Friedrich Hegel)

Der Einwand von Marx gegen Hegel war kein Einwand gegen den Ausdruckscharakter des Eigentums, sondern gegen seine private Aneignung. Eigentum ist nach Hegels wie auch nach Marx' Theorie die Erweiterung der Person durch Objektivierung in der Äußerlichkeit.

Wo aber soll der Mensch sich im Finanzkapital noch ansichtig werden? Das Finanzkapital ist ständig in Bewegung, ja eigentlich pausenlos auf der Flucht, so dass Raum und Zeit keine Bedeutung mehr haben. Der Mensch aber lebt nach wie vor in Raum und Zeit. Das flüchtige Kapital aber wird spurenlos, und mit ihm der Mensch, der es zu besitzen beansprucht.

In unserer gegenwärtigen Gesellschaft treten zunehmend Leasen, Leihen oder Mieten an die Stelle des Eigentums. Ein Phänomen, das nicht zu unterschätzen ist, denn eine Gesellschaft der Mieter unterscheidet sich ganz wesentlich von einer Gesellschaft der Eigentümer. Eigentum ist seit jeher mit einem tieferen Gefühl der Verpflichtung verbunden. Mit der Eigentumsverpflichtung überschreitet der Eigentümer sogar die engen Grenzen des eigenen Lebens, in dem er sein Eigentum vererbt. In einer Mietergesellschaft leiht man sich das Gewünschte für entsprechende Zeitstrecken. Mieten bleibt unverbindlich. Die Verantwortung für Gemietetes muss naturgemäß flacher sein als die für Eigentum.

Der Finanzkapitalismus mit seinem ortlos in der virtuellen Welt flottierenden Eigentum muss alle Bindungen zertrümmern. Er hinterlässt ein Geröllfeld geschleiften Eigentums und zerstörter Institutionen. Wenn aber das Eigentum weiterleben soll, bedarf es einer neuen Bindung an die Arbeit. Als von der Arbeit gänzlich entkoppeltes Reichtumsvermehrungsinstrument einer kleinen Minderheit hat Eigentum keine Zukunft.

Das Miteigentum der Arbeitnehmer wäre eine solide Ergänzung der Rentensicherheit. Anders aber als die Riester-Rente ist das Miteigentum nicht in das Spekulationsgetriebe eingebaut, sondern an die Arbeit geknüpft.

Eigentum, das mit Arbeit verknüpft ist, hat in diesem Bündnis eine größere Überlebenschance als im Getriebe des Finanzkapitalismus, der sich von den Realitäten der Wirtschaft längst gänzlich emanzipiert hat und damit die Arbeit zerstört. Eine Rentensicherheit, die dem Finanzkapitalismus in Form kapitalgedeckter Privatversicherungen anvertraut ist, gerät dagegen in akute Gefahr, zum Helfershelfer des Ruins der Arbeit zu werden. Das ist die beißende Ironie der Riester-Rente, dass über die Verlockungen der kapitalgedeckten Alterssicherung die Arbeitsplatz-sicherheit derjenigen untergraben wird, welche die Riester-Rente finanzieren. Bekanntlich sind ja eben die großen Pensionsfonds die Hauptbetreiber der Hedge-Fonds, die wiederum ihr Geld aus Börsenspielen und Kapitalwetten beziehen, die überwiegend auf Kosten von Arbeitsplätzen gehen. Denn die Kostensenkungen, auf welche die »Heuschrecken« bedacht sind, betreffen in der Regel vornehmlich die Lohnkosten. Über den Umweg der Riester-Rente finanzieren die Arbeitnehmer das Lohndrückergewerbe.

Eigentum und Gesellschaft

Ich wiederhole mich, aber es kann meiner Ansicht nach nicht oft genug gesagt werden: Eigentum ist nicht gleich Eigentum. Diese Einsicht ist eine der zentralen Gedanken der Sozialgeschichte. Die Schranken des Eigentums verändern sich mit den Folgen seiner Größe. Eigentum ist zudem kein Selbstzweck, sondern vielmehr ein Mittel zum Zweck. Ein Mittel kann, wie jedes Werkzeug, guten und schlechten Zwecken dienen. Mit einem Messer kann man Brot, aber auch Hälse abschneiden. Das erste ist nützlich, das zweite tödlich.

Ein Wandel allein der Eigentumsform ändert noch lange nicht die Gesellschaft, weder zum Guten noch zum Schlechten. Die Welt hat erlebt, dass der Wandel von Privateigentum in Staats-eigentum keineswegs den versprochenen Himmel auf Erden her-beigeführt hat. Andererseits heilt auch das Privateigentum nicht alle Wunden, die in einer Gesellschaft geschlagen werden, denn es reißt sogar neue auf, wenn die Eigentumsverteilung ungerecht ist. Eigentum überwindet nur dann die Grenzen einer rein ma-teriellen Zurechnung, wenn im Eigentum die Anerkennung der Arbeit enthalten ist.

Miteigentum der Arbeitnehmer ist kein sozialpolitisches De-
korationsstück. Es verändert Gesellschaftsstruktur und Unter-
nehmenskultur. In einer zunehmend müde gewordenen gesell-
schaftspolitischen Diskussion ist Miteigentum der Arbeitnehmer
ein Ziel, das verhindert, dass Gerechtigkeit aus dem Blick gerät.

Ohne Miteigentum kann es keinen gerechten Lohn geben.

Ohne Bindung an Arbeit hat das Eigentum keine Zukunft.

Nur das Bündnis von Arbeit und Eigentum kann der Raffgier
des Finanzkapitalismus – der weder mit Arbeit noch mit Eigentum verbunden ist – Grenzen setzen.

2. Arbeit und Sozialstaat

Der Sozialstaat ist ein Kind der Neuzeit. Die aus feudalen Hörigkeiten und Zunftordnungen entlassenen heimatlosen Handwerksburschen und entlaufenen Bauernsöhne waren von allen Bindungen befreit, allein und sich selbst überlassen. Also auch frei von jeglichem Schutz. Sie bildeten als Proletariat die industrielle Reservearmee, welche die neu entstehende Industriegesellschaft besetzte. Das Proletariat wiederum definierte sich durch Kinderreichtum und Einkommensarmut. Wie seine altrömischen Vorfahren lebte es von der »Hand in den Mund«.

Gewerkschaft als Lebensretter des Kapitalismus

Das Dilemma der Massenproduktion bestand darin, dass sie noch auf keine neue Massenkaufkraft traf. Die »Fabrikherren« begriffen diesen Zusammenhang nur schweren Herzens und zunächst widerwillig. Der amerikanische Erz-Kapitalist Henry Ford hat erst später weitsichtig erkannt und schnell eingesehen, dass er nur reich werden könne, wenn seine Ford-Arbeiter die Autos kaufen, die sie produziert haben. »Autos kaufen keine Autos« war seine plausible Erklärung. Ohne Nachfrage wird das schönste Angebot zum Ladenhüter.

Zur Massenproduktion war nur die Industrietechnik fähig. Massenkaufkraft musste jedoch erst erkämpft werden. Dabei verhalfen die Gewerkschaften den Arbeitgebern zu ihrem Glück und auf die Sprünge. So sind paradoxerweise die Gewerkschaften die Geburtshelfer und Lebensretter des Kapitalismus.

Karl Marx empfahl den »Kampf gegen das System«. Die Gewerkschaften kämpften im System. Sie erhielten es, indem sie es verbesserten. Revolution oder Evolution war die Alternative. Der Sozialstaat ist die evolutionäre Antwort auf die soziale Frage.

Sozialstaat – Funktionsbedingung der Marktwirtschaft

Mit ausreichendem Lohn als Kaufkraft allein war es nicht getan. Denn was passiert in den Zeiten, in denen kein Lohn verdient wird, weil Krankheit, Unfall, Arbeitslosigkeit oder Erwerbsunfähigkeit dies verhindern? In solchen Fällen sprang in vormodernen Zeiten die Großfamilie ein. Diese jedoch war seit Beginn der modernen Industrialisierung in der Auflösung begriffen.

Die bäuerliche Großfamilie und die Handwerksfamilie – beide auch Ort der Arbeit – starben schließlich in der Industriegesellschaft aus. (Ganz so idyllisch, wie die Großfamilie im Nachhinein nostalgisch verklärt wird, war sie allerdings real zu ihrer Zeit auch nicht.)

Sozialstaat übernimmt Risikoabsicherung

Von dem Zeitpunkt an, als die großen Risiken – Krankheit, Unfall, Invalidität, später Arbeitslosigkeit und Pflege – aus dem Betrieb externalisiert und vom Sozialstaat aufgefangen worden waren, konnte sich überhaupt erst eine unternehmerische Ratio entwickeln, die sich am Gewinn orientierte und im Wettbewerb bewährte. Solange der Betrieb gleichzeitig die Rolle der Familie übernommen hatte, die Kranke, Alte, Invalide aus eigener Kraft schlecht und recht »mitschleppte«, war keine rationale Marktwirtschaft möglich. Der Sozialstaat entlastete die Betriebe von

Aufgaben, die er in der Marktwirtschaft gar nicht oder nur schwerlich erfüllen konnte. Die Unfallversicherung beispielsweise trat an die Stelle der privaten Haftung des Arbeitgebers und entlastete ihn gleichzeitig von innerbetrieblichem Streit über die Unfallverursachung.

Der Sozialstaat ist also die Funktionsbedingung der Marktwirtschaft. Letztere kann nur als soziale überleben.

Neben den Gewerkschaften ist der Sozialstaat die zweite paradoxe Erfolgsbedingung einer funktionsfähigen Marktwirtschaft. Ohne Gewerkschaften, die Massenkaufkraft sichern, und ohne einen Sozialstaat, der Lebensrisiken abfedert, gibt es keine Marktwirtschaft.

Das Dilemma der ehemaligen DDR-Wirtschaft lag auch darin, dass die volkseigenen Betriebe Funktionen des Sozialstaates übernommen hatten. Wenn die Arbeitnehmer beschäftigungslos oder -gemindert im Betrieb gehalten wurden, war der Arbeitslohn ohne produktive Beschäftigung auch eine Form von Arbeitslosen- oder Kurzarbeitergeld, Früh- oder Erwerbsminderungsrente. Diese Regelung verdarb allerdings die einzelwirtschaftliche betriebliche Produktivität. Die DDR-Wirtschaft scheiterte u.a. eben auch an der Vermischung von betriebswirtschaftlichen und sozialstaatlichen Funktionen.

Soziale Marktwirtschaft – die demokratische Antwort auf Totalitarismus

Das Konzept der Sozialen Marktwirtschaft war zudem die ideologische Antwort auf den sozialistischen wie faschistischen Totalitarismus. Die marktwirtschaftliche Machtverteilung ist die Schwester der demokratischen Gewaltenteilung. Die eine wie die andere ist der geschichtlichen Erkenntnis geschuldet, dass Freiheit am besten in einem System der Machtbalance aufgehoben ist.

Machtverlust durch Abwahl in der Demokratie und durch Bankrott in der Marktwirtschaft sind die Sanktionen, die den Übermut der Macht bändigen sollen. Beide unterminieren Machtmonopole.

Das Machtproblem versuchte der Totalitarismus zu lösen, indem er die Macht in die Hände der guten Menschen legte. Diese musste er allerdings zuvor selbst hervorbringen. Seit Spartas Zeiten war das mit Erziehungsdiktatur verbunden und blieb erfolglos. Manche schlugen deshalb eine Abkürzung ein und erklärten die eigene Verwandtschaft kurzerhand zu »guten Menschen«. Zur Not wurde die eigene Partei zum Hort der guten Menschheit bestimmt: »Die Partei, die Partei hat immer Recht«: das gesungene Credo der SED.

Freiheit und soziale Sicherheit

Freiheit und Sicherheit stehen in einem Spannungsverhältnis, in dem sie sich wechselseitig stützen und begrenzen.

Die Gleichheit vor dem Gesetz ist ein Muster ohne Wert, wenn die Realisierungschancen des Rechtes ungleich verteilt werden. Unter den Brücken von Paris haben König und Bettler das gleiche Recht zu schlafen. »Nur der Bettler muss es, der König kann es«, bemerkte Anatole France sarkastisch.

Freiheit in der Sozialen Marktwirtschaft ist nicht die Freiheit des Naturreichs, in dem bekanntlich der große Fisch den kleinen frisst. Freiheit bedarf der sozialen Sicherheit, damit Freiheitsrechte allgemein und nicht exklusiv realisiert werden können. Andererseits ist soziale Sicherheit in der Sozialen Marktwirtschaft auch nicht vergleichbar der Sicherheit eines zoologischen Gartens, in dem die Tiere hinter Gittern wohlversorgt werden.

Freiheitlicher Sozialstaat ist partnerschaftlich, also in ein System von Gegengewichten eingebaut. Der Sozialstaat behindert den Wettbewerb nicht, sondern ermöglicht Chancen-Fairness in der Konkurrenz, weil er kompensatorisch Chancengleichheit anstrebt und Sicherheit auch jenen gewährt, die noch nicht, nicht mehr oder nie am Wettbewerb teilnehmen können. Freiheitlicher Sozialstaat und sozialer Rechtsstaat sind das Fundament unserer Verfassung.

Sozialstaat – westliche Legitimationsgrundlage

Wirtschaftlichen Wohlstand mit sozialem zu verbinden, das war zudem die westliche Antwort im großen Systemwettbewerb mit dem Ostblock. Der Sozialstaat gehört zu den fundamentalen Legitimationsgrundlagen des freiheitlichen Systems. Wir mussten beweisen, dass wir sozialer sind als der Sozialismus.

Jetzt, nachdem die sozialistische Konkurrenz implodiert, damit aus dem Wettbewerb um Akzeptanz ausgeschieden ist, meinen manche, man könne getrost auf das, was sie »Sozial-Klimbim« nennen, verzichten.

Die Suche nach einer Symbiose von Wohlstand und Gerechtigkeit findet nie ein Ende. Wer sich an dieser Fahndung nicht beteiligt, scheidet aus der Mitgestaltung der Gesellschaft aus. Das wirtschaftliche »Mehr« als alleiniges Ziel der Entwicklung anzugeben befriedigt die Sehnsüchte der Menschen nicht und stößt auf einen unverrückbaren letzten Widerstand: Die Erde ist, wie das Leben, begrenzt.

Sozialstaat – Stabilisator der konjunkturellen Nachfrage

Die jüngsten ökonomischen Krisen beweisen, dass Staaten mit ausgebautem Sozialstaat weniger der staatlich hoch bezahlten Kriseninterventionen bedürfen, um die Wirtschaft zu retten, als dies Regierungen mussten, die sich bei Konjunktursicherung nicht auf den Sozialstaat verlassen konnten. Schließlich sind zum Beispiel Renteneinkünfte und Arbeitslosengelder auch ein Puffer der Massenkaufkraft. Sie fangen konjunkturelle Stöße auf und stabilisieren den Konsum stärker als die Luxusnachfrage der Reichen.

Die US-Regierung musste jedenfalls zur Bekämpfung der jüngsten Krise mehr staatliche Gelder mobilisieren als Staaten, welche der Sozialen Marktwirtschaft verpflichtet waren.

Friedrich August von Hayek, der Patron eines Uralt-Liberalismus, versuchte einst, die Gerechtigkeit als »Bedeutungsschimäre« und »semantisches Irrlicht« lächerlich zu machen. Wie sehr er sich getäuscht hat, zeigen die Gesellschaftssysteme, für die Markt alles und Gerechtigkeit nichts ist. Sie sind fragil – und ohne dauerhaften Zusammenhalt. Darin gleichen sie ihrem Widerpart, den totalitären Systemen. Beide gebären Gewalt. Ungerechte Systeme verlangen einen höheren Aufwand zur Gewaltdomestizierung. Immanuel Kant war klüger als Hayek: »Wenn die Gerechtigkeit untergeht, hat es keinen Zweck mehr, auf Erden zu leben.«

»Umverteilung« – ein Teufelswort?

Es gibt offenbar blinde Flecken in der öffentlichen Aufmerksamkeit und tote Zonen im politischen Aufregungsgelände. »Umverteilung« gilt als Teufelswort, und wer davon spricht, gerät unter Verdacht, vom Sozialismus besessen zu sein. Sozialpolitik wird als pure »Umverteilungspolitik« attackiert. Dabei wird täglich auf den Börsenplätzen der Welt mehr umverteilt als je in der Sozialpolitik. 1 Prozent Kursänderung verteilt mehr um, als jede Lohnerhöhung an diesem Tag zustande bringt. Der Kieler Philosoph Wolfgang Kersting entlarvt ungewollt die ressentimentgeladenen Befangenheiten liberalistischer Gesellschaftsphilosophie, wenn er behauptet: »Der moderne Sozialstaat kann nur eine diffuse, erheblich gefühlslastige, freilich in hohem Maße konsensfähige Gerechtigkeitstheorie vorweisen, brauchbar für's Sozialarbeiterwesen.« Es offenbart sich in solch flotten Formulierungen ein snobistischer Verfall des großen Gerechtigkeitsdiskurses von Plato bis Kant. »Bis heute ermangelt der Sozialstaat einer zuverlässigen normativen Hintergrundtheorie«, behauptet Kersting. »Dies ist überaus bedenklich, denn selbst die maßvollste sozialstaatliche Umverteilung bedeutet eine Einschränkung der bürgerrechtlichen Verteilungsfreiheit über den Ertrag der eigenen Leistung.« Was immer der Kieler Sozialphilosoph unter »normativen Hintergrundtheorien« versteht, seine Vordergrundbegriffe »bürgerrechtliche Verteilungsfreiheit« und »Eigenleistung« stehen nicht weniger in historischen Kontexten und sind von jeweiligen gesellschaftlichen Bedingungen abhängig wie der Sozialstaat und deshalb nicht weniger legitimationsbedürftig. Wer, wie Kersting, im modernen Sozialstaat die Verursacher der öffentlichen Schulden sieht, hat vom hohen Ross seiner Philophie offenbar keinen Blick auf die empirischen Fakten geworfen. Ausgebaute Sozialstaaten kommen mit einem geringeren Schuldenstand aus als rudimentäre. Deutschland besser als die USA: Die private Sparquote ist in Deutschland beispielsweise doppelt so hoch wie in den Vereinigten Staaten. Hier gibt es eine Sozialversicherung, dort nur in Ansätzen.

Die drei Grundgestalten des Sozialstaates

Der Sozialstaat als Sicherungsinstitution tritt, wenn man von Varianten absieht, in drei Grundgestalten auf:

1. Als staatliche Institution – steuerfinanziert.
2. Als private Initiative, welche vorwiegend mit Hilfe der Privatversicherungen installiert und mit risikoabhängigen Prämien finanziert wird.

3. Als genossenschaftliche Selbsthilfe, verwirklicht als Sozialversicherung, die sich im Wesentlichen aus einkommensproportionalen Beiträgen ihr Geld beschafft.

Diese drei Ur-Typen sind wiederum in drei historischen Quellgebieten verankert:

1. Die staatliche steuerfinanzierte soziale Sicherheit findet in Skandinavien ihre stärkste Ausprägung.
2. Die private Absicherung hat in den Vereinigten Staaten große Bedeutung.
3. Die genossenschaftliche ist in Kontinental-Europa entstanden. Ihr Pate ist Bismarck.

Alle drei sind derzeit von gegensätzlichen Entwicklungsströmen erfasst. In der skandinavischen Staatsversorgung wie in den angelsächsischen Privatisierungsgebieten vollzieht sich eine Umkehr. Es verstärken sich die Trends zu beitragsbezogenen Sozialversicherungen. Präsident Obama installiert zur Zeit gegen erbitterte Widerstände eine beitragsbezogene solidarische Krankenversicherung. Schweden gibt der Beitragsfinanzierung der sozialen Sicherheit neue Spielräume und drängt die Steuerfinanzierung zurück. Ausgerechnet das erfolgreiche kontinentale europäische Solidarsystem wird in Deutschland in entgegengesetzte Richtung geschoben, nämlich hin zu einer kapitalgedeckten Privatisierung, die von einer steuerfinanzierten Armenfürsorge in Form von Grundrente und Hartz-IV-Leistungen flankiert wird. Deutschland fährt gegen den Trend.

Es ist wie bei Geisterfahrern. Diese verwechseln ihre Fahrtrichtung mit der allgemeinen. Die einen werden aus Schaden klug, die anderen durch Erfolg dumm.

Die Folgen der Privatisierung der Sozialversicherung sollen durch steuerfinanzierte Staatsfürsorge aufgefangen werden. Die Privatisierung wird also von der Verstaatlichung begleitet. Anders geht das offenbar nicht. Die Privatisierer können nämlich das Armutsrisiko nicht befriedigend lösen. Die Riesterrente leistet keinen Beitrag zur Bekämpfung der Altersarmut. Sie vergrößert das Problem. Die Krankenversicherung geht den gleichen Weg, an dessen Ende hohe Staatszuwendungen für Einkommensschwache stehen. Summa summarum: Mehr staatliches Umverteilungsgeld und -bürokratie durch mehr Privatisierung. Staatliche Fürsorge und Privatisierung heiraten.

An den Armen können die privaten Versicherungsgesellschaften nichts verdienen. Arme sind deshalb auf staatliche Mindestabsicherung angewiesen. Diese sind konsequenterweise steuerfinanziert. Auf der anderen Seite sind die abgemagerten Sozialversicherungssysteme nicht in der Lage, den erworbenen Lebensstandard auch nur relativ abzusichern. Sie sind umso mehr auf die Ergänzung durch Privatversicherung angewiesen. Die einen schaffen nicht die Existenz sichernde Armutsbekämpfung, die anderen nicht eine relative Lebensstandsabsicherung. So brauchen die Privatisierer die Verstaatlicher und die Verstaatlicher die Privatisierer. Und der Sozialstaat gerät zwischen die Mühlsteine von Privatisierung und Verstaatlichung.

Der Spalt

Die Zahl der Fürsorgeempfänger und die der Privatversicherten wächst im gleichen Atemzug. Die Mitte der Gesellschaft schmilzt. Mit der Riester-Rente wird der Bock zum Gärtner gemacht. Denn mit ihr sinkt das allgemeine Rentenniveau auch für jene, die sich gar keine Riester-Rente leisten können. Weil der Verkaufschef eine Riester-Rente abschließt, sinkt die gesetzliche Rente der Verkäuferin. Die Schwachen zahlen eine Rechnung für Leistungen, die die Starken erhalten. Das ist auf den Kopf gestellte Solidarität. Deutschland liegt bereits bei der Alterssicherung der Einkommensschwachen im unteren Drittel der Industrieländer (OECD-Bericht).

Die Lobby-Connection

Eine ramponierte Sozialversicherung ist gut für das Geschäft der Privatversicherung und ihrer Hilfswilligen.

Wenn es die Lobbyisten beispielsweise schaffen, 10 Prozent der Einnahmen der Rentenversicherung auf die Mühlen der Privatversicherung umzuleiten, haben sie rund 20 Milliarden Euro mehr in der Kasse. Dafür kann man Anzeigenserien schalten und Professoren bezahlen.

Je madiger die BILD-Zeitung die Rentenversicherung macht, umso mehr klingelt das Geld ihres Anzeigenkunden Allianz. Eine Hand wäscht die andere. Die Schleifspuren der Kumpanei BILD-Allianz sind eindeutig: »Klar. Wer mit Bild-t-online kooperiert, der ist auch in der BILD-Zeitung zu lesen – und zwar nicht nur als Anzeige, sondern, wie es sich für eine Kooperation gehört – rundum«, bekamen im August 2005 die Allianz-Vertreter als Information aufmunternd mitgeteilt. »Wes Brot ich ess, des Lied ich sing.« Getreu dieser alten Volksweisheit begann Lobbyist Diekmann, der im »Nebenberuf« auch Chefredakteur der BILD-Zeitung ist, eine fulminante Kampagne gegen die gesetzliche Rentenversicherung. So verkommen sind inzwischen die »kapitalgedeckten« Pressesitten. »BILD war dabei.« Kein Presserat kümmerte sich um die frivolkecke Vermischung von Anzeigengeschäft und Redaktionsarbeit, und auch kein Liberaler krähte nach den ungeschriebenen Gesetzen der Pressefreiheit, zu der die Unabhängigkeit der Redaktion von Anzeigenkunden gehört.

Professor Rürup ist vom Thron der Wirtschaftsweisen, deren Ratsvorsitzender er war, herabgestiegen und im Privatversicherungsgehege von Ex-AWD-Chef Carsten Maschmeyer gelandet, der 1998 Schröders Niedersachsenwahlkampf gesponsert hat. Mit Maschmeyer zusammen hat Rürup die Firma Maschmeyer Rürup AG gegründet, die Versicherungen und Regierungen in Alters- und Gesundheitsvorsorge berät. So schließt sich der Kreis. Professor Miegel, seit eh und je auf dem Kriegspfad gegen die Rentenversicherung, ist mit dem Institut für Alterssicherung verbandelt, das eine Kreation der Deutschen Bank ist. Und Raffelhüschen, der professorale Tausendsassa, macht sich auf Vertreterschulungen der Privatversicherung mit billigen Kalauern gegen mich dienstbar. Der Zuhörer bedankt sich mit Beifall und seine Auftraggeber mit Allerlei: Verwaltungsratssitzen, Gutachten, Vorträgen. So erhält der Begriff Kapitaldeckung einen zusätzlichen attraktiven Sinn: Er deckt den privaten Kapitalbedarf professoraler Lobbyisten. Wissenschaft wird so zur Fortführung des Geschäfts mit anderen Mitteln.

Die Kampagne gegen die Rentenversicherung wird indirekt auch von den Arbeitgeberverbänden gesponsert. Die von den Metall-Arbeitgebern finanzierte »Initiative Neue Soziale Marktwirtschaft« ist eine Speerspitze der Attacken gegen die Rentenversicherung.

Arbeitgeber – Eifer für Riester-Rente

Die private Altersversicherung wird nicht von Arbeitgeberbeiträgen mitfinanziert, so wie die gesetzliche Rentenversicherung. Die Privatversicherung der Arbeitnehmer ist für die Arbeitgeber billiger.

Die Arbeitgeber sparen also Geld beim Umstieg von der Sozialversicherung auf die Privatversicherung. Doch dieser Erfolg ist ein Pyrrhus-Sieg. Denn die Arbeitnehmer werden sich in den Tarifverhandlungen zurückholen müssen, was der Wegfall der Arbeitgeberbeiträge an Senkung des Nettolohnes ausmacht. Bisher waren Beitragserhöhungen in der Sozialversicherung nicht relevant für Tarifverhandlungen. Denn diese Beitragserhöhungen betrafen beide Seiten. Das wird jetzt anders, Tarifauseinandersetzungen werden härter. Das wird das Ergebnis des Wegfalls der Arbeitgeberbeiträge in der Sozialversicherung sein. Aber so weit denken die Kurzatem-Taktiker der Arbeitgeberverbände nicht. Das Kostenbrett vor der Stirn ist ihre politische Sichtblende.

Es geht um viel Geld. Der Staat treibt den Privatversicherungen mit der Riester-Rente die neuen Mitglieder in die Scheune. Diese Treibjagd bezahlt der Staat mit Zuschüssen und Steuernachlässen. Die Branche jubelt: »Wir stehen vor dem größten Boom, den unsere Branche je erlebt hat. Es ist so, als wenn wir auf einer Ölquelle sitzen. Sie ist angebohrt, sie ist riesig groß und sie wird sprudeln«, triumphierte Maschmeyer auf der Hauptversammlung von AWD am 6.6.2005.

Die Privatversicherung und ihre Vasallen schießen aus allen Rohren auf die Rentenversicherung. Die Gothaer Versicherung verkündete: »Die gesetzliche Rentenversicherung sorgt seit Jahren für negative Schlagzeilen, Krisen, Reformen und Leistungskürzungen. Die individuellen Lösungen der Gothaer setzen dagegen auf Sicherheit, Marketing und Rendite je nach ihrem persönlichen Geschmack.« Das ist nackte Propaganda. Die Rendite der Lebensversicherung ist in den letzten Jahren kontinuierlich gefallen. Die Beiträge aber sind gestiegen. Beides in höherem Maße, als dies in der Sozialversicherung geschah. Die Garantiezinsen der Lebensversicherer sind von 4 Prozent im Jahr 2000 auf 2,25 Prozent im Jahr 2010 gefallen. Ein weiterer Abstieg steht bevor.

Die Rentenversicherung kann sich nicht gegen Angriffe und Verdrehungen der Privatversicherungen wehren, weil die Arbeitgebervertreter in der Selbstverwaltung der Rentenversicherung die Selbstverteidigung der Sozialversicherung blockieren. Die Rentenversicherung leistet inzwischen Werbung und Beratung für Riester-Rentenverträge. Die Beratung wird aus der Kasse der Pflichtversicherten finanziert, also auch von denen, die sich keine Riesterrente leisten können. Paradoxer geht es nicht. Das Rentenniveau sinkt wegen der Riester-Rente, und die Rentenversicherung schweigt, während die Schlächter sich von den Schlachtopfern ihr Schlachtfest mitfinanzieren lassen und die Einladung noch dazu.

Die Riester-Rente senkt das Rentenniveau rapide, um anschließend als Retter gegen Altersarmut gepriesen zu werden. Sie ist jedoch nicht die Lösung des Problems, sondern Teil seiner Ursache. Im unteren Fünftel der Haushaltseinkommen riestern nur 16 Prozent der Haushalte. Im oberen rund 40 Prozent. Riester verschärft also das Problem der Altersarmut.

Die Götterdämmerung der Kapitaldeckung

Die Privatversicherung hätte allen Grund, sich den Balken aus dem eigenen Auge zu ziehen, bevor sie sich um die Splitter im Auge der Sozialversicherung kümmert. Den Stresstest der Bundesanstalt für Finanzdienstleistungen bestanden nur 36 von 86 Lebensversicherungen. Skandale rund um die Welt. Bei Enron verloren die Mitarbeiter 61,2 Milliarden Dollar, die sie für ihre Alterssicherung in Aktien angespart hatten. An die Zuverlässigkeit der umlagefinanzierten Rentenversicherung reicht keine spekulationsabhängige Altersvorsorge heran.

Der Kampf gegen den Sozialstaat ist keine Neuigkeit. Der Sozialstaat war immer umstritten. Sein Weg war stets von Untergangsprophezeihungen seiner Gegner begleitet. Der Tod des

Umlagesystems ist z. B. schon bei seiner Geburt 1957 angekündigt worden. Die FDP sagte damals den Zusammenbruch der privaten Sparbereitschaft infolge des Umlagesystems voraus. Das ist jedoch eher in Ländern geschehen, welche die Kapitaldeckung bevorzugten, z. B. in den USA.

Heubeck, der damalige Chefmathematiker der Privatversicherung, sagte 1957 bei Einführung der gesetzlichen Rentenversicherung eine Beitragsentwicklung voraus, die schon 1985 5 Prozent über der dann tatsächlich erreichten Beitragshöhe lag.

Westerwelle sagte die Zahlungsunfähigkeit der Pflegeversicherung schon bei ihrer »Geburt« 1994 voraus und gab ihr dafür ein Jahr Zeit.

Marktschreierische Privatversicherung

Die Privatversicherung bietet ihre Produkte mit Werbeslogans an, deren Informationsgehalt gegen Null pendelt:

»Bonus-Rente mit Sockel« nennt Signal-Iduna ihr Angebot.

»Single-Rente Invest« ist der Renner von Victoria.

Und was »Rente mit flexibler Leistungsphase« von Allianz ist, weiß wahrscheinlich nur deren Marketingchef.

Soziale Sicherheit wird auf dem Markt der Privatversicherung wie auf einer Modenschau angeboten. Das jedoch ist eine Verwechslung der Kundschaft. Die ist nämlich auf eine anständige Rente mehr angewiesen als der Käufer einer Abendgarderobe.

Begleitet ist der Weg der Privatversicherung von Institutionen, die sich den Anschein von Seriosität und Objektivität geben. Das Dickicht der Angebote zu durchleuchten bieten sich in Deutschland TÜV-Gesellschaften, Stiftung Warentest und Stiftung Finanztest an. Doch die Beratungsergebnisse differieren so stark, dass »irgendetwas nicht stimmen kann« (Werner Siepe).

Der Münchner TÜV-Süd zertifizierte zum Beispiel die Stuttgarter BW-Bank mit »geprüfte Beratungsqualität«. Die Stiftung Finanzdienstleistungen bewertete die Anlagenberatung des gleichen Instituts dagegen mit »mangelhaft«.

Selbst die Verkäufer der Riester-Angebote überschauen die Komplikationen nicht mehr. Sie reduzieren die Beratungskomplexität auf die Frage: »Welche Verträge bringen die höchsten Provisionen?« Antwort: »Die teuren.«

Der Finanzmathematiker und freie Mitarbeiter der Stiftung Warentest, Siepe, hält die Siegel für »irreführende Verbrauchertäuschung«. Oft wurde nur geprüft, ob eine Bank sich an die von ihr angegebenen Spielregeln hält, nicht aber, ob die Sparregel selbst sinnvoll ist. Die Siegel seien ein Marketing-Gag, auf den Verbraucher hereinfielen. Das »Zentrum für Europäische Wirtschaftsforschung« Mannheim stellt in einer Studie, die es im Auftrag des Bundesfinanzministeriums vorlegte, lapidar fest: »Die bestehenden Vorschriften zum Ausweis der Kosten verfehlen weitgehend ihr Ziel«, und so wildern die privaten Versicherungsagenten weiterhin im Sozialstaat, und die Privatversicherungen verdienen gut dabei.

In diesem Haifischbecken von Interessenten und bezahlten Besserwissern muss der Sozialstaat überleben. Nur wo sind seine Unterstützer?

Sozialstaat als Bedürfnisprüfungsanstalt

Dass der Sozialstaat seine Sorge auf die Bedürftigen beschränken soll, erhält von neoliberalen Ordnungspolitikern viel Beifall. In diesem System zählt nicht eine Vorleistung durch Beitrag, sondern nur noch Anspruch durch Bedürftigkeit. Durch den Rost der dann nötigen Bedürftigkeitsprüfung fallen die Fleißigen und Sparsamen. Heraus kommt der Fürsorgestaat, der sich naturnotwendig bürokratisch gerieren muss, bevor er Hilfe zielgerecht in Gang setzen kann. Die Lohnhöhe reicht nämlich zur Bedürfnisermittlung nicht. Denn sonst müsste der Staat beispielsweise einem teilzeitarbeitenden Millionär gar Hartz IV zahlen, wenn sein Arbeitslohn niedrig ist. Die Unterstützungsberechtigung setzt also eine umfassende Bedürfnisermittlung voraus. Echte Bedürftigkeitsfeststellungen aber sind verwaltungsaufwändig.

So mendelt sich der Sozialstaat zur »Bedürfnisprüfungsanstalt«. Dort werden die »Untergebenen« ständig gefragt werden: »Bist du reich oder bist du arm?« Hartz IV und seine Prüfungskompanien einschließlich der Formulare geben einen Vorgeschmack. Demnächst wird die Prüfung, welche Leistungen auf die Grundrente angerechnet werden, weitere Prüfungsplätze schaffen, denn die Bezieher von Grundrenten werden durch Absenkung des Rentenniveaus zahlreicher werden.

Die Riester-Rente hat bereits Tausende von Bürokratenarbeitsplätzen geschaffen, welche die neuen Produkte amtlich absegnen müssen, bevor sie steuerlich gefördert werden können. Weitere Prüfungsinstallationen werden folgen. In der Krankenversicherung wird die Selbstbeteiligung zunehmen und mit ihr die Anträge auf Befreiung für all diejenigen, die die Selbstbeteiligung nicht leisten können. Das schafft erneut Prüfungsarbeit. Die Privatisierung wird ein gigantisches Bürokratie-Beschaffungsprogramm.

Mit Hartz IV fing es an, mit dem »Großen-Bruder-Staat« hört es auf. Es wird teurer und bürokratischer. Nicht das Zusammenlegen von Sozialhilfe und Arbeitslosenhilfe war falsch, sondern dass sie mit dem Zurückdrängen der Arbeitslosenversicherung verbunden war. Danach wurde die Reichweite der fürsorglichen Zuwendung ausgedehnt und der Bereich beitragsbezogener Sozialversicherung eingeengt.

Die Sozialversicherung kennt nur eine Berechtigungsfrage: Hast du Beiträge gezahlt? Die Fürsorge muss tausend Fragen stellen, um

Bedürftigkeit zu ermitteln. Die Beitragsrente ist differenziert, die Fürsorgerente (Grundrente) nivelliert.

Die einst lautstark kraftmeierisch als Deregulierer losmarschierten, schleichen sich barfuß als Bürokratisierer heim.

Der gläserne Petent

Die Bürokratie des Fürsorgestaats ist allerdings nicht mehr »Ärmelschoner-geschützt« und mit Federkiel bewaffnet. Im Arsenal ist der Computer, und seine Klienten sind datenerfasste Bittsteller. Und alle potentiellen Bittsteller werden so zugerichtet, dass sie in elektronischen Silos eingelagert werden können. Orwells »Großer Bruder« wird festangestellter Mitarbeiter des Sozialstaates. Aus dem selbstbewussten Beitragszahler wird ein gläserner Petent.

Der neue Sozialstaat, der sich auf Armenfürsorge zurückzieht, hat keinen Sinn und keine Antwort auf die Gerechtigkeitsfrage. Bestenfalls ist die Barmherzigkeit zuständig. Der neue Sozialstaat ist der Nachfahre des alten Polizeistaates, diesmal in der Maske des Wohltäters. Dieser Sozialstaat ist Träger einer reaktionären, weil rückwärtsgewandten Kulturrevolution. Zurück zur Fürsorge: Wo heute Ansprüche durch Beitragszahlung standen, wird morgen steuerfinanziertes Wohlwollen durch Zuteilung treten. Es ist eine besondere Pointe, dass ausgerechnet diejenigen, die fortwährend der Leistungsförderung wegen mehr Einsparungen in der Sozialversicherung fordern, das Leistungsprinzip im Sozialstaat unterminieren, indem sie von der leistungsbezogenen Finanzierung durch persönliche Beiträge auf die anonyme Steuerfinanzierung umstellen wollen.

Solidarische Selbsthilfe

Die Kernidee des Sozialstaates, wie er von Bismarck angelegt und von Christlich-Sozialen, Sozialdemokraten und Sozialliberalen (Naumann!) weiterentwickelt wurde, ist die Idee einer genossenschaftlichen Selbstorganisation der Gesellschaft durch solidarische Selbsthilfe. Es kreuzen sich in der Idee dieses Sozialstaates die Sozialprinzipien Solidarität und Subsidiarität. Subsidiarität ist das Kompetenzprinzip der Solidarität. Subsidiarität gliedert Solidarität. Von der subsidiären Solidarität haben weder die Privatisierer noch die Verstaatlicher eine Ahnung. Ihr Weltbild ist einfach: Entweder privat oder staatlich. Dazu gibt es für diese Vereinfacher keine Alternative.

Subsidiäre Solidarität: Mehr Selbstverwaltung

Eine weitergehende Reform des Sozialstaates muss der Autonomie der Sozialversicherung mehr Raum geben und ihn durch Selbstverwaltung ausfüllen. Eine Sozialpolitik dagegen, deren Schwerpunkt von Versicherung auf die Gegenseitigkeit auf Fürsorge von oben wechselt, schafft mehr staatliche Abhängigkeit und Bürokratie. Die Schwerpunktverlagerung wirkt desintegrierend.

Ein Sozialstaat, der dem Prinzip »Subsidiäre Solidarität« Vorrang gibt, stärkt die beitragsbezogene Sozialversicherung, drängt die staatliche Fürsorge zurück, ohne die Privatisierung an ihre Stelle treten zu lassen. Eine autonome Sozialversicherung kann sich selbst verwalten und setzt ihre Beiträge selbst fest. Sie bedarf keines staatlichen Vormundes.

Die Reformrichtung der Sozialversicherung, die ich bevorzuge, heißt weniger Staat und weniger Privatisierung, aber mehr selbstverwaltete Solidarität. Die Sozialversicherung ist in ihrer entwickelten Form somit eine Institution der solidarischen

Selbsthilfe. Selbstverwaltete Sozialversicherung ist subsidiär, steuerfinanzierte Fürsorge autoritär. Die Reformen des Sozialstaates gehen in die falsche Richtung. Mehr selbstverwaltete Solidarität muss das Reformziel sein.

Zusammenhalt

Sozialpolitik hatte seit ihren Anfängen die Aufgabe, den Zusammenhalt der Gesellschaft und Generationen zu festigen. Dieser Auftrag lässt sich in den Strukturen der alten Sozialpolitik nachweisen.

Die Rentenversicherung beispielsweise ist so angelegt, dass die Interessen der Rentner mit denen der Beitragszahler verknüpft sind. Die Beitragszahler sind an der Lage der Rentner interessiert, weil sie selbst einmal Rentner werden, und die Rentner an der Lage der Beitragszahler, weil sie von diesen finanziert werden. Renten- und Lohnempfänger-Interessen sind also miteinander verflochten. Das stärkt die Bedeutung von Arbeit und Lohn. Deshalb ist auch eine von der Lohnentwicklung abgekoppelte Rentengarantie ein Systembruch, wie ihn die Große Koalition vor der letzten Bundestagswahl durchsetzte. Gut gemeint, aber falsch gedacht.

Die kapitalgedeckte Privatversicherung orientiert sich an den Kapitalrenditen und appelliert an das isolierte Eigeninteresse. Ein steuerfinanziertes Rentensystem richtet den Blick auf den Staat, und die Anstrengungen der steuerfinanzierten Rentenpolitik sind demnach darauf gerichtet, bei der Verteilung des Staats-Kuchens nicht zu kurz zu kommen.

Der Staat oder Ich, das ist die Alternative zwischen Staatsbürokratie und Privatvorsorge. Ein »Wir« ist beiden unbekannt. Das »Wir« aber ist das Fundamentalsubjekt der »genossenschaftlichen Sozialversicherung«.

»Generationen sind füreinander Schicksal« (Robert Spaemann). Ohne Solidarität gibt es keine Alterssicherheit. Alles andere sind Ablenkungsmanöver von dem Grundsatz, an dem keine Gesellschaft vorbeikommt, wenn sie überleben will. Jung und Alt sind aufeinander angewiesen. »Jung« und »Alt« sind keine Klassenbegriffe. Sie bezeichnen aufeinander folgende Lebensabschnitte.

Generationenvertrag: Rente

Der Generationenvertrag der Rentenversicherung ist eine geniale Kombination, welche die Eigenvorsorge mit Sorge für die anderen verbindet. In dem Maße, in dem die Jungen für ihre Vorgänger sorgen, in demselben Maße haben sie Anspruch, von ihren Nachfolgern behandelt zu werden. Mit der Sorge für sich selbst verbindet sich die Sorge für die Eltern und für die Kinder. Das ist der Sinn des Generationenvertrages. Er umspannt drei Generationen.

Johann Peter Hebels Schatzkästlein des rheinischen Hausfreundes – vor 200 Jahren entstanden – enthält eine einfache Anekdote, in der die komplizierte Rentenformel komprimiert ist:

»Ein Fürst traf auf einem Spazierritt einen fleißigen und frohen Landmann an und ließ sich mit ihm in ein Gespräch ein. Der große Fürst fragte den Tagelöhner, wie er mit seinem Lohn zurechtkomme. Der brave Mann im Zivilrock erwiderte ihm: Es wäre mir übel gefehlt, wenn ich so viel brauchte. Mir muss ein Drittel davon genügen. Mit einem Drittel zahle ich meine Schulden ab und den übrigen Drittel lege ich auf Kapitalien an. Das war dem guten Fürsten ein neues Rätsel. Aber der fröhliche Landmann fuhr fort und sagte: Ich teile meinen Verdienst mit meinen alten Eltern, die nicht mehr arbeiten können, und mit meinen Kindern, die es erst lernen müssen. Jenen vergelte ich die

Liebe, die sie mir in meiner Kindheit erwiesen haben, und von diesen hoffe ich, dass sie mich einst in meinem müden Alter auch nicht verlassen werden.«

Das ist das ganze Geheimnis des Generationenvertrages: Kredit geben und Schulden abbezahlen.

Alterssicherung und Familienlastenausgleich stehen in einem Generationenzusammenhang. Das war der Grund, weshalb schon 1957 von Nell-Breuning eine Familienkasse als symmetrisches Pendant zur Rentenkasse vorgeschlagen wurde. (Meine Wiederholung des Vorschlags scheiterte 1997 in der CDU.)

Die Sozio-Autisten

Die Jungen Liberalen und ihre Kombattanten von der Jungen Union brachten ihre autistischen Selbstversorgungsideen auf die groteske Maxime: »Jede Generation sorgt für sich selber.« Ich habe noch kein Baby gesehen, das sich selbst stillt und wickelt. Selbstvorsorge als artistische Soloaufführung ist eine Idiotie. Die Menschheit wäre ohne Mitsorge schon im Neandertal erfroren. Von der Wiege bis zur Bahre leben wir allesamt mit, von und für andere.

Realisiert werden in der Sozialversicherung wie in der Privatversicherung die Ansprüche allerdings immer nur durch das laufende Sozialprodukt. Gegessen wird immer nur der Kuchen, der jetzt gebacken wird. Ohne Arbeit läuft die Sozialversicherung leer. Alle Beitragszahlungen lösen Leistungen aus, die aus einem zukünftigen Sozialprodukt bezahlt werden. Deshalb sind diese Ansprüche real nicht absolute, sondern proportionale Größen.

Aus Hunger-Löhnen entstehen Hunger-Renten. Wenn für einen Stundenlohn von 1,50 Euro in Dortmund Haare geschnitten werden, ist das ein Lohn, von dem sich nicht leben lässt. Daraus ergibt sich eine Rente, mit der man nicht sterben kann. Zum Leben zu wenig und zum Sterben zu viel: Das ist das Zwischenreich, in dem die neue Sozialpolitik zu Hause ist.

Die Fehler der Arbeitsmarkt- und Tarifpolitik kann die Rentenversicherung nicht wettmachen. Der Niedriglohnsektor wächst. Das ist Nachschub für Altersarmut. Eine Floristin, die 40 Jahre Vollzeit gearbeitet hat, erhält derzeit eine Rente von 710 € im Monat. Ein Gebäudereiniger bekommt 550 €, und ein Elektrohandwerker erzielt mit einem Lohn der niedrigsten Tarifgruppe nach 40 Jahren Beitragszahlung eine Rente von 650 €. Wenn die Rente nach erfülltem Arbeitsleben nicht viel höher ist als die Sozialhilfe, dann rentiert sich die Rente nicht mehr. Sie hat sich selber um den Sinn gebracht.

Grundrente – das Alibi für Hungerlöhne?

Eine falsche Niedriglohnpolitik soll offenbar durch staatsfinanzierte Grundrente kompensiert werden. Der Steuerzahler soll also eine Subvention für die ausgefallenen Löhne zahlen. Die Hauptlast des Steuereinkommens tragen bekanntlich die Lohnsteuerzahler. Mit anderen Worten: Die Arbeitnehmer gleichen mit ihrer Lohnsteuer nachträglich aus, was die Arbeitgeber zuvor zu wenig an Lohn bezahlt haben. Das ist eine nachgeholte Lohnsubvention durch die Lohnempfänger.

Sachgerecht handeln heißt ursachengerecht handeln. Man kann nicht mit der Wirkung die Ursache bekämpfen. Die Grundrentenpolitik handelt wie der Bauer, der das Pferd von hinten aufzäumt.

Die Perfektionierung der Grundrentenpolitik ist die Ausdehnung der Grundsicherung auf alle Lebensbereiche. Das Instrument soll ein Bürgergeld werden. Das Bürgergeld soll anstelle aller Sozialleistungen inklusive Sozialversicherungsleistungen treten. Das wäre eine Allgemeinverbindlichkeitserklärung der Fürsorge.

Das Bürgergeld tritt in zweierlei Fasson auf. Entweder Bürgergeld für die Bedürftigen oder für alle Bürger. Im ersten Fall wird das Bürgergeld ein Bürokratie-Monster, denn die Bedürftigkeitsprüfung wird allumfassend flächendeckend. Im zweiten Fall ist das Bürgergeld eine Verschwendung, weil es Geld ohne Vorleistung an alle zahlt, auch an die, welche gar keines Bürgergeldes bedurften. In jedem Fall wird der Sozialstaat auf seine monetäre Dimension reduziert: »Alles heilt das Geld.«

Im jetzigen System sind aber mit den Geldleistungen auch spezifische Hilfen verbunden. In der Arbeitslosenversicherung ist Arbeitsvermittlung einschließlich der Überprüfung der Arbeitsfähigkeit und -bereitschaft mit der Leistungsgewährung verknüpft. Umschulung und Fortbildung unterstützen die Vermittlung. Die Rentenversicherung zahlt nicht nur Renten, sondern bietet Rehabilitationen an, auch um vorzeitigen Rentenbeginn zu verhindern. Das Finanzamt müsste für den Fall, dass es für das Bürgergeld zuständig wird, zur umfassenden Sozialbehörde ausgebaut werden. Mit dem Bürgergeld träte an die Stelle der gegliederten Sozialversicherung eine zentrale Finanzverwaltung.

Gewinner eines allgemeinen Bürgergeldes sind alle, die bisher nicht in der Sozialversicherung versichert waren und deshalb keine Sozialleistungen bezogen. Sie erhalten mit dem Bürgergeld erstmals eine staatliche Zuwendung. Da das Bürgergeld nicht mehr Gesamtausgaben als die bisherigen Sozialleistungen auslösen soll, kann es nicht von denen finanziert werden, die bis dahin keine Sozialleistungen bezogen, aber von da an Bürgergeld beziehen sollen. Die bisherigen Sozialleistungsbezieher zahlen also das Bürgergeld für alle.

Das »garantierte Staatseinkommen« ist von Arbeit und anderen Formen der Vorleistung, wie beispielsweise Beiträgen, abgekoppelt.

Die Dringlichkeit, Armut zu bekämpfen, führt zu dem Kurzschluss, Arbeit und Einkommen zu trennen. Armutsbekämpfung ist damit keine Überbrückung bis zu ihrer Überwindung, sondern eine dauerhafte Alimentierung, die den Einkommensverlust durch Arbeitslosigkeit kompensiert, nicht aber diese selbst bekämpft. Die Armen werden ruhiggestellt. André Gorz bezeichnete einst das staatliche Mindesteinkommen als »Opium fürs Volk«. (Später schwenkte er um.)

Mit dem allgemeinen Bürgergeld lässt sich leichten Gewissens Lohndrückerei verbinden. Der Staat sorgt für »Lohn für alle«. Der Hungerlohn wird salonfähig. Doch der Staat ist ein unzuverlässiger Lohngeber.

Die Steuereinnahmen lassen sich nicht auf eingegrenzte Aufgaben fixieren. Denn die Steuereinnahmen fließen in einen Topf, um die Verteilung des Inhalts wird Jahr für Jahr gestritten. Bürgergeld, Straßenbau, Bildung, Innere Sicherheit, alle balgen sich ums Staatsgeld. Den Letzten beißen nun die Hunde ... Das könnte das Bürgergeld werden.

Es sollte uns zu denken geben, dass die frühindustrielle Armutsgesetzgebung mit der Einführung materieller Existenzsicherung im Gegenzug Schutzrechte strich, beispielsweise das Recht, auf dem Gemeindeland Getreide und Gemüse anzubauen. So wurde Selbstvorsorge eingeschränkt. Die Allemende z. B. wurde privatisiert und dem Land der Großbauern zugeschlagen.

Im Recht auf Arbeit ist nicht nur das Recht auf Lohn enthalten, sondern auch das Recht, seinen Lebensunterhalt selber sicherzustellen und nicht von hoheitlicher Zuwendung huldvoll entgegenzunehmen. Das Recht auf Arbeit begründet auch die Pflicht, Teilhabe durch Teilnehmen zu sichern.

Das Bürgergeld ist eine Staats-Alimentation. Das Bürgergeld unterscheidet sich von einer Leistung der Sozialversicherung dadurch, dass das Bürgergeld ohne Vorleistung durch Beiträge gezahlt wird. Bürgergeld stammt aus der Vorstellungswelt der Nivellierer, die sich liberal getarnt haben. Bürgergeld drängt Leistungsgerechtigkeit zurück und lässt allgemeine Fürsorge vortreten.

Staatliche Einheitsrente und Bürgergeld sind aus dem gleichen Holz geschnitzt: Beide sind Instrumente der staatlichen Versorgungspolitik. Das Bürgergeld ist die Lohngarantie von Vater Staat für seine Kinder. Beide, Grundrente und Bürgergeld, sind nicht Ausdruck einer emanzipatorischen Solidarität, die auf Hilfe zur Selbsthilfe aufbaut, sondern Ausdruck einer fürsorglichen Staatsaufsicht.

Der Ablass der Superreichen

Die nivellierte Staatsfürsorge soll offenbar durch eine großzügige individuelle Spendabilität ergänzt werden.

Auf der einen Seite staatliche Fürsorge, auf der anderen private Mildtätigkeit. Zwischen beiden nichts. Das ist der neue liberale Sozialstaat.

40 Superreiche in den Vereinigten Staaten verkündeten im Sommer 2010 die feierliche Verpflichtung, bis zu ihrem Tode die Hälfte ihres Vermögens für wohltätige Zwecke zu spenden. Auf Anhieb sollen 100 Milliarden Dollar zusammengekommen sein. 600 Milliarden sollen es werden. Das wäre fast das Doppelte, was in einem Jahr im deutschen Bundeshaushalt zusammenkommt.

Die Sorgen um soziale Sicherheit kann ein solches freigiebiges Mäzenatentum nicht ausräumen. Denn erstens ist es nicht nachhaltig und zweitens launig, was fast das Gleiche ist. Niemand kann eine dauerhafte Spendenlaune garantieren.

Doch davon abgesehen stellt sich die Frage, welches Geld da großzügig gespendet wird. Sandy Well etwa, die zu den Erstunterzeichnern des »Giving Pledge« gehört, ist der ehemalige Chef des Finanzriesen Citygroup, der die jüngste Finanzkrise mit verursachte, die den Staat mehr Geld gekostet hat, als die großherzigen Spender jetzt einsammeln. Das Wall Street Journal nannte deshalb das ganze Vorhaben »eine herablassende, fast karikierende PR-Übung«.

Tom Managhan, ein anderer Großspender, Gründer des Schnellrestaurant-Imperiums »Dominos Pizza«, bindet seine Hilfen an höchst eigenwillige Bedingungen, die seiner stark konfessionellen Moralvorstellung entsprechen. Private Spender sind in der Wahl ihrer Adressaten frei, nicht jedoch, wenn sie an die Stelle sozialstaatlicher Zuwendungen treten. Der Sozialstaat darf nicht die Pluralität untergraben.

Bill Gates unterstützt milliardenschwer ein Hilfsprogramm für Schulen und Universitäten. Das brachte die amerikanische Lehrergewerkschaft bereits auf den Gedanken, ihn als den wahren »Bildungsminister der Vereinigten Staaten« zu bezeichnen. Wäre er das, müsste er sein Bildungsprogramm parlamentarisch verantworten und dem Wähler zur Abstimmung vorlegen. Das müssen die Spender nicht. Sie geben Geld nach ihrem cleveren Gusto.

Niemand will den totalen Sozialstaat. Es soll immer ein Spielraum der großherzigen »Spendabilität« offen sein. Die Bitte um Spenden kann jedoch nicht die sozialstaatlichen Pflichten und Rechtsansprüche wettmachen, die ein Fundament verlässlicher sozialer Sicherheit sind.

Den früheren amerikanischen Arbeitsminister Robert Reich

erinnerten die Großspender des Jahres 2010 an die des 19. Jahrhunderts, »wo die Räuberbarone die Wirtschaft beherrschten« und ihr schlechtes Gewissen mit großzügigen Stiftungen beruhigten.

Diese privaten Spenden erinnern fatal an den Ablasshandel, der in Deutschland die Reformation auslöste. Statt Gnade Gottes für die Sünder Geld von den Sündern. Doch Geld löscht keine Sünden.

Ausgewählte Sozialstaatsfelder: Alter, Krankenversicherung, Demographie

Die Rentenversicherung wird nicht mit Schlachtenlärm beseitigt, sondern still ausgehöhlt. Die Rentenversicherung tauschte bereits ihren Fixpunkt aus, an dem sich Rentenpolitik bisher orientiert hielt. Galt bisher ein angestrebtes Rentenniveau als Zielgröße, von welcher die Beitragshöhe abgeleitet wurde, so wird dieses Verhältnis jetzt umgedreht. Der Beitragshöchstsatz wurde festgezurrt, die Rentenhöhe ist jetzt die abhängige Variable. Damit ist das Rentenniveau freigegeben für den freien Fall. Das ist eine kopernikanische Wende rückwärts, und diese führt zu einer Rente nach Kassenlage.

Das Sicherungsziel, für welches die Rentenversicherung eingerichtet worden war, wurde vom Zweck zum Mittel. Der Beitragssatz wird der neue Angelpunkt, um den sich das System dreht. Wenn jedoch das Rentenniveau in die Nähe von oder gar unter das Sozialhilfeniveau gerät, hat sich die Rentenversicherung um Sinn und Verstand gebracht. Warum 40 Jahre oder mehr arbeiten und Beiträge zahlen, wenn ohne Beiträge und Arbeit die Sozialhilfe mehr bezahlt?

Fünfzig Prozent der Fürsorgeempfänger der USA haben keinen Job. Was lehrt uns das? Viele Arbeitnehmer erhalten einen Lohn, der unterhalb der Existenzsicherung liegt. Darum muss der Staat den Lohn aufstocken. In der Logik dieses Systems liegt es, den Umweg über die Arbeit gar nicht erst zu versuchen, sondern sich gleich an die Fürsorge zu wenden. Eine Gesellschaft, in der man vom Lohn für Arbeit nicht leben kann, schafft die Arbeit ab. Nichtstun ist dann klüger.

Den Niedriglohn nur zum Teil auf die Fürsorgeleistungen anzurechnen ist keine Lösung, denn das hat zur Folge, dass in manchen Fällen das Gesamteinkommen aus Arbeit und Sozialhilfe (Hartz IV) höher ist als ein Einkommen, das nur aus niedrigen Löhnen gespeist wird. Die Kombination Sozialleistung mit Arbeitseinkommen führt möglicherweise dazu, dass ein Sozialleistungsempfänger mit Halbtagsbeschäftigung mehr Gesamteinkommen erhält als ein Vollerwerbstätiger mit niedrigem Lohn.

Beiträge

Wenn der Rentenversicherung Beiträge vorenthalten werden, die sie benötigt, um ein anständiges Rentenniveau zu sichern, dann ist die Altersarmut durch Niedrigrenten nicht Schuld des Rentensystems, sondern das Ergebnis falscher Beitragsfestsetzung. Wenn ein Motor stottert wegen mangelnder Tankfüllung, ist das nicht »Schuld« des Motors.

Die Riester-Versicherung senkt die Gesamtbeiträge der Alterssicherung keineswegs, denn zusammen mit den Beiträgen zur gesetzlichen Alterssicherung zahlen die Riester-Beitragszahler in der Zukunft höhere Beiträge, als sie nach der alten Formel in die Rentenversicherung gezahlt hätten. Die Gesamthöhe von Riester-Rente und gesetzlicher Rente wird dagegen schon 2020 trotz höherer Gesamtbeiträge niedriger sein. Das ist das besondere Kunststück, das diese Riester-Rente klammheimlich zustande bringt: Höhere Beiträge für niedrigere Renten. Also: weniger für mehr.

Dieses überraschende Ergebnis kommt auch deshalb zustande, weil erstens die Beiträge zur Riester-Rente von den Arbeitnehmern allein gezahlt werden und zweitens die Verwaltungskosten der Privatversicherung höher sind als die der gesetzlichen Rentenversicherung. In der gesetzlichen Rentenversicherung betragen die Verwaltungskosten 1,5 % der Beitragseinnahmen, in der Privatversicherung zwischen 15 und 25 %, und schließlich bleibt die Rendite der Privatversicherung unter den Erwartungen, die propagiert worden sind.

Was die staatliche Hand gibt, nimmt die privatversicherte

Die Abschlusskosten zehren – wie kluge Leute ausgerechnet haben – bereits die steuerliche Förderung auf. Was die Anlageexperten für ihre Arbeit abzweigten, steht für den Sparbeitrag nicht mehr zur Verfügung, und nur dieser wird mit einer Rendite Null bei der Riester-Rente garantiert. Fachleute schätzen, dass in vielen Fällen die ersten 30 Monatsbeiträge nicht der Altersvorsorge zugutekommen, sondern dem Berater. (Süddeutsche Zeitung vom 8./9. August 2009) »Riester-Produkte müssen vom Kunden meist teuer bezahlt werden«, stellt Achim Tiffe vom Institut für Finanzdienstleistungen lapidar fest. Was als Förderung der Riester-Sparer ausgegeben wird, ist in Wirklichkeit Förderung der Privatversicherung. Was die staatliche Hand gibt, nimmt die privatversicherte. Eine Studie von Uwe Wystrup, Professor an der Frankfurt School of Finance, bestätigt diesen Befund: »Die Zulage, die man für ein Kind bekommt, wandert direkt in die Taschen der Fonds – und Versicherungsanbieter.« »Es sind einige tausend Euro, die pro Riester-Rente an Provisionen fließen«, sagt Tiffe. Die Gewinner der Riester-

Rente sind Allianz etc. Außer Spesen somit sonst nichts gewesen.

»Dabei wäre es für Otto Normalverbraucher viel sinnvoller, in eine normale Rentenversicherung zu gehen, ohne Riester«, sagt Manfred Poweleit, der seit Jahren in diesem Gewerbe tätig ist: »In vielen Riester-Verträgen sind die Verwaltungskosten viel höher. Dabei liegen die Auszahlungssummen spürbar hinter der normalen Rentenversicherung.«

Je früher die Riester-Rentner sterben, umso höher der Gewinn der Privatversicherungen. Der Riester-Rentner muss in Deutschland 90 Jahre alt werden, damit sich »Riestern« für ihn lohnt, berechnete Professor Klaus Jäger. Das sei eine realistische Lebenserwartung, tröstet Peter Schwark vom Gesamtverband der Versicherten. Die durchschnittliche Lebenserwartung beträgt gegenwärtig bei Männern jedoch 76 Jahre, bei Frauen 82 Jahre. Die Riester-Rentner sind damit die Melkkuh der privaten Versicherungswirtschaft.

»Sozialbeitrag« oder »Privatbeitrag«?

Übersehen wird beim Wechsel von der sozialen zur privaten Versicherung, dass die Beiträge zur Sozialversicherung einkommensproportional, die zur Privatversicherung aber dem Risiko proportional sind. Im Beitrag zur Sozialversicherung ist bereits ein Sozialausgleich enthalten. Einen solchen Ausgleich kennt die Privatversicherung nicht. Dieser muss vielmehr durch eine neue staatliche Umverteilungsapparatur, die Armut auffängt, kompensiert werden.

Die auszogen mit der Parole »Weniger Staat« kehren mit dem Ergebnis »Mehr Staat« heim. Die neue Sozialpolitik ist also weder gerechter noch effizienter.

Bismarck hat mit der Beitragsfinanzierung der sozialen Sicherheit das Element der Selbsthilfe in den Sozialstaat eingebaut. Die Grundidee war: Die Arbeiter sollten ihre Sicherheit mit den Arbeitgebern selbst finanzieren. In dieser Idee versteckt sich eine große Klugheit. Es macht nämlich einen mentalen Unterschied aus, ob die Rente empfangen wird im Bewusstsein, sie selbst verdient zu haben, oder ob sie als steuerfinanziertes staatliches Almosen »von oben« zugeteilt wird. Der Rentenbeitrag ist ein Instrument der Selbsthilfe.

Die Umverteilung in der Rentenversicherung ist vorwiegend intertemporal. Es wird zwischen Lebensabschnitten umverteilt. Die steuerfinanzierte Altersrente verteilt interpersonal, nämlich von den höheren Einkommen zu den niedrigeren. Der personale Umverteilungseffekt ist bei der Staatsfür- und -vorsorge höher als bei der Beitragsrente. Die Beitragsrente steht also der Marktwirtschaft näher als die Staatsfür- und -vorsorge.

In der Beitragsfinanzierung der Sozialversicherung ist ein sich selbst steuernder Regelkreis eingebaut, welcher einer Anspruchsinflation im Wege steht. Wer hohe Leistungen von der Versicherung fordert, muss bereit sein, höhere Beiträge zu akzeptieren. Wenn das nicht gewollt oder nicht möglich ist, können keine höheren Leistungen erwartet werden. Einen solchen Regelkreis kennt die Steuerfinanzierung nicht. Die aus Steuergeldern finanzierte Rente ist vom Ergebnis des jährlichen Verteilungskampfes um den Staatshaushalt abhängig. Wer das größte Druckpotenzial hat, hat die besten Aussichten auf Erfolg.

Zwei Solidaritätsformen

In der steuerfinanzierten Fürsorge und der beitragsfinanzierten Sozialversicherung stehen sich zwei Modalitäten der Solidarität gegenüber, die auf unterschiedlichen Entwicklungsstufen der Sozialgeschichte basieren.

Die Fürsorge folgt der ersten Solidaritätsmaxime: Einer für alle – alle für einen. Mit ihrer Hilfe überlebten die Schwächeren. »Der Starke hilft dem Schwachen« ist die Ursprungs-Überlebens-Maxime der Menschheit. Ohne diese Regel wären die Menschen schon in der Eiszeit erfroren.

Die Rentenversicherung baut aber auf einer »weitergehenden« Solidarität, nämlich der der Gegenseitigkeit auf, ohne auf Ausgleichmechanismen gänzlich zu verzichten. Diese zweite Grundregel lautet: Wie du mir, so ich dir. – Leistung folgt Beitrag. Die Gegenseitigkeit ist keine neuzeitliche Erfindung. »Auge um Auge, Zahn um Zahn« war eine frühe Ausformung der Gegenseitigkeitsmaxime und ein Fortschritt der Rechtsbeziehungen. Damit wurde blinde Rachsucht gezähmt. Die goldene Regel, nach der man niemandem etwas antut, was man selber nicht angetan haben möchte, ist eine ethische Faustregel auf Gegenseitigkeit. Schließlich baut auch die Marktwirtschaft auf das Gegenseitigkeitsprinzip, das sich im Tausch ausdrückt. Denn das auf Gegenseitigkeit aufbauende Beitragssystem ist ein marktwirtschaftliches Ausgleichssystem, das Eigenleistung mit Solidarität verbindet.

Demografie

Sparsamkeit ist eine hoch geschätzte Tugend. Sie schützt davor, über die eigenen Verhältnisse zu leben. Gesamtwirtschaftlich jedoch gibt es kein dauerhaftes Sparen, wenn diesem nicht ein gleichgewichtiges Entsparen gegenübersteht. Die Aktivierung der angelegten Ersparnisse durch die Alten erfolgt nur dann ohne gesamtwirtschaftlichen Schaden, wenn die Jüngeren »nachschießen«, also jenen Betrag sparen, welche die Alten ihren Ersparnissen entnommen haben.

Ob Umlage- oder Kapitaldeckung, das spielt für die Bewältigung der demografischen Probleme eine untergeordnete Rolle. Wenn weniger Beitragszahler Geld einzahlen und mehr Empfänger Geld abholen, kommt auch die Kapitaldeckung aus dem Gleichgewicht. Es gibt keine sozialpolitische Reform, welche den Bevölkerungsrückgang einfach wegreformieren könnte.

Kapitaldeckung ist nur so viel wert, wie das Kapital, das sie angesammelt hat, genutzt wird. Eine Maschine, die nicht läuft, ist nichts wert, selbst wenn ihre Anschaffung mühsam erspart wurde. Ein Immobilienbesitz ohne Mieter ist ein leerstehendes schönes Schaustück, aber nichts, wovon man leben könnte. Entscheidend ist immer die Leistungsfähigkeit der Volkswirtschaft zu dem Zeitpunkt, an dem Ansprüche an sie geltend gemacht werden. Ohne Ernte nützen auch dem Bauern aus Peter Hebels Erzählung selbst seine vielen Kinder nichts, wenn er auf deren Unterstützung im Alter angewiesen ist. Es kommt also nicht auf die Kopfzahl der Geburten an, sondern auf das Ergebnis der Arbeit, die sich ergibt aus der Zahl der Beschäftigten, ihrer Arbeitszeit und der Produktivität. Alle Fragen der Finanzierung der sozialen Sicherheit sind Fragen der »Ergiebigkeit« der Arbeit, und über die entscheidet nicht nur die Zahl der Geburten, sondern die Erwerbsbeteiligung der Erwachsenen und die Produktivität ihrer Arbeit. (Wenn die Zahl der Geburten ausschlaggebend für die Rentensicherheit und -höhe wäre, müsste es in Afrika eine hervorragende Rentenversicherung geben.)

Im Bevölkerungsrückgang wird die arbeitende mittlere Generation durch Verpflichtungen für die Alten stärker belastet. Entlastet wird sie allerdings auch durch geringere Abgaben für die jüngere nachwachsende Generation. Die Relation zwischen Rentnern und Beitragszahlern ändert sich, wenn man die noch nicht Erwerbstätigen zu den nicht mehr Erwerbstätigen hinzuzählt und diese den Erwerbstätigen gegenüberstellt. Dann ist die Belastungsveränderung weit weniger gravierend, als das der Fall ist, wenn man die Zahl der Erwerbstätigen nur mit der Zahl der Alten vergleicht, ohne die zurückgehende Zahl der Nachwachsenden zu berücksichtigen. Während heute 3,6 Erwerbstätige für einen Rentner aufkommen, sind es im Jahre 2030 nur noch 2,1. »Wenn man jedoch berücksichtigt, dass die Erwerbstätigen ja nicht nur für die Alten, sondern auch für die Jungen aufkommen, kommt für 2001 die Relation auf 1,6 Erwerbstätige, das heißt, rund 1,5 aktive Erwerbstätige müssen für einen ›Passiven‹ aufkommen. Bis zum Jahre 2030 geht auch diese Relation zurück, aber lediglich auf 1,3.« (Peter Bofinger)

Die demografische Entwicklung entlastet auch den Arbeitsmarkt und senkt die Kosten der Arbeitslosigkeit. Weniger Junge müssen zwar für mehr Alte sorgen. Das hat aber auch zur Folge: Weniger Junge werden arbeitslos. Die Angst, dass uns die Arbeit ausgeht, wird also durch die demografische Entwicklung gemindert. Der Rückgang der Kinderzahlen wird eher ein sozialpsychologisches Problem als ein Finanzierungsproblem. Eine kinderlose Gesellschaft produziert Einsamkeit und verleitet zum Egoismus. Meine Kinder sind nicht aus demografischen Gründen geboren worden, sondern weil ihre Eltern es schön und gut fanden, mit Kindern zu leben.

Das größere Problem in der Welt ist das Bevölkerungswachstum, das kleinere der regionale Bevölkerungsrückgang. Dem ersten externen sind Platzgrenzen gesetzt, das zweite kann auch intern gelöst und durch eine neue Lastenverteilung gemeistert werden.

Doppelzahlung der Erwerbstätigen-Generation

Der Umstieg von der Umlage- zur Kapitaldeckung würde den Erwerbstätigen eine doppelte Zahlpflicht auflasten. Das Kapitaldeckungssystem muss nämlich erst aufgebaut werden, bevor es leistungsfähig wird. Auf dieser Strecke muss für die Alten, die im Umlagesystem verbleiben müssen, wie bisher weitergezahlt werden. Gleichzeitig muss die Zahlgeneration jedoch ihre eigene Kapitaldeckung aufbauen. Sie zahlt also zweimal. Für die Vorgänger und für sich selber. Diese Doppelbelastung im Übergang wird von den Anhängern der Kapitaldeckung meistens unterschlagen.

Kapitaldeckung wie Umlagesystem basieren auf Erwartungen, die durch das Sozialprodukt der Zukunft erfüllt werden müssen. Die Privatversicherung schöpft, wie die Sozialversicherung, aus der jeweils aktuellen Wertschöpfung. Eine andere Quelle hat auch sie nicht. Realwirtschaftlich konnte man noch Vorsorge in Agrargesellschaften betreiben, die in sieben fetten Jahren das Korn für die mageren Jahre einlagerten. »Modern« allerdings wird nur verteilt, was jetzt erarbeitet wird. Diese Erkenntnis ist zwar nicht neu, wird aber immer wieder vergessen. Schon Mackenrodt formulierte diese Einsicht: »Aller Sozialaufwand wird aus dem aktuellen Volkseinkommen beglichen.« Die Privatversicherung kocht also auch nur mit Wasser. Auch die Privatwirtschaft hängt am Tropf der Realwirtschaft.

Die Privatversicherung hat jedoch einen Vorteil: Das Quellgebiet ihrer Einnahmen ist global. Dieser ihr Vorteil ist gleichzeitig ihre wunde Stelle, denn damit ist sie den weltweiten Spekulationen des Finanzmarktes und den Turbulenzen des Welthandels ausgesetzt. Dafür liefert die Weltwirtschaft aktuelles Lehrmaterial. Vorerst sind gewinnorientierte Anlagemöglichkeiten vor allem in Ländern möglich, die die gleichen demografischen Probleme haben wie wir. Nach UN-Berechnungen wird der Anteil der über 60-Jährigen im Jahr 2020 in Italien und Japan 42 %, in Großbritannien 34 % und in Frankreich und den Niederlanden 33 % betragen. In den USA liegt er bei 27 %. Auch China und Indien bieten keinen demografischen Ausweg. Der Anteil der über 60-Jährigen wird sich in China und Indien in 30 bis 40 Jahren mehr als verdreifachen. Ab 2050 beginnt nach demografischen Schätzungen die gesamte Weltbevölkerung zu sinken. Die Hoffnung, dass die Dritte Welt auf Dauer mit unserem Geld die Zinsen erwirtschaftet, mit denen wir unsere Alten finanzieren, ist eine verwegene Illusion. Aber selbst wenn die Kapitaldeckung zur allgemeinen Rettung der Welt global installiert würde, wäre die soziale Sicherheit nicht gewährleistet. So viel Kapital findet nämlich in der ganzen Welt keine Anlagemöglichkeit, wie eine globale kapitalgedeckte Alterssicherung sie insgesamt nötig hätte.

Der schwankende Boden des Kapitals

Soll die Sozialversicherung der letzte Trottel sein, der auf diesem Sand des zurückgehenden Kapitalbedarfs und einer flatterhaften Finanzwirtschaft sein Zukunftshaus errichtet? Die Banken selbst trauen sich schon nicht mehr über den Weg und gewähren sich wechselseitig keinen Kredit mehr, weil sie nicht wissen, ob sie ihr Geld übermorgen zurückbekommen. Soll die Sozialversicherung den Banken ihr Geld leihen und darauf vertrauen, dass die Banken es ihnen rechtzeitig zurückgeben? Nichts ist verlässlicher als gute Arbeit, und zwar produktive Beschäftigung. Dafür ist Bildung wichtiger als Geld.

Die Kapitaldeckung kann sich vom Bevölkerungsrückgang nicht abkoppeln. Auch sie wird somit vom Rückgang von Beitragszahlern betroffen. Paul Wallace hat in »Altersbeben« den kommenden kapitalgedeckten Tumult beschrieben. »So wie die demografische Achterbahn Vermögenswerte nach oben treibt, wenn das Heer der Baby-Boomer in die Jahre kommt, wo sie Kapitalvermögen bilden, so werden sie fallen, wenn die geburtenstarken Jahrgänge beginnen, das Vermögen auszugeben. Die demographischen Trends weisen auf einen ausgedehnten Baisse-Markt hin.«

Lebenserwartung wächst

Länger leben wollen alle, nur alt werden wollen wenige. Die Verlängerung der Lebenserwartung ist Chance und Herausforderung.

Der Rückgang der Geburtenzahl kann durch Steigerung der Produktivität und durch Erhöhung der Erwerbsbeteiligung kompensiert werden. Die veränderte Lebenserwartung ist die eigentliche soziale Bewährungsprobe, und diese ist keineswegs nur materiell-monetärer Natur. Wir stehen vor einem kulturellen Umbruch. Alter ist nicht mehr Anhängsel ans Leben, sondern eine Lebensepoche mit eigenem Sinn. Der letzte Lebensabschnitt dauert länger als in der Vergangenheit, und er enthält so gegensätzliche Lebenslagen wie Hilflosigkeit und Hilfswilligkeit. Für beide, die passiven Alten und die aktiven, reichen unsere Antworten noch nicht. Vor allem ist jenes Zwischenreich zwischen hilflos und hilfswillig, passiv und aktiv, senil und fit eine Terra inkognita. Neue Fragen entstehen, auf die unsere Gesellschaft nur mangelhaft vorbereitet ist. Diese Fragen sind keine Rentenfragen. Sie berühren den Sinn des Alters.

Krankenversicherung

Wie hastig Demografieargumente eingesetzt werden, um das Umlagesystem zu zertrümmern, merkt man an der kopflosen Ungenauigkeit, mit der Zahlen eingesetzt werden. So wird häufig die Relation Beitragszahler / Empfänger für die Krankenversicherung mit den gleichen Zahlen angegeben wie für die Rentenversicherung, obwohl in der Krankenversicherung und in der Pflegeversicherung die Rentner weiter Beiträge zahlen, sie aber mit dem Beginn ihrer Rente als Beitragzahler zur Rentenversicherung ausscheiden.

Die wachsende Anzahl von Alten bedeutet also in der Pflege- und Krankenversicherung etwas anderes als in der Rentenversicherung. Auch die Zahl der Kranken und Pflegebedürftigen wächst nicht im Gleichschritt mit der Zahl der Alten. Die Alten werden nämlich »jünger«. Die Gesundheit der 80-Jährigen entspricht heute der der 60-Jährigen vor 50 Jahren. Das Krankheits- und Pflegerisiko beginnt etwa zwei Jahre vor dem Ende des Lebens zu kulminieren. Es stirbt aber jeder nur einmal. Achtzig Prozent der Ausgaben der Krankenversicherung entstehen im letzten Lebensjahr des Versicherten, egal wie alt jemand wird. Es lässt sich sogar vermuten, dass bei Jungen dieses letzte Jahr mehr Ausgaben auslöst als bei Älteren. Ein 50-Jähriger hat mehr Rettungsmöglichkeiten als ein 90-Jähriger.

Wohlstand und Gesundheit

Der amerikanische Gesundheitsökonom Uwe Reinhardt, Professor in Princeton, kommt zu dem überraschenden Ergebnis, dass der Anstieg der Gesundheitskosten stärker durch die Entwicklung des Wohlstands bestimmt wird als durch die Demografie. Es ist nicht so, dass die demografischen Veränderungen erst jetzt einsetzen. Seit über 100 Jahren verlängert sich die Lebenserwartung. Um 1900 war die durchschnittliche Lebensdauer 45 Jahre für den Mann und 48 Jahre für die Frau. Jetzt sind wir bei 76 bzw. 82 angekommen. Von 1960 bis 2004 stieg die Lebenserwartung um neun Jahre. In diesem Tempo geht die Steigerung (leider) wahrscheinlich nicht weiter. Beim Spitzenreiter der Lebenserwartungssteigerung, Japan, stockt sie schon. Trotz Rückgang der Kinderzahl und der Verlängerung der Lebenserwartung in den letzten hundert Jahren ist unser Sozialsystem nicht zusammengebrochen. Wir haben zurückgehende »Kopfzahlen« durch erhöhte Produktivität kompensiert. Beitragssteigerungen sind auf der Zeitstrecke nicht einfach mit Wohlstandsverlusten gleichzusetzen. Meine Eltern hatten ungefähr die halbe Beitragsbelastung zu tragen, die ihre Enkel schultern müssen. Dennoch ist der Lebensstandard der Enkel doppelt so hoch. Das verfügbare Nettoeinkommen ist trotz hoher Abgaben gestiegen.

Es gibt offenbar eine Nachfrage nach Produkten, die stabil und relativ unabhängig vom Einkommen der Konsumenten sind. Grundnahrungsmittel beispielsweise werden von Arm und Reich ungefähr in gleichem Maße verlangt. Es gibt auch Produkte, die bei wachsendem Wohlstand weniger gekauft werden. Die Nachfrage nach Ersatzkaffee nimmt bei steigendem Wohlstand ab. Bei anderen Produkten stellen sich ab einer bestimmten Absatzhöhe »Sättigungsgrenzen« ein. Ob der Drittwagen zur Normalausstattung des Autofahrers werden wird, ist zweifelhaft. Gesundheit dagegen ist ein Gut, nach dem die Menschen umso mehr verlangen, je besser es ihnen geht. Das gewachsene Gesundheitsbewusstsein bei gestiegenem Wohlstand ist der wahre Treibsatz des Kostendrucks.

Professor Reinhardt kommt so zu dem überraschenden Ergebnis, für das er Belege aus der ganzen Welt vorlegt: Ein 10 % -Anstieg des Bruttoinlandsproduktes löst eine 14-%-ige Ausgabensteigerung für Gesundheit aus. Nach einer anderen Studie wuchsen die Gesundheitsausgaben in den Vereinigten Staaten in 40 Jahren um rund 2.400 %. Davon sind demografisch bedingt nur 24 %. Mit anderen Worten: Je wohlhabender die Menschen sind, umso mehr kümmern sie sich auch um ihr Wohlbefinden.

Trotz der ständig steigenden Lebenserwartung sind die Beiträge in der Vergangenheit in der Sozialversicherung nicht so rapide gestiegen, wie sie nach den Schätzmethoden ihrer Gegner hätten steigen müssen. Der Anteil der Ausgaben für die gesetzliche Krankenversicherung ist relativ stabil geblieben. Die Beiträge der Privatversicherung sind allesamt stärker gestiegen als die der gesetzlichen Krankenversicherung. Die Beiträge der Privatversicherer stiegen zwischen 1997 und 2008 um 52 Prozent. Das sind 20 Prozent mehr als bei den gesetzlichen Kassen. Die Kapitaldeckung rettet jedenfalls nicht vor der erwarteten weiteren Kostenexplosion. Die »Kunden« der Privaten werden bis zu 25 Prozent in einem Jahr mehr bezahlen müssen. Auch im Herbst 2010 kündigte die Privatversicherung (leise) »saftige« Beitragssteigerungen an, von denen 6 bis 8 Prozent allein auf die schlechte Zinsentwicklung am Kapitalmarkt zurückgeführt wurden. Die Schwankungen am Kapitalmarkt sind offenbar größer als die der Lohnquote. Der Rest der Beitragssteigerung wird mit Kostensteigerung im Gesundheitswesen begründet.

Die Mutprobe der gesetzlichen Krankenversicherung besteht darin, die Grenzen ihrer Zuständigkeit festzulegen. Nicht alles, was gesundheitlich erwünscht ist, muss solidarisch finanziert werden. Wer krank ist, soll geheilt werden. Aber nicht jede Störung des Wohlbefindens ist »solidarpflichtig«.

Arbeit oder Kapital: Wer von beiden soll das Stellwerk der Sozialversicherung bilden? Das ist nicht nur eine Frage der Organisation der Sozialversicherung. Kapitaldeckung oder Umlagesystem, das ist nicht nur ein Finanzierungsverfahren, sondern auch eine Wertfrage. Wenn sich soziale Sicherheit ums Kapital dreht, ist alle Aufmerksamkeit auf die Kapitalentwicklung gerichtet. Die Pflege der Gewinne steht dann im Fokus des Sozialstaates, weil die Gewinne auch seine Einnahmequelle sind. Wenn dagegen die Arbeit die Schlüsselkategorie des Sozialstaates ist, wird Arbeit der Platzanweiser. Die Sorge um Lohn und Beschäftigung steht dann im Mittelpunkt. Kapitaldeckung führte in den Vereinigten Staaten von Amerika zu einer Strategie der Gewinnmaximierung. Das stimmte mit den Interessen der Pensionskassen überein. Umlagefinanzierung in Deutschland stärkte den Lohndruck. »Gehaltserhöhungen befinden sich in den USA seit Mitte der 60er Jahre in etwa im Einklang mit der Inflation. Produktionsgewinne wurden nicht in Form höherer Löhne ausbezahlt, sondern blieben im Unternehmen und führten zu einem stärkeren Gewinnwachstum. In Deutschland dagegen stiegen die Löhne von 1966 bis 1980 nach Abzug der Inflationsrate um satte 4 Prozent pro Jahr. Erst zwischen 1980 und 2000 stiegen die Löhne um 2,8 Prozent pro Jahr nur wenig schneller als die Preise (2,3 %)«, stellt Stefan Berg von Merill Lynch fest.

Die Rentenversicherung ist auf »anständige Löhne« angewiesen. Das ist nicht nur gut für die Rentner, sondern gut auch für die Arbeitnehmer. Lohn ist Lebensunterhalt und Anerkennung. Wenn Löhne fallen, ist das schlecht für die Rentenversicherung. Löhne und Lohnstruktur sind das Fundament einer umlagefinanzierten Alterssicherung. Und hier lauern die größten Gefahren für die Rentenversicherung.

Die Einkommen der unteren Einkommen fallen zurück. Der durchschnittliche Stundenlohn des untersten Lohnviertels betrug im Jahr 2000 7,23 Euro, im Jahr 2006 nur noch 6,88 Euro. Der Anteil der Niedriglöhne wuchs von 15 % im Jahr 1995 auf 22,2 % im Jahr 2006. Gewachsen ist auch der Anteil der höheren Löhne. In die Zange genommen ist die mittlere Einkommensgruppe. Ihr Anteil geht zurück. Die Lohnentwicklung der letzten Jahre ist eine Investition in Altersarmut.

Als hätte die Riester-Rente nicht schon genug Porzellan der Sozialen Sicherheit zerschlagen, soll jetzt auch die Pflegeversicherung mit dem Virus der Kapitaldeckung infiziert werden. Die Initiatoren dieser Vorschläge müssen die letzten drei Jahre auf einem Eisberg verbracht haben ohne Handy oder sonstige Kontakte zu Zivilisation und Börse. Wie man nach dem Desaster des Finanzkapitalismus soziale Sicherheit auf Kapitaldeckung gründen will, bleibt mir ein Rätsel.

Wohin man sieht, also: Die Kapitaldeckung liegt weltweit am Boden. In den USA gab es ein Massensterben der Pensionsfonds. Von 136.000 überlebten 32.000. Die Pensionsfonds der 500 größten börsenabhängigen Unternehmen verloren in einem Jahr 205 Milliarden Dollar. Das entspricht ungefähr den Jahresausgaben der Deutschen Rentenversicherung. Ein Verlust, der so groß ist, als wäre der Chef der Deutschen Rentenversicherung mit dem Jahresgeld der Rentenversicherung durchgebrannt.

Die Verkapitalisierung aller Lebensbereiche

Die Trunkenheit, welche die Privatisierung bei ihren Akteuren auslöste, weicht dem Kater. Die Kommunen, welche ihr Tafelsilber, Energieversorgung, Müllbeseitigung, Bauhof ... verscherbelt hatten, sind ernüchtert aufgewacht und beginnen den Rückzug – um verlorene Milliarden klüger geworden.

Nachdem die Privatisierung aller Lebensbereiche abgegrast war, selbst der Strafvollzug, Polizei und Soldaten von dem Privatisierungshunger erfasst worden waren, blieb nur noch der Sozialstaat als Weideland. Der Versuch blieb vorerst stecken. Die Fortführung kam zum falschen Zeitpunkt. Riester hätte heute keine Chance mehr. So wie Kapitaldeckung 1990 in Sachen Deutsche Einheit gar nicht gefragt war, weil sie auch gar keine Antwort dafür hatte.

Eine Erfolgsstory ist jedenfalls die Privatisierung der Sozialen Sicherheit nicht geworden und wird sie auch nicht. Das teuerste, dabei noch miserabelste Gesundheitssystem ist etwa das privatisierte, kapitalgedeckte System der Vereinigten Staaten von Amerika. Das chilenische kapitalgedeckte Alterssicherungssystem, von Friedmann und seinen Chicago-Boys einst Pinochet aufgeschwatzt, stand vor dem Bankrott. Argentinien machte die 2008 von der Weltbank empfohlene Privatisierung der Alterssicherung rückgängig.

Pensionskassen wanken weltweit und sind vom Massensterben bedroht. Auch hierzulande ist die Kapitaldeckung nicht der Hit, mit dem sie einst angekündigt wurde.

Allianz, das Flaggschiff der Privatversicherung, hat Milliarden Gelder der Privatversicherer beim Kauf der Dresdner Bank verzockt. Henning Schulte-Noelle, der große Allianz-Stratege, übernahm 2001 die Dresdner Bank für 24 Milliarden Euro. Das war das kraftmeierische Beweisstück für die Stärke der Privatversicherung. Sieben Jahre später musste in letzter Minute die Dresdner Bank von der Commerzbank gerettet werden. Anschließend wurde die Commerzbank vom Staat mit 18,2 Milliarden Euro vor dem Untergang bewahrt. Allianz, der Großvater des Desasters und Hoffnungsträger der privaten Rentenversicherung, hat sich längst aus dem Staube gemacht, nachdem die Allianz viel Geld ihrer privaten Kunden bei dieser Aktion verbrannt hat.

Kapital schafft es nicht

Als Generalrezept der sozialen Sicherheit taugt Kapitaldeckung nicht, weil es gar nicht so viel rentierliches Kapital gibt, wie dazu nötig wäre. Die Weltbank wollte einst den chinesischen Reformern einreden, ihr gesamtes soziales Sicherungssystem auf Kapitaldeckung umzustellen. Nach kurzem Nachrechnen erkannten die Chinesen, dass sie, um das Alter von 1,3 Milliarden Menschen auf diese Weise abzusichern, alles Kapital der Welt aufkaufen und dazu noch extraterrestrische Anlagemöglichkeiten suchen müssten. In Deutschland erforderte die Kapitaldeckung der sozialen Sicherheit, die anstelle des arbeitszentrierten Umlagesystems träte, einen Kapitalstock in Höhe von 6,3 Billionen Euro. Das macht ungefähr die Hälfte des hiesigen Bruttoanlagevermögens aus.

Die Bedeutung des Kapitals nimmt ab

Die Bedeutung des Kapitals nimmt ab. Die Wissensgesellschaft bedarf tendenziell weniger Kapital als die alte Industriegesellschaft. Innovation erreicht einen höheren Wertschöpfungsanteil als Kapitaleinsatz.

Wie der »Fliegende Holländer« umkreist viel Kapital den Erdball, ohne einen Hafen zu finden. Die Spekulanten sind in luftige Finanzprodukte verliebt, die ohne Substanz sind und von niemandem mehr durchschaut werden. Die Sucht nach dem schnellen Geld erzeugt einen kurzen Atem. Für Projekte, die mit Ausdauer und Verlässlichkeit verbunden sind, ist die Börse der falsche Bauplatz. Wer den Sozialstaat der Kapitaldeckung ausliefert, lässt ihn in den Strudel eines untergehenden Finanzkapitalismus geraten. Kapitaldeckung ist kein Rettungsboot, sondern ein leck geschlagener alter Vergnügungsdampfer. Kapitaldeckung ist die Lösung von gestern.

Der Scheideweg

Nicht Privatisierung oder Verstaatlichung sind die Reformalternativen. Dazwischen liegt die Lösung: subsidiäre Solidarität durch stärkere Selbstverwaltung.

Alleingelassen oder Überleben von Staats Gnaden ist eine schlechte Wahl. Arbeiten mit anderen und für andere ist die Urform der Solidarität.

Die Entwicklung des Sozialstaates steht an einer Weggabelung. Auf der einen Seite: zurück zu einer Gesellschaft, in der »das Soziale« als Almosen auftritt, womöglich modernisiert als staatliche Barmherzigkeit und flankiert durch Privatversicherung für jene, die es sich leisten können. Auf der anderen Seite: ein Sozialstaat, der auf Gegenseitigkeit angelegt ist, die eine Form der Mitverantwortung ist, auf der Gerechtigkeit aufbaut.

Eine selbstverwaltete, beitragsbezogene Sozialversicherung könnte den organisatorischen Nukleus der Gegenseitigkeit bilden, um die sich die freiwilligen Dienste ansiedeln. Großeltern für Enkel, Enkel für Großeltern, Gesunde für Kranke, Kranke für Gesunde: Jeder bedeutet etwas für den anderen, und keiner ist nur Geber, sondern auch wechselseitiger Nehmer und Geber.

Aber wie soll Gegenseitigkeit in einer Gesellschaft gelingen, wo jeder und jedes vorübergehend ist, weil wir allesamt immerzu auf der Durchreise sind? In einer mobil gemachten Gesellschaft trifft man niemanden dort an, wo er gestern war. Wie soll in der Flüchtigkeit aller Sozialbeziehungen eine dauerhafte Gegenseitigkeit entstehen?

Gegenseitigkeit ist auf Verlässlichkeit angewiesen.
Die Ernsthaftigkeit der ehrlichen Arbeit ist eine Schule
der Verlässlichkeit.

Die neue soziale Frage ist die Rehabilitation
der ehrlichen Arbeit.

Biografisches:
»Gretel, es war alles sehr schön«

»Gretel, es war alles sehr schön.« Das waren die letzten Worte, die ich nachts kurz vor zwei Uhr von meinem Vater, ausgestoßen zwischen zwei um Luft ringenden Atemzügen, gehört habe. Dann war er tot.

»Gretel, es war alles sehr schön.« Das war auch die Quintessenz des 80-jährigen Lebens des Kraftfahrzeugschlossers Christian Blüm. In diesem Satz ging es nur um die Wahrheit, um nichts anderes als die reine Wahrheit. Denn für Geltungsdrang, Prestigebedürfnis und andere Ablenkungen war in diesem Augenblick, auf der Kippe zwischen Leben und Tod, keine Gelegenheit.

Seit jener Nacht denke ich über den Satz nach und überlege, ob nicht in diesem letzten Wort meines Vaters doch die normative Idee aufbewahrt ist, dass es ein »schönes Leben« gibt.

Was ist ein schönes Leben?

Was war am Leben meines Vaters schön?

Er war nicht reich.

Er war nie Boss, nie Anführer. Immer mehr Ausführer.

Autoschlosser war er.

Der Lebenslauf meines Vaters ging durch viele Stationen.

Die erste Station war ein Sprung in die Selbstständigkeit einer eigenen Tankstelle mit Reparaturwerkstatt. Der Versuch misslang in den Wirren der Weltwirtschaftskrise.

Als das vorbei war, wurde Christian Motorrad-Rennfahrer und feierte große Siege. Nazi wurde er dabei nicht, obwohl sie ihn umwarben. Warum nicht, das hat er mir nie erzählt. Nazi, das gehörte sich nicht für ihn, vermute ich.

Als seine Rennfahrerzeit zu Ende war, stieg er um und wurde Testfahrer bei Opel. Er raste über entfernte Pässe und Pisten in ganz Europa, um die neuen Modelle auszuprobieren.

Als diese Zeit vorbei war, kam der Krieg. Heimgekehrt, landete er wieder bei Opel, diesmal als Inspektionsfahrer, der die neuen Autos vom Fließband abholte, um sie auf einer kurzen Rundstrecke auf etwaige Mängel zu prüfen: 20 Autos in 8 Stunden.

Als diese Zeit vorbei war, wechselte er zu den Werksbusfahrern. In der Frühschicht holte er die Arbeiter ab 4.30 Uhr von ihren Schlafstätten ab und transportierte sie »zu Opel«. In der nächsten Woche fuhr er die Arbeiter nach der Spätschicht nach Hause. Er selbst kam dann gegen zwei Uhr nachts heim. Nie habe ich meinen Vater über seine Arbeit murren hören. Er ging zur Schicht, auch wenn es ihm im Alter zunehmend schwerfiel.

Bei Licht betrachtet war die »Karriere« des Christian Blüm ein lebenslanges Auf und Ab. In der zweiten Halbzeit mehr ein Ab. Am Anfang stand für kurze Zeit der Tankstellen- und Reparaturwerkstattbesitzer, dann Rennfahrer – Testfahrer – Inspektionsfahrer – Werksbusfahrer.

Nach der Pensionierung blieb Christian Blüm der, wie ihn alle immer kannten. Er war der Nothelfer in Sachen Auto für alle Nachbarn, Verwandten, Freunde und Bekannten. Wer ein »krankes Auto« hatte, brachte es zu Christian. Er schaffte es selbst in aussichtslosen Fällen, die »Karre« wieder ans Laufen zu bringen. Er wusste sich immer zu helfen. Er war der gefürchtetste Besucher aller Autofriedhöfe rund um Rüsselsheim. Er schraubte im Vorbeigehen die Ersatzteile ab, die er brauchte, und machte zur Not aus fünf Schrottautos eine »laufende Kiste« (auch wenn diese manchmal nicht mehr so weit lief).

Was war das Geheimnis im »schönen Leben« meines Vaters?

Von Auto und Motor verstand er viel, fast alles. Die anderen wussten das, und er wusste, dass die anderen das wussten. Christian war immer gefragt. Ein Leben lang hat er gearbeitet. Selbst in der Kriegsgefangenschaft machte er sich unersetzlich und entging der Langeweile des Lagerlebens, indem er die Generatoren instandhielt, die das Licht für die Gefangenenbaracken lieferten.

Christian Blüms Arbeit wurde immer anerkannt. Er wurde damit nicht reich, aber stolz und zufrieden. Seine Arbeit hatte Sinn. Er arbeitete für seine Familie: für »seine Gretel« und »die Bube«.

Seine »ehrliche Arbeit«, die »Sorge für die anderen« und die »Anerkennung der anderen« waren seine »Lebensmittel«.

Das »schöne Leben« des Christian Blüm war ein »erfülltes Leben«.

Um die ganze Welt des
GOLDMANN-*Sachbuch*-Programms
kennenzulernen, besuchen Sie uns doch
im Internet unter:

www.goldmann-verlag.de

Dort können Sie
    nach weiteren interessanten Büchern *stöbern*,
    Näheres über unsere *Autoren* erfahren,
    in *Leseproben* blättern, alle *Termine* zu Lesungen und
    Events finden und den *Newsletter* mit interessanten
    Neuigkeiten, Gewinnspielen etc. abonnieren.

Ein *Gesamtverzeichnis* aller Goldmann Bücher finden
Sie dort ebenfalls.

Sehen Sie sich auch unsere *Videos* auf YouTube an und
werden Sie ein *Facebook*-Fan des Goldmann Verlags!

www.goldmann-verlag.de
www.facebook.com/goldmannverlag

GOLDMANN
Lesen erleben